# 中国老年人
## 长期照护筹资制度研究

李 杰 著

中国社会科学出版社

**图书在版编目(CIP)数据**

中国老年人长期照护筹资制度研究/李杰著.—北京:中国
社会科学出版社,2016.9
ISBN 978 - 7 - 5161 - 8944 - 3

Ⅰ.①中… Ⅱ.①李… Ⅲ.①老年人—社会保障—集资—
制度建设—研究—中国 Ⅳ.①D669.6

中国版本图书馆 CIP 数据核字(2016)第 221718 号

| | | |
|---|---|---|
| 出 版 人 | 赵剑英 | |
| 责任编辑 | 郭 鹏 | |
| 责任校对 | 朱妍洁 | |
| 责任印制 | 李寡寡 | |

| | | |
|---|---|---|
| 出 版 | 中国社会科学出版社 | |
| 社 址 | 北京鼓楼西大街甲 158 号 | |
| 邮 编 | 100720 | |
| 网 址 | http://www.csspw.cn | |
| 发 行 部 | 010 - 84083685 | |
| 门 市 部 | 010 - 84029450 | |
| 经 销 | 新华书店及其他书店 | |

| | |
|---|---|
| 印 刷 | 北京明恒达印务有限公司 |
| 装 订 | 廊坊市广阳区广增装订厂 |
| 版 次 | 2016 年 9 月第 1 版 |
| 印 次 | 2016 年 9 月第 1 次印刷 |

| | |
|---|---|
| 开 本 | 710 × 1000 1/16 |
| 印 张 | 13 |
| 插 页 | 2 |
| 字 数 | 213 千字 |
| 定 价 | 49.00 元 |

# 目　　录

# 第一章　绪论

## 一　问题的提出

### （一）严峻的老年人长期照护压力

随着社会的进步和发展，关心老年人已经成为一个国家或地区文明进步的重要标志之一。世界卫生组织（WHO）曾明确指出，"在各个国家，尤其在发展中国家，采取措施帮助老年人保持健康和活跃是必要的，并不是奢侈"。[①] 所以对于老年问题的研究一直是世界各国社会保障领域研究的重点内容之一。

21世纪的中国将是一个不可逆转的人口老龄化社会，伴随着社会进步和经济的发展，中国人口老龄化、高龄化呈现出不断加剧的态势，并迅速成为世界上老龄化程度最严重的国家之一。老龄化尤其是高龄化给中国带来严峻的老年人长期照护压力，2013年底中国60岁及以上老年人口达2亿人，其中失能老年人的总数已超3750万人。[②] 这也就意味着中国有18.75%的老年人处于失能状态，需要借助外力（正规或非正规的照护）为其提供医疗护理和养老服务，来保持其基本生活。虽然中国有着良好的家庭养老的文化传统，但是随着工业化的发展，受中国家庭结构核心化、空巢化以及女性就业率不断提高等因素的影响，原来的家庭照护模式既缺乏经济基础，又缺少服务基础。老年人的长期照护风险从个人风险、家庭风险集中到社会上，形成了长期照护社会风险，成为社会关注的热点。

---

① 世界卫生组织：《积极老龄化政策框架》，华龄出版社2003年版，第3页。
② 李培林等：《2014年中国社会形式分析与预测》，社会科学文献出版社2013年版，第12页。

**（二）国内学者对老年人长期照护筹资制度的争论**

发达国家与我们一样，同样面临着老年人的长期照护资金短缺问题。为了降低长期照护支出对个人、社会和国家造成的影响，大部分工业化国家以老年人为服务主体，建立了长期照护制度。美国在 1965 年建立的医疗保险（Medicare）和医疗救助（Medicaid）计划的基础上，鼓励商业保险市场推行长期照护保险。英国通过全民健保服务（NHS）向所有国民提供免费的医疗护理，养老服务部分则实行社会救助制度，需要对申请者进行家计调查，所以实际上仅覆盖了低收入人群。以色列于 1986 年颁布《长期护理法》，成为全球首个建立并实施法定的长期照护社会保险的国家。德国也于 1995 年开始正式实施独立的长期照护社会保险制度。受德国长期照护保险的影响，荷兰、奥地利等欧盟国家也建立了独立的长期照护社会保险制度。瑞典于 1964 年引入居家照护补贴，并且迅速发展了长期照护制度。丹麦于 1949 年开始对居家照护立法，最初主要照护对象是儿童，并且要进行严格的家计调查；1958 年将制度覆盖范围扩大至老年人，资金主要由市政府提供；1972 年正式通过了社会服务法案，确定了对老年人、儿童等弱势群体由政府给予补助。2001 年法国建立了为老年人提供长期照护服务的制度，任何在法国超过 60 岁的居家或者机构照护者都可以提交书面申请，在规定的范围向地方机构申请津贴。[①] 在亚洲，日本是首个颁布长期照护保险法的国家，于 2000 年 4 月份开始正式实施；在日本的影响下，韩国于 2008 年 7 月开始实施针对 65 岁以上老年人的长期照护社会保险制度；2007 年中国台湾地区，正式推出"长期照护十年计划"，探索实行老年人的长期照护社会保险制度。迄今为止，为了应对日益严峻的老龄化形式，大部分发达国家和地区已经将老年人长期照护制度纳入社会福利体系。在福利多元主义的影响下，形成了政府、市场、家庭和社会组织多方参与，互助合作的老年人长期照护制度（见表 1—1）。

纵观实行老年人长期照护制度的国家，资金筹集模式主要可分为四种：第一，以英国和美国为代表的，以一般性税收为资金来源的，基于家计资格审核的社会救助模式（Means - Tested Model）；第二，以德国和日本为代表的，雇主和雇员缴费（税）为资金来源的，强制性社会保险模

---

[①] 施巍：《发达国家老年人长期照护制度研究》，知识产权出版社 2012 年版，第 65 页。

式（Public Long – term Care Insurance Model）；第三，以北欧国家（瑞典、挪威、丹麦等）为代表的，以一般性税收为资金来源的，普享式模式（Tax – Based Model）；第四，以美国为代表的，以个人资金为来源的，商业保险模式（Commercial Long – term Care Insurance Model）。

表1—1　　　　　发达国家老年人长期照护（LTC①）制度筹资模式

| 筹资模式 | 社会救助模式 | 社会保险模式 | 普享式模式 | 商业保险模式 |
|---|---|---|---|---|
| 资金来源 | 税收 | 保费或税收补贴 | 税收 | 保险费 |
| 照护范围 | 有 LTC 需求的所有人，需要家计调查 | 法定的参保人 | 有 LTC 需求的所有国民 | 购买商业 LTC 保险的被保险人 |
| 强制程度 | 法定 | 法定 | 法定 | 自愿 |
| 政府责任 | 政府主导 | 政府主导 | 政府主导 | 市场主办，政府监管 |
| 给付性质 | 权利 | 权利与义务对等 | 权利 | 权利与义务对等 |
| 政府财政负担 | 较轻 | 与补贴和行政成本相关 | 最重 | 最轻 |
| 照护水平 | 较吝啬，保基本 | 保基本，照护水平与经济发展水平相适应 | 较高，与国家经济水平相适应 | 很高，与所投保产品有关 |
| 在国家的地位 | 基本制度 | 主体制度 | 主体制度 | 补充制度 |
| 典型国家 | 英国、美国 | 德国、荷兰、日本、以色列、韩国 | 瑞典、丹麦、挪威 | 美国、法国、英国 |

国内学者对于中国老年人长期照护筹资问题的解决形成了泾渭分明的两个阵营。一个阵营旗帜鲜明地主张政府应该承担起老年人的长期照护筹资责任——学习德国和日本，建立独立的老年人长期照护社会保险制度来筹集资金。或者学习美国，由政府为最弱势的老年人建立长期照护救助制度来筹集资金；另一阵营则认为现在中国处于"未富先老"阶段，让政府承担起老年人长期照护社会保险责任为时过早，当前应该通过大力发展商业保险的模式筹集老年人长期照护资金。下面我们对这两大阵营的主张进行一下梳理：

1. 主张政府建立独立的老年人长期照护社会保险制度

持有这种观点的研究者占了大部分。他们从社会保险制度的优点出

---

① "老年人长期照护"，英文缩写为 LTC。

发，借鉴德国和日本的经验，认为中国也应该为老年人建立独立的长期照护社会保险制度。刘金涛（2014）认为中国具有与日本类似的文化背景，借鉴日本的老年人长期照护保险制度，可以让我们少走弯路。张广利、马万万（2013）认为德国的社会保险制度资金来源多元化，政府、企业和个人三方共同筹资可以保证资金的可持续性。施巍巍（2011）认为政府强制实施的社会保险制度可以通过大数法则分散风险，保证长期照护资金的可持续。以社会保险的形式取代政府的税收补助可以大大降低公共支出，为中国解决长期照护筹资问题提供了一个好的范例。张盈华（2013）则认为社会保险模式的优点是缴费义务和受益资格相对应，与中国的社会保险原则相一致。张广利、马万万（2013）认为中国的老年人长期照护筹资模式的选择，从路径依赖的理论分析，如果采用社会保险的模式，可以实现制度的报酬递增，减少制度的建设及运营成本。并且，中国通过社会保险制度的建立、改革、运行以及管理监督等方面已经积累了大量的经验，更容易实现老年人长期照护保险的顺利运行。戴卫东和陈杰（2007）研究发现，即使是经济高度发达的美国，商业长期照护保险也只有中产阶级有能力购买，更何况是中国当前的经济发展水平，如果盲目采取以商业长期照护保险为老年人长期照护筹集资金是行不通的。韩振燕、梁誉（2013）认为中国当前应该由政府为老年人建立长期照护保险，鼓励商业长期照护保险同时发展。持有这种观点的还包括施巍巍（2012）、戴卫东（2012）、张小娟（2014）、胡宏伟（2013）、朱微微（2011）、李慧欣（2014）、何玉东（2012）等学者。

2. 主张政府承担起对最弱势老年人的扶助责任

张盈华（2013）将经济合作与发展组织（OECD）国家的长期照护制度分为按照"社会民主主义""法团主义""自由主义"和"家庭主义"的福利模式划分①，从图1—1可见，越是靠近"社会民主主义"（瑞典等国家）和"法团主义"（比利时等国家），其长期照护开支占GDP的比重与80岁及以上高龄老年人占总人口的比重之间的"剪刀口"越小，这也就意味着长期照护公共支出与高龄化的相关性越大。反之，越靠近

---

① 张盈华：《老年长期照护的风险属性与政府职能定位：国际的经验》，《社会保障制度》2013年第1期。

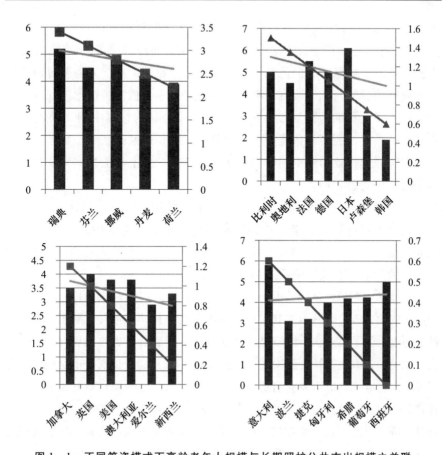

**图1—1  不同筹资模式下高龄老年人规模与长期照护公共支出规模之关联**

资料来源：张盈华：《老年长期照护的风险属性与政府职能定位：国际的经验》，《社会保障制度》2013年第1期。

"自由主义"（加拿大等国家）和"家庭主义"（意大利等国家），其"剪刀口"越大，意味着长期照护支出与高龄化的相关性越小。其高龄老年人对公共财政的依赖度越小，老年人更多的是依靠家庭照护。所以长期照护支出的财政压力与老龄化的规模并没有明显的强相关性，倒是与其选择的福利模式相关。中国当前在做老年人长期照护筹资制度顶层设计时，要选择一条从"缺"到"全"，由"低"到"高"的发展路径。对于老年人长期制度模式选择时，可以考虑从"补缺制"开始，发挥医疗救助的作用，政府对照护需求高但是支付能力低的老年群体承担必要的责任。对个人照护需求和收入门槛以上的老年人，政府则通过激励制度，引导通过市场购买服务的形式实现自我保障。辛怡、王学志（2011）认为，在"未富先老"的国情下，中国没有能力建立统一的社会福利制度来为老年人提供长期照护保障。但是低收入老年人生活比较困难，无力获得商业保险等额外的保障，所以政府有必要借助医疗改革，依托医疗救助制度为贫困老年人建立长期照护制度。施巍巍（2012）认为，以中国当前的经济发展水平来看，还不具备建立社会保险模式的长期照护制度，从近期目标看可以选择先将救助照护制度建立起来，解决社会上失能严重和最贫困老年人的照护问题。[①]

3. 主张由商业长期照护保险为老年人提供保障

主张由市场解决老年人长期照护问题的学者认为，中国当前"未富先老"的国情，决定了目前由政府来建立长期照护制度来筹资为时过早，应该大力发展商业长期照护产品。

王曼恬（2014）认为，由于老年长期照护的时间相对比较长，所需要的费用比较大，资金问题困扰其发展。中国在高额长期老年人长期照护费用和低人均收入的矛盾下，迫切需要寻找缓解这一矛盾的良方。周塚（2007）认为，德国和日本通过社会保险的方式解决老年人长期照护资金不足问题，除了参保人的缴费，更需要政府的投入。虽然中国与德国和日本有相似的老龄化背景，但是，段月阳（2001）、周塚（2007）、刘宇丹（2009）认为，德国和日本得益于老年人口绝对数量少以及人均收入水平高的优势，其在政府的主导下建立的独立的强制性的长期照护社会保险制度并不适合中国的国情。

段昆（2001）提出，美国于20世纪80年代面对人口老龄化的压力，市场上自发出现了商业长期照护保险产品。荆涛（2006）提出，20世纪90年代，美国政府为了鼓励人们购买商业长期照护保险，出台了一系列税收优惠措施。商业长期照护保险在美国实施多年，实践证明其具有高效、低成本等优点。杨屏（2010）、荆涛（2006）认为，虽然中国当前收入水平不高，商业长期照护保险还存在风险控制技术相对落后、精算数据相对缺乏等风险，但是，对中国而言，由于社会保障体系至今还未完善，短时间将老年人长期照护纳入社会保险不太可能，只能走商业化道路。因此，陈红（2012）提出中国政府应该尽快出台商业长期照护保险相关法律法规，促进商业长期照护保险顺利发展，为其创造规范的外部环境，并

---

① 施巍巍：《发达国家长期照护制度比较与路径选择》，《新远见》2012 年第 4 期。

且要给予相关的税收优惠政策。

2011 年 9 月《中国老龄事业发展十二五规划》明确提出要研究探索老年人长期护理制度，鼓励、引导商业保险公司开展长期护理保险业务。预计从 2030 年开始，中国人口老龄化所带来的一系列矛盾将进入全面爆发期。因为老年人长期照护供需矛盾在人口老龄化进程中暴露最晚，积累的矛盾会更多，将会是最难解决的问题。一方面是旺盛的需求，另一方面是有限的财务资源。如何平衡好这些关系，是对政府执政能力的重大考验。长期照护需要消耗大量的社会资源，中国在"未富先老"的情况下，要解决这一难题的确是一大挑战。需要在充分考虑中国经济发展水平、人口老龄化状况、文化背景和生活习俗的基础上，借鉴发达国家的经验和吸取其教训，尽快建立具有中国特色的老年人长期照护筹资制度。

## 二 研究综述

### （一）与老年人长期照护相关的概念

1. 老年人长期照护

20 世纪早期，工业化国家陆续进入老龄化社会，由老年人失能失智衍生出"Long－term Care"（LTC）一词。在西方工业化国家，LTC 最早主要以救济穷人或低收入家庭为目标。伴随着社会结构、人口结构和家庭结构的变化，LTC 的发展目标也随之不断调整。所以 LTC 是社会发展到一定时期的必然产物。[1]

美国学者凯恩（Kane）于 1987 年首次提出了 LTC 的概念，他认为，LTC 是为先天或者后天的原因造成失能的人，提供包括个人照料、医疗护理以及社会性的服务。其目标是将日常的生活照料与医疗护理整合在一起，为失能者提供长期的社会、医疗和环境的服务。经济合作与发展组织（OECD）认为，LTC 一般是专业机构为身体功能低下的人群提供的包括基本生活服务、缓解病痛、医疗检测、医疗预防以及康复训练等服务。[2]世界卫生组织（WHO）对 LTC 定义为：由专业人员（社会服务和卫生）

---

① 侯淑肖、尚少梅：《国内外长期照护发展历程及启示》，《中国照护管理》2010 年第 2 期。

② Rie Fujisawa, Francesca Colombo, "The Long－term Care Work－force: Overview and Strategies to Adapt Supply to a Growing Demand", *OECD Health Working Papers*, 2009: 44.

和非正式照护者（亲属、朋友或者邻居）为那些不具备完全自理能力的人所提供的照护服务体系，以保证他们能够继续享有自己喜欢的生活，尽最大可能保持其独立、自主、参与、个人满足以及人格尊严。① 美国健康保险学会（HIAA）认为，LTC 是指在一个相对比较长的时间内，持续地为患有慢性病或者伤残的人提供包括居家、社区的服务，以及与其相关的各种支持性照护服务。②

国内学者对 LTC 理解不同，所以翻译也不统一。最为常见的翻译为长期照护、长期护理、长期照料等。邬沧萍（2001）将 LTC 的照护对象限定在老年人，将 LTC 定义为"老年人长期照料护理"，她认为：当老年人由于生理或者心理受损，出现不同程度的生活不能自理时，需要别人在相当长甚至是无期限的时间内在日常生活方面给予广泛的帮助。主要包括：日常生活照料和医疗护理（包括在医院临床护理，病愈之后的医疗护理以及康复护理和训练等）。③ 陈杰（2002）将 LTC 定义为"老年人长期照护护理"，是指老年人由于其生理、心理受损，生活不能自理，因而在一个相对较长的时期里，甚至在生命存续期内，都需要别人在日常生活中给予广泛帮助。LTC 包括日常生活照料、医疗照护照料（在医院临床照护、愈后的医疗照护以及康复照护和训练等）。④ 荆涛（2005）将 LTC 定义为"长期护理"，认为是个体由于意外、疾病或衰弱导致身体或精神受损而致使生活不能自理，在一个相对较长的时期里，需要他人在医疗、日常生活或社会活动中给予广泛帮助。⑤ 戴卫东（2011）将 LTC 定义为"长期护理"，认为是在一个较长的时期，持续为患有慢性疾病的老年群体和自理能力不足的残障人士提供的医疗、居家、运送等一系列支持性护理服务。⑥ 施巍巍（2012）将 LTC 定义为"老年人长期照护"，指向缺乏

---

① WHO, "Home - Based and Long - term Care, Report of a WHO Study Group", *WHO Technical Report Series* 898, Geneva: World Health Organization, 2000.

② 参见荆涛《长期护理保险——中国未来极富竞争力的险种》，对外经贸大学出版社 2006 年版，第 19 页。

③ 邬沧萍：《长期照料照护是老龄产业重中之重》，《人口研究》2001 年第 25 期。

④ 陈杰：《日本的护理保险及其启示》，《市场与人口分析》2002 年第 2 期。

⑤ 荆涛：《长期护理保险——中国未来极富竞争力的险种》，对外经贸大学出版社 2006 年版，第 19 页。

⑥ 戴卫东：《台湾地区人口老龄化下的长期护理政策及走向》，《人口学刊》2011 年第 4 期。

自我照护能力的个人所提供的一系列生理、生活和心理帮助的综合性服务，包括医疗服务、居家服务、社会服务、设施服务和其他支持性服务。目的在于提高生活质量，使生活舒适、独立、自主、有尊严、个人满足。① 李明、李士雪（2013）将 LTC 定义为"长期照护"，认为"长期照护"既不是一般的养老照料，也不是纯粹的医疗护理。长期照护服务的对象是日常生活不能自理的身心功能障碍者，即失能人口。老年人尤其是高龄老年人是失能人口的高危人群；长期服务的内容不仅包括吃饭、洗澡等非专业的日常生活照料，还需要专业的医疗护理技术和社会工作的介入，是医疗、护理和社会照顾的结合。② 田杨（2014）也将 LTC 定义为"长期照护"，指结合一般性照料和专业性护理，是西方发达国家在社会保障实践中逐步摸索出来，针对失智失能者自我照顾能力不足而提供的长期照料和护理保障体系。长期照护有别于以治愈疾病为目的的传统医疗护理，主要目的是满足个体日常生活需要，具有非急（症）性、非治疗性、需长期提供（一般为 6 个月以上）等特征，需要与医疗护理区分开来。需要长期照护的人群主要有两种：老年人（准老年人）和残疾人。长期照护制度作为应对人口老龄化带来的老年照护问题的一项制度选择，主要针对的是老年人群体。③ 吕学静、丁一（2014）将 LTC 定义为：在特定的经济、政治、文化条件下，由专业和非专业机构及人员构成的制度性服务体系，这一服务体系的目标是满足被照料者对医疗、环境及社会的长期需求，维护他们的个人尊严。④ 近年来，随着人们对 LTC 内涵的理解不断加深，国内学者更多的将其译为"长期照护"。保障对象也多界定为老年失能群体。

国内外的学者对于 LTC 保障的内容基本上是一致的，均包含了医疗护理（Health Care）和生活照顾（Life Care）两大类。医疗护理是指由专业人员提供，或在专业人员指导下，由非正规照护人员（包括亲属、保姆、社区工作人员等）为失能者提供的护理服务。主要目的是康

---

① 施巍巍：《发达国家老年人长期照护制度研究》，知识产权出版社 2012 年版，第 19 页。

② 李明、李士雪：《福利多元主义视角下老年长期照护服务体系的构建》，《东岳论丛》2013 年第 10 期。

③ 田杨：《日韩老年长期照护保险政策对中国的启示》，《老龄科学研究》2014 年第 1 期。

④ 吕学静、丁一：《国外老年人长期照护制度研究述评》，《山西师大学报》（社会科学版）2014 年第 1 期。

复保健。服务内容包括：治疗完成后的康复护理服务以及患有慢性病但是不需要特别治疗的老年人保健服务等；生活照护指的是，为日常生活无法自理的老年人提供的家政服务。根据老年人失能的状况具体可以细分为：生活起居类的照护（如为老年人提供吃饭、穿衣和洗澡等服务）和提供生活条件（如做饭、购物、外出和做家事等服务）。老年人的自理能力越差，照护服务需求越具体。医疗护理与生活照护的界限并非总是泾渭分明。事实上，在老年长期照护实践中，两者的界限正日趋模糊，表现出相互渗透的趋势。对照护对象的界定，国内外学者还存在一定的差异。世界卫生组织（2000）、经济合作与发展组织（2005）和田杨（2014）等，倾向于将长护对象界定为所有年龄的人；邬沧萍（2001）、戴卫东（2011）、施巍巍（2012）等，则将长期照护的对象界定为60岁及60岁以上的老年人。

综上，在中国当前人口老龄化日益严峻以及"未富先老"国情下，笔者倾向于将长期照护的对象界定为老年人，所以本书将 LTC 定义为"老年人长期照护"。老年人长期照护是指老年人在生理、心理等原因造成的较长时期内生活无法自理的情况下，借助外力（正规或非正规的照护）为其提供医疗护理和养老服务。以保持老年人正常的生活水平，获得最大可能的个人满足，保持人格尊严。实施长期照护的目的，既在于提高老年人的生活质量和生命质量，又能预防和减少新的疾病发生。

2. 失能的标准

国际上一般采用身体功能和心智功能的失能作为长期照护保障对象的判断标准。

身体功能评估常用的有两种方法：一种是日常活动能力量表（Activities of Daily Living，ADL）；另一种是工具性日常生活活动能力量表（Instrumental Activities of Daily Living，IADL）。日常活动能力量表（ADL）是1963 年由卡茨（Katz）提出的，表示基本的自我照顾能力受限，需要他人提供个人照顾（Personal Care）服务的协助。其测量项目包括：沐浴（Bathing）、穿衣鞋（Dressing）、上厕所（Toiletting）、移动（Transferring）、大小便控制能力（Continencing）和进食（Feeding）六项能力。卡茨等人认为这六项活动功能是人类最基本的生活能力，其中任何一项功能发生障碍，其基本的自我照护能力就会受限，很难独立生活，需要借助外力为其提供长期的个人照护服务的协助。所以研究者无法按照障碍项目来界定其为轻度或者重度的照护需求者，只能按照需要借助外力的程度来界定。从低到高依次为："仅需要工具帮助""部分需要人帮助"和"完全依赖他人帮助"等。工具性日常生活活动能力量表（IADL）是劳顿（Lawton）和布罗迪（Brody）（1969）提出的，工具性日常生活活动能力功能障碍表示，在日常生活中必要的家事活动受到限制，需要借助外力实现社会服务（Social Services）方面的帮助。IADL 也是老年人生活独立程度的指标，相比 ADL 更复杂一些。除了 ADL 包含的六项指标外，还包括上街购物、乘坐交通工具、做饭、整理或操作家事、洗衣、使用电话、处理药物及理财等复杂的活动。日常活动能力量表（ADL）和工具性日常生活活动能力量表（IADL）已成为大多数国家和地区老龄服务机构判定老年人失能的程度和是否需要长期照护的标准。

随着年龄的增加，老年人失智的风险也大大增加。如果仅采用身体功能评估来判断是否失能，会将失智老年人排除在长期照护之外。在一般情况下，轻度心智功能障碍者并不会丧失日常生活能力，不需要提供实质性的照护，但是需要有人承担看护及陪伴的职责，给予其关心和照看。心智功能障碍者也需要根据其功能障碍程度来给予不同程度的照护。心智功能的评估常采用简单的认知功能评估量表包括：易心智量表（Mini - Mental State Examination，MMSE）、长谷川量表（Hasegawa Dementia Scale，HDS）、短期心智问卷（Short Portable Mental Status Questionnaire，SPMSQP）等。由于严重心智障碍者无法自行回答测量的问题，所以，有些测量表需要家属或者照护者代为作答。心智功能障碍者与身体功能障碍者最主要差别在于，心智功能障碍者只在某些情况下（障碍发生的情况下）有"实质性"的照护需要；而身体功能障碍者则不同，其通常需要长期的、实质性的照护。

我们国家在失能标准上取得的研究成果有限，标准的制定也相对比较简单，国内最常用的是中国老龄科学研究中心课题组的评价指标。中国老龄科学研究中心在国际通用评估指标的基础上，根据中国国情，制订了中国老年人"失能"判定标准。其评估指标和标准借鉴国际经验，选取"吃饭、上下床、洗澡、上厕所、穿衣和室内走动"六项指标。把"不费力""有些困难"和"做不了"作为三个评分等级。"不费力"评定为完全自理，"有些困难"评定为部分自理，"做不了"评定为不能自理。对不能自理的老年人再进一步进行等级划分：1—2 项失能为轻度失能；3—

4 项失能为中度失能；5 项及以上失能为重度失能。[①] 为了方便研究，本书采用了中国老龄科学研究中心课题组的评估指标和标准，作为判断是否需要长期照护的标准。

根据中国老龄科学研究中心的划分标准，2006 年全国老龄工作委员会科学研究中心发布的《全国城乡失能老人状况研究报告》数据显示：截至 2010 年底，中国城乡部分失能老年人和完全失能老年人约为 3300 万，占老年人总数的 19.0%。其中完全失能老年人 1080 万，占总体老年人口 6.23%。到 2015 年，即"十二五"期末，中国部分失能老年人和完全失能老年人已达到 4000 万人，比 2010 年增加 700 万，占总体老年人口的 19.5%。其中完全失能老年人增加至 1240 万人左右，占老年人口总数的 6.05%，比 2010 年增加 160 万。快速的老龄化高龄化给中国社会带来了新的挑战。

### （二）国内外文献综述

1. 国外文献综述

由于长期照护制度与人口老龄化密不可分，所以相比其他社会福利制度，其研究起步比较晚，但是研究成果却十分丰富，且研究多集中在发达国家。美国著名的经济社会学家本特森（Bengtson，2011）指出：发达国家在制定社会政策时都非常重视老年人的长期照护，并将其纳入其中。可以肯定的是，21 世纪，长期照护将是各国政府和学术界一个重要的关注主题。

格兰丁尼（Glendinning，1997）认为，长期照护制度的筹资问题是长期照护制度研究中的核心问题。如何遏制费用增长是欧洲国家实行付费的照护制度的决定性因素。里夫林（Rivlin）和维纳（Wiener，1998）认为美国人的寿命不断提高，很多老年人需要个人承担越来越大的长期照护费用压力。在这种情况下，美国人开始研究老年人长期护理费用的筹资及筹资方式。格兰丁尼（Glendinning，2004）根据长期照护筹资模式分为四类：第一，私人储蓄；第二，公共部门的税收支持；第三，社会保险；第四，商业保险。经济合作与发展组织（2011）对长期照护制度筹资的研究则主要集中在公共筹资部分，将经济合作与发展组织国家长期照护公共

---

① 中国老龄科学研究中心课题组：《全国城乡失能老年人状况研究》，《残疾人研究》2011年第 2 期。

融资模式分为三种类型：第一，以德国、日本和韩国为代表的强制社会保险模式；第二，以英国和美国为代表的基于家计资格审核模式；第三，以北欧国家为代表的政府财政免费提供的模式。达尔伯格（Dahlberg, 2005）认为政府、市场和非营利组织均应该参与老年人长期照护的供给。三个主体应该在老年长期照护市场上形成相互竞争的关系。塞瓦克（Sevak）和沃克（Walker, 2007）对美国的个人储蓄和医疗救助之间的关系进行了研究。芬克尔斯坦（Finkelstein, 2009）、斯通（Stone, 2002）一致认为美国通过医疗救助提供的长期照护资金，由于家计资格审查制（Means－Tested Model）而诱发个人的非理性行为（最突出的为了满足救助条件故意花光资产），以及由于家计资产审查造成大量官僚成本损失。吉普森（Gibson）等人（2007）则对德国和美国的长期照护筹资、服务的提供、护理方式的选择以及护理服务质量等进行了比较。卡斯特里（Castries, 2009）研究发现，由于 65 岁以上人口在发达国家总人口中所占比重的不断增加，这些发达国家的长期照护筹资制度逐渐暴露出严重的资金供给不足问题，为老年人提供的补贴水平较低，不足以弥补照护成本。特别是对严重甚至完全失能的老年照护对象其补贴水平远远不能满足其长期照护需求。侯赛因（Hussain, 2009）警告美国，如果联邦政府不能对老年人长期照护的筹资制度进行改革，财政会有破产的风险。利万德（Levande, 2000）对美国和韩国的老年人长期照护制度从价值观的角度进行比较，认为两个国家之所以制订不同的照护计划，主要源于两国的价值观差异。美国弱化了家庭的责任，鼓励失能老年人将养老照护机构作为最后的选择。坎贝尔（Campbell, 2005）通过对德国和美国长期照护制度进行比较，认为虽然美国也同样有建立长期照护保险制度的意图，但是由于政治制度不同，美国的改革最终失败。

诺加德（Norgard）和罗杰斯（Rodgers, 1997）认为，家庭提供的照护服务是免费的，非亲属提供的社会照护则是有偿的。沃克（Walker, 1999）对不同国家的人对于长期照护筹资制度的态度进行研究。通过欧洲民意调查数据表明，瑞典支持政府筹资的比例最高，为80%。西班牙最低，仅为36%。有41%的澳大利亚被调查者应该由成年子女承担其父母的长期照护责任。帕克（Parker）和克拉克（Clarke, 1996）针对英国进行调查。其研究结果表明，对于政府是否承担筹资责任，承担多少，虽然与个体的社会经济地位和政治偏好有关，但是差异并不是很明显，有高达89%的国民认为应该由政府提供资金支持，而且有 48% 的人认为在提高基础照护服务方面，政府也应该承担责任。帕克（Parker）和克拉克（Clarke，1997）对英国的调查发现，英国的年轻人有着比老年人更高的倾向由政府为老年人承担筹资责任，而不是由年轻人交税。克里斯帝姆（Chrisdeeming）和贾斯廷·恩（Justin Keen，2003）通过对英国研究证明，英国的低收入群体反对个人缴税（费）为长期照护制度融资。威廉姆斯（Williams，2006）对爱尔兰的研究表明，认为应该由政府承担老年人长期照护责任的人占 60%，但是却不希望政府因此而增税。琼·科斯塔 – 方特和塞特塞拉·方特 – 威拉塔（Joan Costa – Font 和 Montserrat Font – Vilalta，2008）于 2002 年进行的调查数据显示，西班牙的个人对政府融资的支持度与其个人的收入呈负相关性。即越富有的人越希望由政府而不是通过社会保障制度融资。2007 年西班牙最终选择以税收融资的长期照护体系，与富人的反对有很大的关系，导致政府完全放弃了建立社会保险的筹资模式。

2. 国内文献综述

国内学者对老年人长期照护问题的研究起步较晚，研究的深度也不够深入，但是现有的资料已经足以让我们对老年人长期照护制度有充分的认识。相关研究主要集中在以下几个方面：

（1）老年人长期照护资金的需求研究

伴随着人口老龄化的发展，需要长期照护的老年人的数量也随之增加。海龙（2014）基于 Markov 多状态转移模型，预测中国高龄失能老年人长期护理需求规模从 2010 年到 2050 年将从 860.47 万人激增至 4764.52 万人。其长期照护费用也将随之从 1020.47 亿元攀升至 5650.49 亿元。曾毅（2012）测算出，到 2030 年家庭中年轻人对老年人居家的长期照料现金支出至少是 2000 年的 3—4.1 倍，2050 年将达到 6.8—12.6 倍。陈强（2013）基于中国老年健康影响因素跟踪调查（CLHLS）数据计算出中国老年人口失能率和健康状态转移概率，然后借鉴联合国老年人口预测数据和德国护理给付标准分家庭护理、半机构护理和完全机构护理三种护理模式估算出中国失能老年人护理费用的精算现值：家庭护理为 12349.7 亿元，半机构护理为 26522.7 亿元，完全机构护理为 39987.7 亿元。在如此庞大的失能老年人规模和巨额的长期照护费用压力下，老年人长期照护制度建立何种筹资模式成为制度研究的核心问题。

到底多少资金能够满足中国老年人长期照护需求，不同的研究者测算的结果存在一定的差距。以所有年龄段人口缴费为基础，陈璐等（2013）测算中国 1995—2010 年长期护理社保缴费率水平处于 0.07%—0.26%。[①]戴卫东（2012）根据德国长期照护保险筹资水平占医疗保险 12.5% 的比例估算，中国老年人长期护理的缴费率为 0.75%，为了保证筹资制度的可持续性，建议将费率调整为 1%。景跃军、李元（2014）测算的标准为 1%。唐幼纯等（2012）测算缴费率为 1.95%。林珊珊（2013）认为长期照护保险费率应设定在 1% 左右。将参保对象限定在 40 岁以上，刘金涛等（2011）计算出缴费率为 3.3%。

（2）老年人长期照护供给的研究

需要长期照护的老年人根据其居住的场所不同可以分为三种类型：居家照护、社区照护和机构照护。居家照护主要是指老年人不改变其居住方式，在家庭中接受由家庭成员或者亲属提供照护服务；社区照护主要是指由社区为老年人提供服务支持，使老年人在不离开熟悉的居住环境的情况下，能够得到比较多的帮助，并且自己能够掌握生活；机构照护是指老年人离开家庭，集中居住在照护机构，接受 24 小时的专业照护服务。机构照护的类型很多，包括老年公寓、养老院、敬老院、护理院、福利院、临终关怀等。顾大男（2008）则把为老年人提供的长期照护分为三类：非正式照护、正式的居家或社区照护、机构照护。刘成（2006）指出，居家照护和社区照护与机构照护相比具有显著优势，主要包括：居家和社区照护对老年人的身心健康更加有利，相比之下，入住照护机构的老年人则缺乏家庭的情感支持。从国际经验看，发达国家在制订老年人长期照护政策时，大多会引导老年人优先考虑选择居家和社区照护，并且已经在各国取得了良好的社会效果。以瑞典为例，政府为了帮助更多的老年人实现在社区养老的愿望，建立了老年人专用的庇护住宅，并且由专业的居家照护团队为入住庇护住宅的老年人提供服务。这种方式最大可能地延长了老年人在家庭和社区居住的时间，同时大大减少了老年人对机构照护的需求。[②]

陈璐、范红丽（2014）指出，虽然各国都在通过政策鼓励老年人尽量留在家中接受照护，但是随着计划生育政策的顺利实施以及工业化、城镇化的

①　陈璐、范红丽：《中国失能老人长期护理保障融资制度研究——基于个人态度的视角》，《保险研究》2014 年第 4 期。

②　曹艳春、王建云：《老年长期照护研究综述》，《社会保障研究》2013 年第 3 期。

不断推进，中国家庭逐渐失去作为长期照护的主体的基础。中等收入和高收入的中青年"养儿防老"的观念正在发生变化，不再把家庭作为长期照护费用的主要来源。老年人长期照护的风险已经从家庭集中到社会。所以，由政府主导，为失能老年人建立长期照护制度成为必然的趋势。在福利多元主义的影响下，各国普遍接受由多个主体筹资的模式。对于中国老年人长期照护筹资制度，多数学者建议采取政府、企业和个人共同缴费的方式。

（3）老年人长期照护筹资模式的研究

长期照护筹资是长期照护制度的核心问题，保证制度可持续性运行的经济基础。不同的长期照护筹资模式对长期照护政策实施的公平性、效率性及本国经济发展都会产生一定的影响。因此对不同国家的长期照护筹资制度的比较研究，对构建老年人长期照护筹资制度是非常有价值的。

何玉东、孙湜溪（2011）基于公私合作的视角，根据政府是否提供补贴、是否强制法定经营、是否纳入社会基本医疗保险等三个维度，将长期照护制度筹资模式分为四种类型：以美国为代表的，私营、政府不补贴、自愿购买商业保险的模式；以荷兰为代表的，私营、政府提供部分补贴、强制投保的模式；以德国、日本和韩国等为代表的，公营、政府部分补贴、作为独立的、法定的长期照护社会保险的制度；以英国和澳大利亚等为代表的，公营、财政负担的长期照护津贴制度。侯立平（2012）则将筹资模式分为：欧洲大陆模式、北欧模式、地中海模式和混合模式。施巍巍（2012）将老年人长期照护筹资模式分为三种：以一般性税收作为资金来源的长期照护筹资模式；以个人财源为资金来源的长期照护筹资模式；以雇主和雇员缴税（费）为资金来源的长期照护社会保险筹资模式。其中把一般税收为资金来源的长期照护筹资模式按照覆盖对象不同，又分为覆盖贫困和低收入失能群体的社会救助式，以及覆盖全体国民的普享式。黄枫（2013）将长期护理的筹资分为四个模式：个人自付；自愿保险；社会保险；税收筹资。

（4）老年人长期照护筹资来源的研究

在长期照护筹资模式方面应该如何选择，不同的学者有不同的建议。受国内经济发展水平和社会保障传统的影响，由政府一般税收出资，为全体国民提供一个普惠制的长期照护制度，不在学者们的考虑范畴。国内的学者基本将中国老年人长期照护筹资模式的建议分为三种：

第一，建立老年人长期照护社会保险制度。朱微微（2011）、戴卫东

（2012）等学者认为，在筹资模式的选择上，建立独立的长期照护社会保险制度更适应中国的具体情况。陈璐、范红丽（2014）[①] 调查显示，了解中国的社会保险制度并不为老年人提供长期照护的人不足受访者的40%；如果人们能够清楚地认识到现行基本医疗保险制度并不提供老年人的长期照护需求，支持中国建立老年人长期照护社会保险制度的概率将会增加8.8%。由于中国基本医疗保险覆盖率高，戴卫东（2008）、黎建飞（2009）、吴贵明（2010）、陈璐（2014）等建议借鉴德国经验，建立"长期照护社会保险跟从医疗保险的方式"，可顺利实现长期照护保险高覆盖。

第二，建立补缺式的社会救助模式。商业保险和社会保险的模式都必须要求个人具有一定的经济基础。而对于贫困老年人，政府在做顶层设计时要采取补缺制，瞄准照护需求高、支付能力弱的老年群体。张盈华（2012）和辛怡、王学志（2011）认为可以通过增加医疗救助的支出来解决最弱势群体的长期照护。吕学静（2013）和钟仁耀（2012）认为应该由财政全额出资为贫困老年人建立一个独立的社会照护救助制度。

第三，个人出资购买商业长期照护保险的模式。夏秀梅（2006）认为由于中国属于"未富先老"的状态下人均 GDP 水平比较低，现行的社会养老保险和医疗保险也不完善。彭荣（2008）、孙洁（2010）指出，中国建立长期照护社会保险制度时机尚不成熟。夏秀梅（2006）认为当前还不具备将长期照护保险作为强制性社会保险的条件。彭荣（2008）指出，以当前的经济发展水平，鼓励发展商业长期照护保险，来解决严峻的老年人长期照护难题，不仅有利于增加长期照护费用筹资渠道、完善健康市场险种、扩大长期照护保险的深度和广度。韩丹（2006）等人认为，这样做不会对国家的财政形成太大压力，所以应该借鉴美国商业长期照护保险的经验。但陈璐、范红丽（2014）认为，当前中国大部分人对老年长期照护风险的认知非常有限，导致商业长期照护产品在中国商业保险市场的占有率非常有限。假如人们对老年长期照护风险有足够的认知，其选择购买商业长期照护保险的概率将增加10%。夏秀梅（2006）、周琛（2007）指出，中国现阶段还是应该加强探索，加强老年人长期照护商业

---

① 陈璐、范红丽：《中国失能老人长期护理保障融资制度研究——基于个人态度的视角》，《保险研究》2014 年第 4 期。

保险市场推广，为将来全国范围内实施老年人长期照护制度做好准备。徐为山（2000）指出，目前，中国发展商业长期照护保险的基本条件也日渐成熟，尤其是北京、上海等大城市，商业保险业发达、开放程度也比较高，以及多元化竞争格局也逐渐形成。应该尽快开发老年人长期照护商业产品，培育和拓展老年人长期照护保险市场。

（5）老年人长期照护筹资主体的研究

何林广（2006）认为老年人长期照护的筹资责任应该由政府、企业、个人和非营利组织共同承担。潘屹（2008）认为，中国能够采取福利多元化的筹资模式，由政府、社会和个人共同为老年人长期照护制度筹集资金。侯立平（2012）则认为，在中国应该构建覆盖全民的，由政府、企业和个人三方分担，共同负责的"三位一体"的老年人长期照护体系。与此同时，还要加大商业长期照护保险的支持力度。韩振燕和梁誉（2012）、郑雄飞（2012）、肖云和王冰燕（2013）等认为，由于当前中国的企业在社会保险缴费方面压力较大，企业可暂不缴费，按照相应比例从养老和医疗保险的交费基数中扣取。戴卫东（2012）认为，国务院发展研究中心在医改评价报告中对医疗保险的责难之一就是个人账户，所以可从医疗保险个人账户结余资金划拨。韩振燕和梁誉（2012）则建议个人部分按薪资比例进行缴费。肖云和王冰燕（2013）认为应该在政府主导下，建立多层次的筹资机制，共同承担对失能、半失能老年人的照护责任，受照护者自己也应承担一定的金额。吕学静（2013）和钟仁耀（2012）认为，筹资应该根据不同的收入水平区别对待。应该由财政全额出资，为贫困老年人建立一个独立的社会照护救助制度；应强制政府、单位和个人共同出资，为非贫困老年人建立社会照护保险制度；应鼓励较高收入水平的老年人，个人出资参加自愿性的商业照护保险制度。黎建飞和侯海军（2009）针对不同人群提出长期照护保险制度安排。对于城镇企业职工，在其参加的医疗保险体系中设立强制性的老年照护保险；对于城镇居民中的非职工，设立照护保险账户，按照规定的保险费标准，按期征缴；对于农村居民，可视其收入情况分为：参加所在务工城镇的职工照护体系、参加劳务储蓄型老年照护保险和政府全部负担的三种类型长期照护保险模式。陈璐、范红丽（2014）认为在中国缺乏正式的老年人长期照护制度的情况下，把家庭作为长期照护费用作为主要来源的占被调查对象的53%，72%的被调查者认为政府应该建立与现行社会保险一致的老年人长期照护社会保险制度；对于融资责任，有51%的被调查者认为政府、企业和个人都应该承担责任，由于缴费能力的原因，60岁以上的老年人不希望个人缴费，50岁以上的低收入群体希望政府全部负担缴费。范红丽（2014）主张老年人长期照护资金应该来源于公共部分和私人部分，融资主体也应该涉及政府、企业以及个人。

（6）老年人长期照护筹资制度构建的研究

目前，学者们对于老年长期照护筹资模式存在一些争议。从现实出发，很多学者都认识到，建立长期照护社会保险是社会发展的必然趋势，但是在当前经济发展水平下，要想学习德国、日本等建立长期照护社会保险制度，还存在一定的差距。应该结合中国国情，分步实现长期照护保险制度的目标。

范永霞（2004）、荆涛（2005）等认为，第一步，采取商业长期照护保险的运作模式；第二步，长期照护社会保险与商业保险相结合；第三步，建立强制长期照护社会保险。施巍巍（2012）认为，中国从长期来看应该建立以长期照护社会保险制度为主导，以救助和市场长期照护保险制度为辅的照护体系。由于当前经济水平有限，应分步进行：第一步，在建立救助式照护和市场长期照护保险制度模式的同时，在部分经济发达城市尝试长期照护社会保险制度的试点；第二步，初步建立橄榄形的，以长期照护社会保险制度为主体、以救助制度和市场长期照护保险制度为两极的老年人长期照护体系；第三步，在全国建立统一标准的长期照护社会保险制度，以救助式照护制度和市场长期照护保险制度模式为补充。

**（三）综述评价**

从上述文献梳理中可以发现，国内外现有文献中研究中侧重点各不相同，既有一致的观点，也有矛盾的观点。总体特点是：

第一，从研究内容看，国内的研究首先侧重于国外长期照护保险制度的介绍，特别是对德国和日本的长期照护社会保险制度介绍的最多，其次是侧重于美国的商业长期照护制度，还有一些学者开始对韩国、以色列以及中国台湾的长期照护制度进行研究。由于国外的研究成果比较丰富，学者们充分而深刻的研究，对于中国老年人长期照护制度设计有很大的帮助。

第二，从研究深度看，中国学者的研究较国外的研究要浅。国内学者更多的是对制度进行描述，然后得出对中国老年人长期照护制度建设的启

示，没有对制度建设的可行性展开更深入的研究。而国外的学者则对长期
照护制度诞生的背景、制度的可行性、制度运行中存在的问题、解决的措
施，以及未来发展趋势等，进行了深入研究。

第三，在中国老年人长期照护制度的构建方面，关于建立社会保险和
商业保险的文献比较多。究其原因主要有两个方面：一是建议建立商业保
险的学者，大多从事商业保险、金融经济方面的研究，在当前"未富先
老"的国情下，发展建立商业保险与其价值取向一致；二是建议建立社
会保险的学者，多是从国外制度中受到启发，认为德国和日本的模式具有
诸多优点。从中国当前社会保障制度不断发展和完善的大环境出发，建议
中国也学习德国和日本的经验，建立长期照护社会保险制度。

# 三　研究意义

随着经济、社会的发展以及医疗技术手段的不断进步，人口的预期寿
命也在不断延长。寿命的延长并不等于是健康寿命的延长，其中更多的是
健康状况不良下寿命的延长，寿而不康的现象比较普遍。年龄的增加带来
老年人的身体器官老化、身体功能下降，逐步形成一些慢性疾病，这些原
因导致老年人自理能力下降是不可逆的。对于大部分失能和半失能的老年
人来说，需要生活照料、医疗护理、情感慰藉等服务。从发达国家的经验
看，即使已经建立了完善的养老制度和医疗制度，但是由于长期照护制度
的缺失，老年人还是会陷入生存危机。中国目前经济发展水平还没有达到
发达国家的水平就进入老龄社会，属于典型的"未富先老"国家。进入
21 世纪后，虽然社会保障制度不断完善，但是并没有涵盖长期照护领域，
现行的社会医疗保险制度明确将长期照护费用排除在外，基本养老保险的
待遇也仅用于日常生活开支，不足以支付长期照护产生的费用。老年人长
期照护筹资问题没有从制度上得到有效的解决，潜伏着巨大的社会风险。
如何解决当前老年人的长期照护筹资问题，迫在眉睫。

任何一个国家的社会政策制订，必然与其政治、经济和文化背景有着
千丝万缕的关系。本书在研究的过程中，时刻提醒中国在借鉴其他国家经
验时，不能简单地照搬挪用，尤其需要对其筹资制度的运行效果进行深刻
的剖析，将适合中国土壤的制度移植过来，不适合的不能盲目生搬硬套。

发达国家的长期照护筹资制度经验证明，几乎没有观点认为，单一供

给主体能解决所有问题。政府不是唯一的主体，市场、家庭和社会组织也必须要参与其中。通过构建政府、市场、家庭和社会组织等多元主体有效参与和责任共担机制，保证老年人长期照护筹资制度可持续发展。因此，本书力图通过对发达国家长期照护筹资制度产生的背景、存在的问题以及改革发展趋势等进行深刻的剖析。结合中国的政治、经济和文化等特点，提出构建与中国经济发展水平相适应的老年人长期照护筹资制度。希望对中国老年人长期照护筹资制度的建设和发展贡献微薄之力。

## 四 研究思路

本书的研究思路可直接以图 1—2 表示：

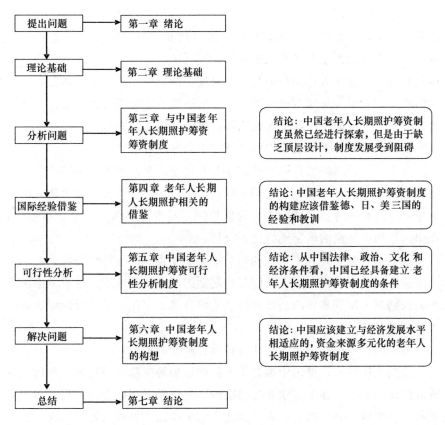

图 1—2　本书研究思路

# 五　研究内容

本书共分为七个部分。

第一章是绪论。

主要是对所研究问题的背景、研究意义、研究思路和研究方法进行全局性的叙述，尤其详细描述了国内学者对老年人长期照护筹资制度的争论，为后面的研究奠定基础。

第二章是构建中国老年人长期照护筹资制度的理论基础。

对福利多元主义理论和路径依赖理论进行详细的介绍，分析两个理论与构建老年人长期照护筹资制度之间的关系。

第三章是与中国老年人长期照护相关的筹资制度。

共包括四个部分。第一部分，介绍中国老年人长期照护制度发展的社会背景。在人口老龄化、家庭照护功能弱化和"社会性住院"的社会背景下，需要社会力量对老年人长期照护问题进行干预。第二部分，介绍中国已有的，与老年人长期照护相关筹资制度的发展历史。第三部分，介绍中国现有的老年人长期照护制度实践。第四部分，对现行的制度存在问题进行分析，为后面中国老年人长期照护制度构建奠定基础。

第四章是老年人长期照护筹资制度的国际经验借鉴。

众所周知，国外的长期照护制度起步比中国早，积累了丰富的经验和教训。他山之石可以攻玉，我们可以利用后发优势，扬长避短地建立中国老年人长期照护筹资制度。本书选取德国、日本和美国这三个各有特色，在中国认知度较高的国家进行比较分析。

第五部分是中国老年人长期照护筹资制度建立的可行性分析。

从中国政府承担老年人长期照护制度的理论依据入手，分析了中国老年人长期照护制度建立的法律依据、政治背景、文化背景以及制度建立的经济基础。

第六部分是中国老年人长期照护筹资制度的构想。

根据上述分析，提出中国老年人长期照护筹资制度的构想。在构建完善的法律基础上，在中国建立与当前经济发展水平相适应的，福利多元的老年人长期照护筹资制度。尤其要注意的是中国"未富先老"的现状，不能盲目照搬他国经验，否则造成的损失需要全体国民买单。

第七部分是结论。

分为三个部分，第一部分是提出本书的基本结论。第二部分是本书的创新之处。第三部分是指出本书研究的不足之处以及今后需要进一步研究的问题。

## 六　研究方法

第一，文献研究法。

文献研究法是通过收集、鉴别和整理文献资料的方式来认识所要研究的问题，了解该问题研究现状的方法。通过文献研究，能够形成对该问题客观、科学的认识。在本书的研究中，采用文献研究法，搜集国内外有关老年人长期照护筹资制度的相关文献资料。对文献进行整理归纳，系统地分析老年人长期照护筹资制度政策的起源、变迁、运行效果及其发展趋势。分析影响老年人长期照护筹资制度的因素，探讨长期照护筹资制度中影响各个主体的动力机制。

第二，比较研究。

比较研究法是对所研究问题认识的基础，是认识、区别和确定所研究对象最常用的方法。在本书的研究中选取德国、日本和美国对世界影响力比较大的、长期照护制度筹资模式不同的三个国家作为比较对象。对其制度的产生背景、制度模式以及运行效果进行分析比较。

第三，系统研究法。

系统分析方法是将需要解决的问题看作一个系统，对解决问题的要素进行综合分析，最终从系统的角度找出解决问题的可行方案的方法。任何事物的产生和发展变化过程，无一不是对其所处历史环境的反映。本书在对三个国家的长期照护筹资制度进行分析的时候，都将其置入当时的政治、文化和经济背景，便于人们理解影响产生各国长期照护制度资金供给主体的因素。

# 第二章　构建中国老年人长期照护筹资制度的理论基础

　　从已经建立长期照护制度的国家看，各国已经普遍接受了福利多元主义理论，并且将其作为筹资制度改革和发展的理论基础。如德国，不但资金来源多元化，由政府、企业和个人共同筹资，而且通过多元化的服务供给，减少正式制度的资金压力，包括：通过为提供照护的亲属提供现金补贴，鼓励居家照护；为老年人提供丰富的机构照护，供老年人选择；鼓励社会力量的参与，实行"储存时间"的制度。所有年满18周岁的公民可以利用假期，为老年公寓或者老年康复中心提供义务服务，这些服务时间可以累计，为自己年老换取同等时间的服务等，为中国建立老年人长期照护筹资制度，提供了理论依据和实践经验。

　　20世纪80年代被引入的社会科学研究领域的路径依赖理论，由于其很好地解释了为什么一些绩效差的社会制度依然能够长时间存在，以及制度的变迁过程中存在报酬递增和自我强化机制，所以近些年受到学者的推崇。路径依赖理论表明，一旦制度变迁路径被选定，在今后的发展中会不断自我强化。即使路径低效甚至是无效，都不容易改变。从已经建立长期照护筹资制度的国家看，尤其是日本，在其选定的社会福利模式下，政府承担了较多的责任，超出其承受范围，对经济产生了负面影响，值得我们引以为戒。中国在建立老年人长期照护筹资制度时，一定要理性预期制度不断自我强化可能产生的福利开支增加，建立与中国经济发展水平相适应的制度，使得中国老年人长期照护筹资制度沿着有效路径不断发展。

# 一  福利多元主义理论

## （一）福利多元主义理论的缘起

第二次世界大战后，西方发达国家在经济繁荣时期普遍建立了比较完善的现代社会福利体制，整体社会福利达到了较高的水平。20 世纪 70 年代"石油危机"引发的经济危机标志着战后资本主义经济发展的黄金时代告一段落。人口老龄化和严重的失业问题导致经济出现滞胀的同时，社会福利也同步增加。"以经济增长缓慢、社会进步不确定以及社会政策的有效性和承受能力，不断受到社会质疑为特征的现代福利时期初现端倪"。[①] 社会和经济的失败给福利国家带来严重的政治压力，对福利国家的批判和反思随之而起。

取代"福利国家"的新概念不断被提出。例如：新福利国家（New Welfare State）、新工业福利国家（Neo－Jndusrtial Welfare State）、公私部门合作（Public－Private Sector Partnerships）、新福利混合经济（New Mixed Economy of Welfare）、福利社会（Welfaresociety）、志愿福利国家（Voluntary Welfare State）、市场社会主义（Market Socialism）、合作主义福利国家（Corporatist Welfare State）、福利国家私有化（Privatation of The Welfare State）和福利多元主义（Welfarepluralism）等。[②] 虽然名称不同，但是这些新概念具有一个共同特点：反对政府作为唯一主体提供社会福利。主张引入非政府的力量来弥补政府能力的缺失，加强其他社会力量的福利提供功能。主张发展多元的、混合的社会福利制度。这种模式被称为"福利多元主义"（Welfare Pluralism），或者"混合福利经济"（Mixed E-conomy of Welfare），最终越来越多的人接受了"福利多元主义"的概念。福利多元主义理论是在对福利国家危机的批判和反思中被提出来的。一经提出，得到了学术界、政府和社会的重视，并迅速发展，直接影响到福利国家社会福利制度的改革和转型。福利多元主义试图冲破政府和市场的绝对主义藩篱，为福利国家寻求最佳的发展路径。

---

① Gilbert N., Terrell P.：《社会福利政策导论》，黄晨熹、周烨、刘红译，东华理工大学出版社 2003 年版，第 48 页。

② 林万忆：《福利国家——历史比较分析》，巨流图书公司 1994 年版，第 314 页。

　　1978 年，英国的沃尔芬德（Wolfenden）爵士首次在《沃尔芬德的志愿组织的未来报告》中提出"福利多元主义"的概念①，并迅速在英国得到广泛应用。沃尔芬德爵士提出的福利多元主义理论的出发点是基于：在充分自由竞争的市场，当一个产品的产量增加时，其价格必然下降，这样可以增加消费者的利益。同理，在社会福利的提供上，如果增加供给途径和筹资主体，服务的价格将保持在合理的水平，会给福利的使用者提供更多的选择。具体来说，扩大社会福利的来源，除了传统意义上的政府和市场之外，还要尽可能地引入其他社会力量。例如：非营利组织、社会团体、家庭等，以弥补政府和市场的不足，解决"政府失灵问题"和"市场失灵问题"。最终形成多元化的社会福利供给主体。

　　罗斯是首个对福利多元主义进行明确论述的学者。在他公开发表的《相同的目标、不同的角色——国家对福利多元组合的贡献》一文中，对福利多元主义的概念进行了深刻的剖析。② 罗斯先对大家熟知的"福利国家"的概念进行了澄清。首先，他认为很多人对这个概念的理解有歧义，大部分人只要一提到"福利国家"，就认为一定是完全由政府承担责任。事实上，政府的确需要承担提供社会福利的责任，但并非垄断社会福利的提供；其次，罗斯认为，社会福利应该是全社会的责任，个人、家庭、市场和政府都要承担其应有的责任，如果只强调政府而放弃家庭和市场的责任是完全错误的。罗斯用公式来对社会总福利进行描述：TWS = H + M + S，其中：TWS 指的是社会总福利，H 是指由家庭提供的福利，M 是指由市场提供的福利，S 是指由政府提供的福利。

　　政府应该是社会福利的提供者，但绝非唯一来源；市场也是社会福利的主要来源，不论个人还是家庭都不能避免从市场购买所需的服务，劳动者则通过市场的雇佣关系获得收入；从古至今，家庭一直是最主要的福利来源。政府、市场和家庭，如果独立提供福利，都会产生一定的缺陷。政府为纠正"市场失灵"，提供社会福利，如果出现"政府失灵"，则招致社会批评；政府联合市场提供社会福利，可纠正"家庭失灵"；家庭和志愿者联合起来提供社会福利则是为了纠正"政府失灵"

---

①　Wolfenden, *The Future of Voluntary Organizations: Report of the Wolfenden Committee*, London: Croom - Helm, 1978.

②　Rose, R., "Common Goals but Different Roles: The State's Contribution to the Welfare Mix. in Rose, R. & R. Shiratori", *The Welfare State East and West*, Oxford: Oxford University Press, 1986.

和"市场失灵"。所以三个部门应该联合起来，互相补充，扬长避短。当政府提供的社会福利的增长并不排除家庭和市场提供的社会福利时，由政府、市场和家庭共同提供社会福利的混合社会（Mixed Society）就产生了。罗斯充分认识到政府财政对于社会福利制度提供的重要作用，但同时也强调市场和家庭对社会福利的贡献。总之，政府、市场和家庭三者之间的关系与其说是相互竞争，不如说是相互补充。三者之间此消彼长，其中任何一方的增长都会对另外两方的贡献产生替代作用。

### （二）福利多元主义理论的分析框架

福利国家危机的教训，使得越来越多的研究者开始利用福利多元主义理论构建各自的分析框架。主要有福利多元主义的"三分法"和"四分法"。

1. 福利多元主义的"三分法"

罗斯最早采用的是福利"三分法"。他主张社会福利的提供者应该包括三个主体：政府、市场和家庭。持这种观点的还有德国学者伊瓦斯（Evers，1988）、欧尔森（Olsson，1993）。伊瓦斯认为，罗斯关于福利多元主义的定义太过简单。他认为应该把福利"三分法"的框架置于当时的文化背景、政治背景和经济背景当中分析。他将罗斯定义的三方对应为：组织、价值和社会成员关系。欧尔森也是福利"三分法"的代表人物之一。他在分析福利国家时采用政府、市场和民间社会（家庭、邻里、志愿组织等）的"三分法"。他使用民间社会的概念对社会福利的私有化和分散化进行讨论，认为民间的社会组织参与社会福利提供的发展趋势是可以预见的。[①]

无论是哪一种福利多元主义"三分法"，研究者都强调提供社会福利的三方之间是互动关系的平衡性和稳定性。如果这种均衡状态一旦被打破，就会出现福利国家危机。福利"三分法"特别注意在福利提供三方互动过程中分析制度与行动者之间的互动关系。个人的福利首先应该来源于自己的社会劳动，应该从市场获得，其次是源自家庭的非正式福利。只有家庭和市场出现问题，个人福利不足时，政府才承担起最后解决危机的

---

① Olsson, S. E., Och, H. H. & Eriksson, I., *Social Security in Sweden and other European Countries*, Stockholm：ESO, 1993.

责任。所以，政府不应该被看作是福利的唯一提供者，政府与市场和家庭一样承担着福利部分提供者的责任。

2. 福利多元主义的"四分法"

随着对福利多元主义研究的深入和发展，出现了福利"四分法"的分析方式。即使伊瓦斯本人在其之后的研究中修正了对福利三角的研究范式。他认为应该有四个社会福利的来源，包括：政府、市场、社区和民间社会（Evers，1996）。他特别强调民间社会在社会福利中发挥的特殊作用。民间社会可以在政府、市场、社区之间分不同层次来建立联系纽带，使公共利益与个人利益和局部利益保持一致。伊瓦斯注意到民间社会对社会福利的整合具有重要意义。约翰逊（Johnson）也主张"四分法"，他将志愿部门加入到福利三角中，将社会福利的来源定义为四个，即：政府、市场、志愿部门和非正式部门。其中志愿部门包括非营利组织和互助组织；而非正式部门则包括家人、朋友和邻居等

无论是福利多元主义"三分法"还是"四分法"，为了给人们提供更加有效的、供给主体稳定和多元化的社会福利，人们都在政府和市场之外寻找更多的组织和机构参与提供社会福利。

### （三）福利多元主义理论与老年人长期照护筹资制度

在人们整个生命周期的过程中，不同年龄阶段有着不同的关键需求，仅凭个人和家庭的力量实现不了，需要借助外部力量尤其是社会力量来为其提供制度上的安排。当人们年老以后，特别是高龄时期，已经临近生命的终点，身体功能的衰退导致对长期照护具有普遍需求，仅凭个人和家庭无法满足老年人需求，需要社会提供制度上的安排。所以，长期照护制度是在一定文化背景、经济背景和政治背景下，有关部门给予老年人的制度性安排。[①]

发达国家和地区在政府干预主义的影响下，大多采取了政府垄断提供福利的方式。当这些国家出现福利危机以后，又纷纷向新自由主义的"市场取向"方向转变，最终仍以失败告终。发达国家和地区社会福利制度发展的经验表明，单纯依靠政府或者单纯依靠市场，都注定无法在公平

---

① 林艳、党俊武、裴晓梅、宋岳涛：《为什么要在中国构建长期照护服务体系》，《人口与发展》2009 年第 4 期。

和效率之间找到平衡点，"政府失灵"和"市场失灵"都不可避免地造成福利提供的缺憾。因此，自20世纪70年代以后，以福利多元主义为指导的"社会取向"的福利观念开始兴起。这是福利国家发生危机之后所产生的一种新的意识形态。福利多元主义理论的基本观点是：提供社会福利不应该仅是政府或市场的责任，个人、家庭和民间组织等社会主体也应该参与提供，各主体之间相互补充，协调发展。发达国家和地区的长期照护制度大都是在20世纪70年代福利国家危机产生之后出现的，从时间上来看，老年人的长期照护筹资制度不可避免地受到福利多元主义的影响。老年人长期照护制度的目标与福利多元主义的分析范式相吻合，从理论上和时间上对福利多元主义进行了验证。政府单一资金来源的社会筹资模式因此而受到质疑。

第二次世界大战以后，福利国家经济发展处于鼎盛时期，就业和工资收入都在增长，政府的税收不断增加，公共支出也随之提高。有了稳定可靠的经济基础，政府的主要任务就是根据公民的权利、贡献或者需求向有需求的群体进行转移支付。以德国和日本为例，在实施长期照护社会保险制度之前，其老年人的长期照护资金主要是由政府财政资金提供支持，单一的资金来源在经济危机和人口老龄化危机之下不堪一击。这种单一政府资金来源的老年人长期照护制度由于缺乏资金，无法保障有照护需求老年人的生活质量，这引起了社会的质疑。尽管国家对保障公民的生存权具有不可推卸的责任，但这并不意味着政府要对此承担全部责任。为了保证资金来源稳定和制度发展可持续，政府在老年人的长期照护筹资制度中不能作为唯一主体出现，应适当引入企业、个人和家庭的筹资责任。

福利多元主义对中国老年人长期照护筹资制度有重大意义。

福利多元主义是社会政策的宏观分析范式，它关注福利的来源、供给、传输的多元化。尤其是在福利国家陷入危机之后，福利多元主义的出现，给福利国家带来了新的思路，为社会福利政策开辟了一条新道路。从福利国家到福利多元提供的社会福利模式，纠正了对国家提供福利盲目崇拜的错误认识，提出了构建福利来源应该多元化，参与各方在福利提供方面责任并重的建议。

本书按照福利多元主义"四分法"，将老年人长期照护筹资责任分为：政府、企业、个人（或家庭）以及社会组织。

第一，政府。老年人长期照护资金的筹集，既包括中央政府也包括地方政府。各级政府在资金的筹集上必须要承担重要的角色。除此之外，政府的职能还应包括：

制定相关的政策法规。老年人长期照护筹资制度必须要在政府制订的法律和法规下实施，法律必须要对长期照护筹资制度中各主体的责任进行规范，包括：由谁筹资、向谁筹集、筹多少等等。

监督和管理职能。政府必须要承担起"仲裁人"的角色对各筹资主体进行监管。既要保证各方充分履行职能，又要保证资金及时足额地筹集。

购买和提供服务。资金的筹集不仅仅是筹钱，还包括购买和提供服务。政府为了避免在老年人长期照护服务供给中既当裁判员又当运动员的弊端，需要改变提供服务的方式。从政府直接出资购买服务和建设福利性老年人长期照护机构，转而面向老年人长期照护服务市场为老年人购买服务，或者直接向需要长期照护的个人或家庭提供补贴，个人自行向市场采购。

此外政府还应该为老年人长期照护服务的照护人员培养、信息系统建设等，提供资金和制度上的保障。

第二，企业。作为社会福利的提供者，企业有责任和义务为其员工提供各种保障。企业在老年人长期照护筹资中主要承担着缴费的义务。

第三，个人或家庭。无论何时何地，个人和家庭都是老年人长期照护必不可少的责任人。除了要承担资金责任，还需要承担老年人的长期照护服务责任。只有当个人和家庭照护能力不足时，才需要其他社会力量的介入。

第四，社会组织。伴随着现代社会的不断发展，社会组织在中国的各个领域发挥着越来越重要的作用。特别是在当前社会转型期，社会矛盾日益突出，单靠政府的力量无法解决。社会组织在资金筹集、协调沟通、服务提供、舆论监督等方面具有独特的优势，发挥着弥补政府不足的功能，成为老年人长期照护制度中重要的组成部分。社会组织包括：非政府政治、慈善组织、志愿组织以及邻里互助组织等多种形式（表2—1）。

表 2—1　　　　　　　　　　　长期照护筹资主体职能定位

| 项目 | 政府 | 企业 | 个人（家庭） | 社会组织 |
|---|---|---|---|---|
| 福利生产部门 | 中央政府、地方政府 | 各个企业 | 家庭成员、亲戚等 | 非政府组织、慈善机构、志愿组织等 |
| 运行机制 | 法律和制度 | 法律和制度 | 血缘和亲情 | 社会文化、志愿性 |
| 需方角色 | 公民 | 员工 | 亲人 | 公民或组织成员 |
| 职能定位 | 制定政策和标准；筹资、监督管理；购买服务；人员培训等 | 直接供给资金 | 直接供给服务和资金 | 供给资金、服务；协调沟通；监督、筹资等 |

　　构建老年人长期照护筹资制度是一项复杂的工程，需要司法部门、卫生部门、民政部门、人力资源和社会保障部门以及教育等多个部门相互配合，不可能一蹴而就。发达国家和地区经历了 40 多年的探索和实践才有了今天的成绩，我们国家在面临严峻的人口老龄化挑战下，构建老年人长期照护制度要善于借鉴发达国家和地区的经验教训。在福利多元主义理论指导下，将福利多元主义嵌入到中国老年人长期照护筹资制度中，采取政府、市场、家庭和社会组织共同参与的中国特色的老年人长期照护筹资制度。

## 二　路径依赖理论

### （一）路径依赖理论的内涵

　　路径依赖（Path－Dependence）是指经济、社会或者技术的演进或者制度变迁过程中都有类似于物理学中的惯性，即一旦进入某个路径（无论"好"或者"坏"）会在惯性作用下对这种路径产生依赖，不断自我强化，不会轻易改变，并将最终"锁定"在这一特定路径上。从演化经济学家的角度来看，不论是技术系统或者是制度系统，其演变过程都具有正反馈机制的随机非线性动态过程。这也就意味着，如果一项技术或者一个社会制度一旦被选定，其内在具有的强化机制会使其沿着既定的路径继续演化并加强。即使存在更优的方案，既定的路径一般难以改变。① 这就形

---

① 胡卫：《论技术创新的市场失灵及其政策含义》，《自然辩证法研究》2006 年第 10 期。

成技术或者制度发展的路径依赖。

从 20 世纪 80 年代开始，整个社会科学界的研究出现了对制度、经济以及文化的如何变迁进行研究的"历史转向"的趋势。学术界通过追踪不同时间和空间下，经济系统、制度系统以及文化系统等变化过程，来分析他们的发展动力及轨迹。这种"历史转向"研究，最大特点就是强调历史上已经形成的结构对当前经济、制度和社会的影响，即坚持"历史重要"的观点。

事实上，无论是经济学的鼻祖亚当·斯密、创新系统研究的开拓者熊彼特、法国政论思想家托克维尔，还是社会科学的集大成者马克思，他们在研究的过程中都使用了"历史主义分析方法"。熊彼特认为：一个不了解历史的研究者，是不可能理解任何时代的经济现象的，包括当前社会的经济现象。由于"历史主义分析方法"把更多的注意力放在了"抽象的经验主义"和"宏大的理论"研究上，自身并没有形成一套方便且可操作的研究方法以及概念体系。所以"历史主义分析方法"的研究者往往深陷浩瀚的历史文献海洋之中而不得要领。[1]

在第二次世界大战后的很长时间内，坚持"历史重要"的学术传统在很长时间被忘记，直到 20 世纪 80 年代，"历史主义"的传统开始复兴，路径依赖理论受到学者的重视，相关文献才开始呈几何级数增长。刘（Liu，2009）认为当前的社会科学研究领域出现的历史转向趋势与众多因素密切相关，包括：达尔文主义的复兴、计算机和复杂科学等所取得的重大发展等。[2] 因为路径依赖理论深刻而形象地揭示了"未来在某种程度上取决于过去"的规律，使得"历史不能假定"和"时间不可逆"等观念深入人心，成为了现代社会学研究者的重要范式。越来越多的社会科学家采用历史主义和演化主义的范式来研究社会的发展变化规律。

不同学科和不同学者对路径依赖理论的理解不尽相同。尽管如此，还是在某些方面形成了一些共识[3]，具体表现在以下几方面：

第一，路径依赖既是一种过程，又是一种状态。所谓"过程"是指路径依赖的演变过程是非遍历随机动态的。例如，一个社会的发展规律是

---

① 高德步：《经济学中的历史学派和历史方法》，《中国人民大学学报》1998 年第 5 期。

② Liu, Z., *The Emergence of Clusters in Societal Transition*, Frankfurt University, 2009.

③ Mahoney, J., "Path Dependence in Historical Sociology", *Theory and Society*, 2000, 29 (4)：507 – 548.

不可逆的，其发展方向只能前进不可能后退，不可能回到前面社会的结构和形态。与此同时，社会的发展表现出非线性的一面，其发展路径存在着多重可能性而不可能渐进收敛于某一单一格局。所谓"状态"是指路径依赖往往以"锁定"（lock in）的状态表现出来。例如当下社会结构的形式其实早已被锁定在过去已有的路径上，即使这种被"锁定"的路径并非最有效率，可能是低效率的甚至无效率的。

第二，早期偶然发生的历史事件，有可能会在某种程度上影响系统的发展轨迹。路径依赖理论常常被用来研究因果过程。研究者认为，社会的发展与其初始条件的关系非常密切，并且很容易受到一些随机事件的影响。社会发展的轨迹往往会因为很小的事件触发，初期的细微差异发展到最后，结果却可能会截然不同。也就是说，路径依赖理论可以认为是由一个个小的事件序列构成的不断自增强的过程，早期非常细小的差别有可能导致发展路径最终巨大的差异。

第三，路径依赖理论强调社会系统在变迁过程中历史的"滞后"和时间因素所发挥的作用。如果某个系统一旦达到某个临界点，便会陷入"锁定"状态，被锁定之后系统便会表现出自增强、报酬递增以及正反馈现象。历史的"滞后"作用与历史事件相关，也与历史内在秩序和内在规则有关。当达到临界值时，自增强机制不断发挥作用，系统被"锁定"于某种状态而难以脱离原有轨道，即使发现更为有效的轨道，也很难改变。

### （二）路径依赖理论的形成和发展

1. 路径依赖理论的形成和发展

最早提出路径依赖理论的是生物学家，他们用其描述生物对待演化路径。20世纪70年代初期，美国的古生物学家埃尔德（Eldredge）和古尔德（Gould，1972）在对物种进化研究的过程中发现，物种的进化过程中经常出现跳跃式的发展，而不是遵循渐进的发展规律，一些微小的偶然随机突变因素会导致进化路径发生重大改变。物种在进化过程对原有进化路径产生明显的依赖现象，所以二人出了路径依赖的概念。

美国的经济史学家保罗·戴维（Paul A. David，1985）在他的著作《技术选择、创新和经济增长》中，首次将路径依赖概念成功引入社会科学领域，并引起学者们的广泛关注。戴维将路径依赖应用于技术变迁问题的研究。他认为技术变迁的路径依赖产生的机制主要包括：投资的准不可逆性、技术相关性以及正的外部性或者规模的报酬递增机制。利用路径依赖理论，戴维成功解释了技术次优选择成为常态的原因。他认为 QWER-TY 键盘成为标准键盘并在市场上占据主要地位，并非是它比别的键盘更好用，而是主要因为它被人们最早使用。① 除了键盘以外，人们还发现很多次优技术而非最优技术占据了重要市场份额的案例。例如，微软操作系统凭借先入优势占据了大部分市场，而不是苹果公司。美国高科技领域里航天飞机火箭助推器的宽度设计原理竟然取决于二千年前两匹马屁股的宽度等等，类似案例举不胜举。

布林·亚瑟（W. Brian Arthur, 1989）将路径依赖理论进行了系统的总结和发展，明确提出技术在演进过程中，具有明显的自我强化以及路径依赖的特点，并且探讨了报酬递增机制对经济系统发展和运行产生的影响。他指出技术演进过程的四种机制，包括用中学、网络外部性、规模经济和适应性预期。在报酬递增的作用下，使技术呈现出明显的路径依赖的特征。路径依赖理论成为西方众多学者研究的对象，他们将其运用到制度变迁、社会学、管理学和政治学等不同研究领域（表2—2）。

表2—2                    路径依赖概念比较

| 文献 | 定义 | 强调重点 |
| --- | --- | --- |
| 戴维<br>（1985） | 一个路径依赖的经济变革的顺序是这样的：对最终结果有重要影响的可以是由时间上较远的事件，包括由偶然因素而非系统性力量所引发的偶然事件所引发的。类似这样的随机过程并不一定自动收敛到结果的定点分散，这样一个过程被称为非遍历性 | 偶然事件；非遍历性 |
| 亚瑟<br>（1989） | 在正反馈作用机制下，保持递增的结果导致对某一特定技术的偏好和占据持久的主导地位 | 报酬递增 |
| 利博维茨，<br>马戈利斯<br>（1995） | 路径依赖是指一个微小的或不太起眼的优势或者是一个看似对一些技术、产品或标准无关轻重的事务可能对最终的资源分配市场产生重要的、不可逆转的影响，即使现实世界是由具有自主决定和个人利益最大化行为的个体构成，也会出现这种情况 | 微小事件；不可逆转 |
| 休厄尔<br>（1996） | 路径依赖即早先发生的事情会对随后发生的顺序事件的可能结果产生影响 | 历史发展的作用 |

---

① David, P. A. , "Clio and the Economics of QWERTY", *American Economic Review*, 1985, 75（2）: 332 – 337.

续表

| 文献 | 定义 | 强调重点 |
|------|------|----------|
| 皮尔森<br>（2000） | 一个路径依赖的历史或时间过程，其特点是自强化的事件顺序 | 自强化；顺序 |
| 施密特,<br>斯平德勒<br>（2002） | 路径依赖是由于转换成本和深化近视而产生的 | 转换成本；演化近视 |
| 西多<br>（2005） | 路径依赖是一个连续的过程，在正反馈的作用机制下，由于偶然因素或个人偏好以及局部搜索而进入正反馈、自强化阶段 | 正反馈；锁定 |
| 艾宾浩斯<br>（2005） | 将路径依赖分成两类：一种是无计划的"乡间小路"，是由人随机选定的并在以后被人重复，自然形成的路；另一种是"道路丛林"，在每个分贫点必须选择一条以继续往前走 | 随机；选择 |

2. 路径依赖在制度变迁的扩展应用

20 世纪 90 年代，美国经济学家诺斯（North，D.，1990）首次将路径依赖理论应用于制度变迁的研究领域。他认为：历史总是重要的。它的重要性表现在，我们不仅仅可以向过去取经，而且还能通过一个社会制度的连续性把现在和未来连接在一起。也就是说，今天和明天的选择早已由过去决定。诺斯为了研究"是什么决定了历史上社会、政治或经济演进的不同模式以及如何解释那些绩效极差的经济仍能生存相当长的时期"这两大理论问题，在《制度、制度变迁与经济绩效》中，率先将路径依赖理论从单纯的技术角度应用到范围更广的社会制度变迁研究领域，并且建立起分析社会制度变迁的路径以及其绩效的一般理论框架。[①]

诺斯认为：与技术的演进一样，制度变迁也存在着自我强化和报酬递增机制。这种机制使社会制度变迁一旦选定某一条路径，在其今后的发展过程中，会按照已有的方向不断自我强化。因此，往往是人们最初做出的选择影响甚至决定了他们现在的选择。如果选择的既定路径循环路径是良性的，社会制度的变迁就可能会沿着良性轨道不断优化发展；如果既定路线是错误的，社会制度的变迁则可能沿着既定的错误路径继续下滑，最终甚至可能被锁定在一种没有效率的状态。社会制度的变迁一旦陷入"锁

① North，D.，*Institutions*，*Institutional Change and Economic Performance*，Cambridge：Cambridge University Press，1990.

定"状态，要想做出改变或者重新选择发展路径就会变得非常困难，需要付出巨大的改革成本，并且还需要借助强大的外部力量，引入外生变量甚至是借助政权变化，才能摆脱原有路径。诺斯对西班牙、英国和南北美洲不同国家的社会制度变迁路径比较研究发现，在这些国家的社会制度变迁过程中，受偶然因素、网络外部性以及制度受益递增等自我强化机制因素的影响，导致这些国家社会制度选择与路径变化呈现多样性的特点。同时也出现了大量社会制度被长期锁定在低效率甚至无效率的状态。

制度变迁的路径依赖形成主要有三个方面的原因。一是正式规则，是指一国的政治法律制度对经济发展的作用有连续性和累积性，约束着经济自由度及个人行为，进而影响经济效益。二是非正式规则，是指习俗、文化、行为准则和规范等，对一国的经济和文化发展有持久的沉淀于历史过程的作用。非正式制度与正式规则相比，一旦形成则具有长期延续，不会轻易改变的特点。其变迁的过程也会是缓慢的、连续的、渐进的和内生的。三是与现有制度相关的既得利益集团。他们与现有制度是共存共荣的，为了保障既得利益，他们有着内在的强烈需求，使制度变迁保持原有路径和既定方向。由于既得利益集团往往在博弈中处于有利地位，从而容易促使制度变迁保持原有惯性，按照既定方向发展。

后来，诺斯、温森斯尼、坎贝尔、费莱德茨以及豪斯等学者对制度路径依赖的不同机制从生物进化的视角进行了研究。豪斯、灰索和尼尔森（Hausner，J.，Jesso，B.，and Nielsen，K.，1995）等学者在研究制度变迁的基础上，又开创了转型经济学的路径依赖研究。他们认为，两次世界大战的外部偶然因素导致在苏联和东欧国家建立起社会主义制度。在此之后，由于政治制度和经济制度的协同效应、正规制度和社会意识形态的相互适应和学习等所产生的制度受益递增效应，使得计划经济制度虽然效率低下，但是并未被高效的市场经济体质所取代，并且长期存在。[①]

毫无疑问，历史事件对现在以及未来所产生的影响程度是不同的。莱博维茨和马戈利斯（Liebowizz，S. J. and Margolis，S. E.，1999）专门研究了制度对路径依赖的程度。他们对效率进行了动态化处理，根据路径依赖强度把它分为三个等级：一级路径是指路径的选择与效率无关，而是取

---

① Hausner, J., Jesso, B., and Nielsen, K., *Strategic Choice and Pathdependency in Post Socialism: Institutional Dynamics in the Transformation Process*, Aldershot: Edward Elgar, 1995.

决于决策的持久性。如果要离开最初选择的路径，人们必须要付出大量的成本。这种情况下选择的路径不一定是最优路径，但却是最有效率的路径选择；二级路径是指决策时并未了解准确的信息，所选的路径存在某些缺陷（例如可能与将来的环境不相匹配），但是决策执行以后如果要进行改变，则需要付出巨大的改革成本；三级路径是指虽然已经掌握了所选的路径无效的信息，但是由于各种原因导致无法达成集体妥协来选择效率更高的路径，最终只能沿袭无效率的制度或者技术。① 罗（Roe，M. J.，1996）则按照高中低三种方式来划分对路径依赖的程度：低度路径依赖是指如果社会需要在两种制度之间进行选择，从效率的角度看，两者的效率事实上差别不明显；中度路径依赖是指随着时间的推移，外界环境变化的情况下即使已经出现效率更高的新制度，但由于原来的制度已经实施较长的时间，重建新立新制度不经济，导致这种改变不会发生；高度路径依赖是指由于公共选择的失败或者是信息传递机制存在缺陷，即使路径改变会提高效率，这种改变也不会发生。②

但是戴维（2001）对这种路径依赖分级并不赞同，他认为路径依赖是一种随机动态过程，它严格服从于历史偶发事件的支配。这种支配的强弱程度取决于没有分叉过程的占优概率分布，而不是市场选择的结果，因此，并不存在所谓的路径等级性。戴维（2001）将路径依赖分为积极的路径依赖和消极的路径依赖。所谓积极的路径依赖是一种随机动态过程，是制度演进过程中自身的历史渐进分布的结果；而消极的路径依赖则是一种非历态过程，不能摆脱历史的约束，最终导致路径依赖的产生。③

### （三）路径依赖理论与老年人长期照护筹资制度

路径依赖理论为研究制度模式变迁提供了一个新的视角，同样也适用于理解一项新的社会制度建立时将会产生的路径依赖现象。对该理论的准

---

① Liebowitz, S. J. and Margolis, S. E. Winners, "Vosers & Microsoft: Competition and Antitrust in High Technology", *Oak and CA: Independent Institute*, 1999.

② Roe, M. J., "Chaos and Evolution in Law and Economics", *Harvard Law Review*, 1996, 109 (3): 641 - 668.

③ David, P. A., "Path Dependence, it's Critics and the Quest for 'Historical Economics'", in Garrouste, P., and Ioan Nides, S. (Eds.), *Evolution and Path Dependence in Economic Ideas: Past and Present*, Cheltenham: Edward Elgar, 2001.

确理解和合理使用，无疑将有利于促进社会制度的变迁和创新。

　　1. 老年人长期照护筹资制度与社会福利制度的路径依赖

　　面对人口老龄化所带来的长期照护危机，几乎所有的工业化国家都制定了针对老年人的长期照护制度。尽管各国长期照护制度各不相同，但是路径依赖理论使得我们比较容易理解长期照护制度与其原有的社会福利制度具有很强的路径依赖。

　　以瑞典、丹麦和挪威为代表的社会民主主义国家，人们是否有资格获得社会福利与他们的工作表现或者对福利的需求程度无关，只取决于他是否有长期居住资格或者是否具备公民资格。这类国家社会福利制度的非商品化程度最强，给付最慷慨。制度的目标是实现人人平等，即使低收入群体也有权利分享到中产阶级所享有的权利。因此这类国家老年人长期照护制度依然采取了覆盖全民的、普享式的社会福利模式。

　　以德国、日本和韩国等为代表的保守主义国家，其特点是社会权利的资格以工作业绩为计算基础，即以参与劳动市场和社保缴费记录为前提条件。所以，这类国家老年人长期照护制度仍然采用了雇主和雇员共同缴费的社会保险模式。

　　以美国为代表的自由主义国家，其社会福利制度主要采取社会救助的方式。美国这种福利模式主要源于英国"济贫法"，给付对象主要是那些靠政府救助低收入阶层。美国社会福利制度的非商品化效应在发达国家中属于最低的，公民社会福利的扩张得到有力的控制。美国在选择老年人长期照护筹资制度时，沿袭原有社会福利制度的路径，仍然采取由政府保障低收入老年人的基本照护需求，其他人群则交由市场的有限保障模式。

　　2. 老年人长期照护筹资制度内的路径依赖

　　已经建立了老年人长期照护制度的国家，老年人长期照护制度的运行过程中，费用支出存在着明显的自增强过程。

　　日本在长期照护保险制度实施初期，由于保险费能够按时足额征缴，并且利用保险的人数比较少，所以护理保险基金能够保持收支平衡，并有一定的盈余。但是，随着参保人数和利用者人数不断增加，保险费支出不断膨胀，如果不增加保费，很难保持收支平衡。所以，日本长期照护保险费用每三年进行一次调整。从2000年制度开始实施至今，保险费不断增加。以第一号被保险人为例，2000—2002年保费基准额为2911日元；2003—2005年保费比第一年增加了13%，达到了3293日元；2006—2008

年保费又提高了 24%，达到了 4090 日元；2009—2011 年，又提高了 180 日元，增加至 4270 日元。被保险人的保费不断增加，负担日益加重。社会上开始普遍担心，如此之高的保险费可能会超出依靠年金生活老年人的经济负担能力[①]，人们对制度的可持续性产生怀疑。

德国的长期照护保险制度从建立到现在缴费率做了三次调整。缴费率从 1995 年的 1%，提高至 1996 年的 1.7%，到 2008 年提高至 1.95%。虽然制度实施以来收支基本平衡，但是受人口老龄化、工资和物价上涨、通货膨胀以及待遇提高等因素的影响，资金迟早会出现收支缺口。为了实现收支平衡，据德国退休研究院测算，到 2055 年长期照护保险缴费率将提高至 7%。[②] 人们的社会保险负担进一步加重。

从总体上看，传统的社会福利模式长期以来形成的路径依赖效应，对工业化国家老年人长期照护制度发展产生了一定的影响。长期照护制度在运行的过程中自增强机制，使得工业化国家守不住制度设计的底线，只能在不断提高待遇的同时，加大财政支出。我们国家当前也面临人口老龄化带来的长期照护风险，在构建老年人长期照护制度前，有必要仔细研究一下发达国家老年人长期照护制度产生的路径依赖后果，结合中国的基本国情以及社会福利制度发展路径，慎重选择老年人长期筹资制度。

中国现有的社会保障体系中，对养老、医疗、失业、工伤和生育风险的制度保障，均采取企业和（或）个人缴费的社会保险模式。强制缴费的社会保险模式在中国已经运行了近 30 多年的时间，奠定了良好的群众基础。老年人长期照护风险已经演进为社会风险，需要借助制度化的安排予以化解，已经被人们普遍接受，采取与养老等社会风险一致的社会保险模式比较容易获得人们的理解和支持。即便如此，发达国家的前车之鉴也提醒我们，要警惕长期照护筹资制度产生的路径依赖对中国经济社会产生的影响。

---

① 《朝日新闻》，http：//www. asahi. com/2003. 6. 21。
② 胡伯涛：《中—欧社会保障合作项目案例研究 "德国长期护理保险"》，http：// wenku. baidu. com/link? url = Zhp1zzTAdt5xVy1ZNC0dw－92eaIsUDBVxD5N0fGYA04hzvkyWNfuaKVZ t－cvQHs5YamMtrjiSalACKLVK3FqW4gR6i52cC2nOpErCqEGzvK。

# 第三章　中国老年人长期照护相关筹资制度的考察

伴随着人口老龄化的不断加深，老年人尤其是高龄老年人身体健康状况不断下降，失能、半失能老年人对于长期照护的需求不断增加。家庭照护功能弱化、照护成本高、挤占医疗保险等都对中国的老年人长期照护提出了要求。老年人长期照护问题既是一种挑战，也是一种机遇。从挑战的角度看，中国老龄化危机加大了政府、家庭和个人在老年人照护方面的负担，但是从另一角度看，老龄化危机创造了新的服务需求市场，可以加大在老年人服务市场的劳动力就业。在当前中国严重的老龄化危机及老年人照护危机下，我们可以发挥"后发优势"，借鉴发达国家和地区的经验，结合中国当前的政治、经济和文化背景，构建有中国特色的长期照护筹资制度，力求实现"老有所养"的基本目标。并且，中国在老年人长期照护筹资制度建设方面也已经迈出了步伐，正向着制度化、规范化的方向发展。

## 一　中国老年人长期照护相关筹资制度缘起的社会背景

### （一）人口老龄化程度日益加深

1. 中国人口老龄化现状

与发达国家相比，中国进入人口老龄化社会的时间比较晚。但是，老龄化具有速度快、老龄人口数量多等特点。从老年人口数量来看，据联合国统计，自 20 世纪的 50 年代到 90 年代末，世界老年人数量增长了 176%，而中国的老年人数量增长了 217%。到 2013 年，中国 60 岁以上老年人超过 2 亿。按照联合国标准，65 岁及以上人口占总人口 7%，即为老龄化社会。中国在 2000 年 65 岁及以上人口已达到 7%，正式进入人口老龄化国家行列。国家统计局 2011 年进行的第六次人口普查数据显示：截至 2010 年 11 月 1 日零时，中国 60 岁及以上老年人口共计 1.78 亿，占总人口的比重为 13.26%。65 岁及以上人口共计 1.19 亿人，占总人口的比重为 8.87%。与 2000 年进行的第五次全国人口普查相比，60 岁及以上人口的比重增加了 2.93%，65 岁及以上人口的比重增加了 1.91%。同时，80 岁以上老年人增加了 10 倍，超过 2000 万，占老年人口总量的 11.38%。

2013 年，中国社会科学院发布《中国老龄事业发展报告》蓝皮书显示，自 2012 年起，1952—1953 年新中国成立后的"婴儿潮"一代进入老年期，中国将迎来第一个老年人口增长高峰。2013 年老年人口数量突破 2 亿人大关。[1] 中国老年人口的数量比美国、德国、日本、法国和英国等国老年人口总和还多。[2] 这种平均每年增长 100 万人的趋势将持续到 2025 年。到 2025 年达到 2.91 亿，2050 年达到 4.3 亿，直到 2100 年，基本保持持续增长的态势（表 3—1）。

表 3—1 中国人口老龄化百年发展趋势预测

| 年份 | 人数（亿人） | | | | 比例（%） | | |
|---|---|---|---|---|---|---|---|
| | 总人口 | 60 岁 | 65 岁 | 80 岁 | 60 岁 | 65 岁 | 80 岁 |
| 2000 | 12.74 | 1.29 | 0.88 | 0.11 | 10.1 | 6.9 | 0.9 |
| 2008 | 13.18 | 1.47 | 1.03 | 0.13 | 11.1 | 7.8 | 1.2 |
| 2010 | 13.61 | 1.73 | 1.15 | 0.21 | 12.7 | 8.5 | 1.5 |
| 2015 | 14.04 | 2.13 | 1.36 | 0.25 | 15.2 | 9.7 | 1.8 |
| 2020 | 14.33 | 2.43 | 1.71 | 0.28 | 17.0 | 11.9 | 2.0 |
| 2025 | 14.45 | 2.91 | 1.95 | 0.31 | 20.2 | 13.5 | 2.1 |
| 2030 | 14.4 | 3.48 | 2.36 | 0.39 | 24.1 | 16.3 | 2.7 |
| 2035 | 14.36 | 3.87 | 2.83 | 0.53 | 26.9 | 19.7 | 3.7 |
| 2040 | 14.29 | 3.98 | 3.14 | 0.59 | 27.8 | 21.9 | 4.1 |
| 2050 | 13.73 | 4.30 | 3.18 | 0.9 | 31.3 | 23.2 | 6.6 |
| 2060 | 13.00 | 4.19 | 3.39 | 0.93 | 32.2 | 26.1 | 7.2 |

---

[1] 吴玉韶编：《中国老龄事业发展报告（2013）》，社会科学文献出版社 2013 年版。

[2] 杨晓奇：《对中国长期护理保险的思考》，《经济研究导刊》2014 年第 21 期。

续表

| 年份 | 人数（亿人） | | | | 比例（%） | | |
|------|--------|------|------|------|--------|------|------|
| | 总人口 | 60 岁 | 65 岁 | 80 岁 | 60 岁 | 65 岁 | 80 岁 |
| 2070 | 12.29 | 3.92 | 3.12 | 1.06 | 31.9 | 25.4 | 8.6 |
| 2080 | 11.63 | 3.91 | 3.12 | 1.01 | 33.6 | 26.9 | 8.7 |
| 2090 | 11.04 | 3.68 | 3.03 | 0.97 | 33.3 | 27.4 | 8.8 |
| 2100 | 10.51 | 3.60 | 2.89 | 1.09 | 34.3 | 27.5 | 10.4 |

资料来源：杜鹏、翟振武、陈卫：《中国人口老龄化百年发展趋势》，《人口研究》2005 年第 6 期。

从人口老龄化的速度看，中国老龄化速度远超过世界上大部分国家，仅次于日本。以 65 岁及以上人口占总人口的比例从 7% 上升到 10% 指标来衡量，法国用了 75 年，美国用了 30 年，日本用了 15 年，中国用了 16 年；以 65 岁及以上人口占总人口的比例从 10% 上升到 14% 这个指标来衡量，法国用了 40 年，美国用了 35 年，日本用了 9 年，中国用了 11 年；以 65 岁及以上人口占总人口的比例从 7% 上升至 14% 的标准进行衡量，法国用了 115 年，美国要用 65 年，日本用了 26 年，中国总共只需要 27 年（表 3—2）。[①]

表 3—2　　　　　　　　　部分国家人口老龄化速度

| 国家 | 65 岁及以上人口达到相关比例的年份 | | | 达到相关比例所需的时间（年） |
|------|------|------|------|------|
| | 7% | 14% | 21% | 7%—14% |
| 日本 | 1970 | 1994 | 2007 | 24 |
| 中国 | 2001 | 2026 | 2038 | 25 |
| 德国 | 1932 | 1972 | 2016 | 40 |
| 英国 | 1929 | 1975 | 2029 | 46 |
| 美国 | 1942 | 2015 | 2050 | 73 |
| 瑞典 | 1887 | 1972 | 2020 | 85 |
| 法国 | 1864 | 1979 | 2023 | 115 |

资料来源：日本厚生劳动省：*Act for Partial Revision of the Long - term Care Insurance Act*, *Etc.*, *in Order to Strengthen Long - term Care Service Infrastructure*。

---

① 于学军：《中国人口老化的经济学研究》，中国人口出版社 1995 年版，第 22 页。

　　快速高龄化是中国的老龄社会另外一个特点。中国目前 80 岁以上的高龄老年人数量已将近 2000 万人，预计 2000—2050 年间，中国 80 岁以上高龄人口的平均增长速度高达为 4.4%，比老年人口增长速度 2.5% 和总人口增长速度 0.3% 要高出很多[①]；从高龄人口规模上看，2010 年中国 80 岁及以上高龄人口数量为 1821.1 万人，2050 年快速增至 9833.9 万人[②]。

　　2. 导致中国人口老龄化不断加深的原因

　　（1）人口出生率逐渐下降

　　据 2010 年联合国的报告，自 20 世纪 70 年代末中国开始实行计划生育政策以来，人口快速增长的势头得到了有效的控制，人口出生率从 1965—1970 年最高值 27.4‰ 下降到 2010—2015 年的 4.5‰，预计进入 2025—2030 年，中国的人口出生率也将进入负增长阶段，并且将一直持续到 21 世纪末（见图 3—1）。国家的统计数据表明，中国自 20 世纪 70 年代以来人口死亡率基本上保持 6‰—7‰ 之间，相对比较平稳（见图 3—2）。人口自然增长率的下降则意味着年轻人口逐渐减少，而老龄人口越来越多，将来会有更多的老年群体需要长期照护服务。

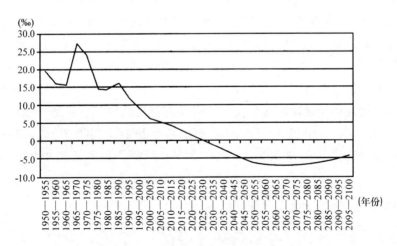

**图 3—1　中国人口出生率变化趋势**

资料来源：联合国经济和社会事务部：《世界人口预测：2010 年修正版》。

---

①　曾毅等：《老年人口家庭、健康与照料成本研究》，科学出版社 2000 年版。
②　海龙：《中国高龄老人长期护理需求测度及保障模式选择》，《西北人口》2014 年第 2 期。

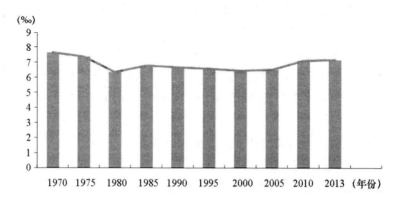

**图 3—2　中国人口死亡率变化趋势**

资料来源：中华人民共和国国家统计局网站。

（2）人口预期寿命逐年延长

从联合国经济和社会事务部公布的《世界人口预测：2008 年修正版》数据看，新中国成立之前，中国人口平均预期寿命仅为 35 岁。新中国成立以后，随着经济发展，中国人民的生活水平和医疗技术水平不断提高，人口的平均预期寿命从新中国成立前的 35 岁提高至 1957 年的 57 岁，到 2011 年则提高到 73.5 岁，与中等发达国家水平齐平。[①] 根据联合国的预测，到 2045—2050 年中国人口平均预期寿命将达到 79.3 岁（见图 3—3）。由于人口的预期寿命与健康寿命之间存在着一定的差距，寿命的延长并不意味着健康寿命的延长。所以，老年人对长期照护的需求概率比其他年龄段的人口高，所需要的费用也最多。据国家统计局的抽样调查显示，中国 65—69 岁需要生活照护的比例为 5.1%，75—79 岁需要生活照护的比例为 14.3%，80—84 岁需要生活照护的比例为 14.3%，90 岁及以上年龄段需要生活照护的比例为 50.3%，照护比例随着年龄增长呈明显上升趋势。[②]

---

① 李斌：《中国人口平均预期寿命 73.5 岁，达到中等发达国家水平》，中国网，2011 年 7 月 11 日。

② 海龙：《中国高龄老人长期护理需求测度及保障模式选择》，《西北人口》2014 年第 2 期。

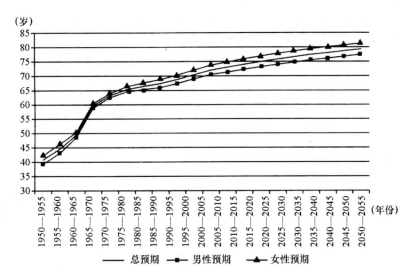

图 3—3 中国人口平均预期寿命变化趋势

资料来源：联合国秘书处经济和社会事务部人口司：《世界人口预测：2008 年修正版》。

### （二）失能老年人数量不断增加

2003 年中国老龄科学研究中心对中国城市和农村老年人口失能状况做了一次性抽样调查。调查数据显示：中国对于评估的六项指标中，最基本的"吃饭"一项，有高达 9.6% 的老年人"做不了"；"做起来困难"老年人比例占全部失能老年人的 3.4%；其他的五项指标"洗澡""穿衣""上厕所""上下床"和"室内走动"，"做起来困难"的老年人占中国失能老年人的 4%—10%（见表 3—3）。

表 3—3　　　　　　　　中国失能老年人的失能程度构成　　　　　　　单位：%

| 自理能力 | 有点困难 | | 做不了 | |
|---|---|---|---|---|
| | 全部老年人 | 高龄老年人 | 全部老年人 | 高龄老年人 |
| 吃饭 | 3.4 | 0.4 | 9.6 | 1.4 |
| 穿衣 | 3.5 | 0.8 | 12.2 | 2.5 |
| 上下床 | 4.1 | 0.9 | 12.1 | 3.7 |
| 上厕所 | 4.4 | 1.2 | 15.0 | 4.3 |
| 洗澡 | 9.8 | 7.0 | 26.6 | 22.7 |
| 室内走动 | 4.1 | 1.6 | 13.1 | 5.6 |

资料来源：中国老龄科学研究中心：《中国城乡老年人口状况一次性抽样调查数据》，中国标准出版社 2003 年版，第 227—244 页。

随着老龄化的加深，中国城乡失能老年人的比例也大幅增加。2006年中国老龄科学研究中心课题组的调查数据显示：中国60—69岁老年人，完全失能的比例为3%，部分失能的为7.7%；70—79岁的老年人，完全失能的比例为7.1%，部分失能的为15.7%；80岁以上的老年人，完全失能的为22.2%，部分失能的为31.9%。可见，随着年龄的增长，老年人的失能比例迅速增加（见表3—4）。

表3—4　　2006年分性别和年龄组的城乡老年人日常活动能力分布　　　　单位:%

| 性别 | 年龄组 | 合计 | 能够自理 | 部分自理 | 不能自理 |
|---|---|---|---|---|---|
| 合计 | 60—69岁 | 100 | 89.3 | 7.7 | 3.0 |
| | 70—79岁 | 100 | 77.1 | 15.7 | 7.1 |
| | 80岁以上 | 100 | 45.9 | 31.9 | 22.2 |
| 男性 | 60—69岁 | 100 | 91.4 | 6 | 2.6 |
| | 70—79岁 | 100 | 81.5 | 13.3 | 5.3 |
| | 80岁以上 | 100 | 50.7 | 29.6 | 19.7 |
| 女性 | 60—69岁 | 100 | 87.2 | 9.4 | 3.5 |
| | 70—79岁 | 100 | 73.1 | 18 | 8.9 |
| | 80岁以上 | 100 | 42.8 | 33.3 | 23.9 |

资料来源：中国老龄科学研究中心：《中国城乡老年人口状况一次性抽样调查数据》，中国标准出版社2003年版，第227—244页。

中国失能老年人的比重占老年人口的比重为6.4%，其中轻度失能占5.4%，中度失能占0.3%，重度失能占0.7%。从比重上来看，中度失能的比重最小，占5.1%；轻度失能老年人所占的比重最高，为84.3%；处于中间的是重度失能老年人，为10.6%（见图3—4）。

虽然中国人口平均预期寿命不断提高，但是寿而不康的状况普遍存在。中国60岁及以上老年人余生中有约2/3的时间处于"带病生存"状态。[①] 65岁以上老年人慢性病患病率为64.5%，80岁以上高龄老年

---

① 姜日进、林君丽、马青：《中国建立社会长期照护保险的可行性分析》，《中国医疗保险》2013年第7期。

人中男性和女性久病卧床的比例分别高达 35.0% 和 50.8%。① 并且，随着年龄的增长，60 岁以上老年人每增加 5 岁，失智症的概率会随之增加 1 倍。85—90 岁高龄老年人失智的比例则高达 30% 左右。截至 2010 年底，中国失能和半失能老年人口总量达到了 3300 万人，占全体老年人口的比重为 19%。其中完全失能的老年人需要长期照护的老年人共计 1080 万人，约占老年人口的 6.23%。②《中国老龄事业发展报告（2013）》数据显示，截至 2013 年底，中国慢性病老年人已突破超过 1 亿人。失能人口数量不断增加。其中失能人数已达到 3750 万人③，中国 60%—80% 的失能老年人健康状况不容乐观④。大量失能、半失能的老年人其生活自理能力逐渐下降甚至完全消失，意味着中国老年人长期照护的需求将大大增加。

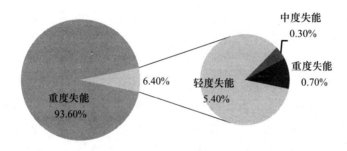

**图 3—4　中国老年人健康状况结构**

资料来源：中国老龄科学研究中心课题组：《全国城乡失能老年人状况研究》，《残疾人研究》2011 年第 2 期。

### （三）家庭结构日益核心化和空巢化

几千年来，中国通过血缘和孝道文化建立起传统的家庭照料模式，这种模式是一种"反馈式"的代际交换模式。父母负有将子女抚养成人的责任，而成年的子女则要承担起赡养父母的义务。客观来说，这种

① 郝晓宁、胡鞍钢：《中国人口老龄化：健康不安全及应对政策》，《中国人口资源与环境》2010 年第 3 期。

② "2010 年全国老龄办和中国老龄科学研究中心开展的全国失能老年人状况专题研究"调查数据。

③ 吴玉韶编：《中国老龄事业发展报告（2013）》，社会科学文献出版社 2013 年版。

④ 景跃军、李元：《中国失能老年人构成及长期护理需求分析》，《人口学刊》2014 年第 2 期。

家庭赡养模式是建立在多子女和人口寿命较短的基础之上的。从古代直至改革开放之前，这种代际交换的家庭赡养模式一直保持，没有出现明显的问题。但是伴随着劳动人口不断迁移，女性普遍参加社会工作，家庭结构日益小型化，尤其是20世纪70年代末期计划生育政策的贯彻实施，"4—2—1"甚至"8—4—2—1"的家庭模式成为主流，能提供长期照料的人力资源迅速减少。面对日益激烈的社会竞争，子女无力承担照护老年人的责任，"反馈式"的代际交换模式出现裂痕，家庭赡养功能削弱。为老年人提供长期照护超出了个人和家庭的能力范围，逐渐演变为社会问题。在家庭无法满足老年人的长期照护需求的情况下，需要其他力量的参与，以减少供需之间的差距，提高老年人的长期照护服务质量。

1. 家庭结构日益核心化

在老年人的长期照护供给方面，不论资金还是服务，家庭历来是老年人长期照护的主要来源。在计划生育政策实施之前，家庭中一般会有2—3个甚至更多的孩子。在中国传统的观念里，父母年老后理所当然要与成年子女及其家庭成员在一起生活。传统家庭里的代际关系中既有父母抚养子女的责任，也有成年子女赡养老年人的责任，形成典型的"反哺式"的代际关系。但是这种传统的代际关系，由于20世纪70年代末期计划生育政策的实施而日益弱化。经过30多年的时间，大部分家庭只生一个孩子，全国共少出生了4亿多人。实施计划生育政策的积极作用固然不可忽视，但是由此带来的副作用也不可忽视：人口老龄化、家庭结构日益小型化、核心化对社会的影响很深。从图3—5可见，中国历次人口普查数据显示，从1953年的第一次人口普查到1964年的第二次人口普查，中国家庭人均数量呈正增长趋势，1964年家庭平均人数为4.43人。实行计划生育政策后，家庭规模开始逐渐缩小。1982年第三次人口普查时每户降至4.41人。之后逐年下降，到2010年第六次人口普查，显示每户只有3.10人。核心化家庭已经逐渐取代传统的家庭结构，成为最主要的家庭结构模式。中国已经开始大量出现"4—2—1"、甚至"8—4—2—1"的家庭。处于中间层的"夹心夫妇"，既要照顾年幼子女，还要赡养四位父母，甚至数量翻倍的祖父母，更要外出迎接充满竞争和挑战的工作。一旦家中有需要长期照护的老年人，不论是经济上还是精力上都力不从心。随着老龄社会的发展，独生子女父母逐渐步入老年阶段，家庭提供老年人长期照护的压力将进一步增大，迫切需要社会予以帮助。

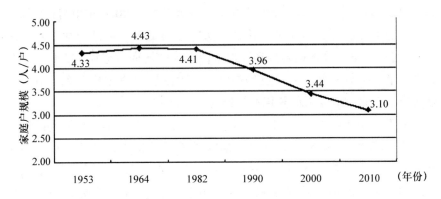

图3—5　中国第六次人口普查平均家庭户人口数变化趋势

资料来源：中华人民共和国国家统计局网站。

**2. 空巢化家庭比例也不断上升**

随着人口流动的增加，"空巢家庭"的数量也不断增多。"空巢家庭"是指成年子女由于结婚、外出工作、求学等原因，从父母的家中搬出，家中只剩下老年人独居的家庭。本书的"空巢家庭"包括只有夫妻两人居住的"夫妻空巢家庭"和只有一个老年人的"独居空巢家庭"两种。出现"空巢家庭"的现象主要有几种原因。首先，随着社会的发展，人们的价值观和养老观发生转变，老年人独立意识的增强，造成了"空巢家庭"成为老年人一种普遍的生活方式。其次，城市中成年子女为了工作而进行流动，有的为了工作便利，选择离上班地点较近的地方居住；有的是城际甚至国际流动。再次，独生子女外出求学，也形成了大量的空巢家庭，并且造成了空巢期提前。最后，农村劳动力向城市大量流动，带来农村家庭的空巢化。伴随中国城镇化和工业化的不断发展，农村劳动力大量从农村向城市转移。与改革开放初期主要是男性进城务工的特点不同，进入21世纪以后，农村人口转移出现了核心家庭举家迁移的特点。即使不是举家迁移，留守农村的人口呈现"386199"的特点。留守的妇女在完成农业生产和照料小孩之余，很难抽出时间和精力为老年人提供足够的照护服务。

1987 年以前，中国"空巢家庭"的数量并不多。在 60 岁及以上的老年人家庭中，只有 16.7% 的家庭属于"空巢家庭"。20 世纪 90 年代以后，这个数量快速增加，到 2002 年上升至 33.43%。[①] 2010 年全国"空巢家庭"已经超过 50%，部分大中城市甚至高达 70%。2010 年中国青年报通过网络调查发现有 97.1% 的人确认身边存在与父母"两地分居"的年轻人。[②] 可以预见，经济的发展和人们生活观念的转变，会加快人口流动的速度，增加空巢比例，延长空巢的时间。大量"空巢家庭"的存在，无疑会降低家庭对老年人的长期照护能力。

由于"空巢家庭"统计数据中包含了独生子女外出求学而导致的年轻"空巢家庭"，这部分家庭对长期照护的需求很小，甚至可以忽略不计。所以采用"纯老家庭"的概念应该更能够解释老年人对长期照护的迫切需求。所谓"纯老家庭"是指在家庭中居住的成员，所有人的年龄都超过 60 岁——包括 60 岁以上老年人独居的家庭；夫妻双方年龄都超过 60 岁的家庭；60 岁以上与父母或其他老年亲属共同居住的家庭。"纯老家庭"的形成，除了人口迁移的原因之外，还由于大量"丁克家族"的存在。据统计，中国大中城市已经出现了约 60 万"丁克族"。更不幸的是，还有独生子女死亡后产生的"失独"家庭。有数据显示，截至 2010 年，全国"失独"家庭的数量已经超过 100 万个，并且每年还将以 7.6 万个左右的速度递增。2011 年北京"纯老家庭"中老年人口总量达到 45 万，占北京老年人口的 18.2%。2012 年上海市"纯老家庭"中老年人口高达 84.60 万人，占上海老年人口总量的 23.03%。"纯老家庭"中由于缺乏年轻家庭成员，一旦老年人生活不能自理，其对长期照护制度的需求比一般家庭更加迫切。[③]

### （四）女性就业率的提高

在传统社会中，大家普遍遵循着"男耕女织""男主外，女主内"的古训。女性的生产活动普遍被限制在家庭内部，包括老年人的日常生活以及生病时的照料照护，基本上都由下一代的成年女性来负担。所以

---

① 苏永莉：《长期护理保险发展的需求分析》，《保险职业学院学报》2007 年第 5 期。

② 《中国青年报》：http://www.cyol.net/zqb/content/2010-06/29/content_3299916.htm。

③ 周延：《中国长期护理保险瓶颈分析及险种的改进探究》，《江西财经大学学报》2014 年第 2 期。

老年人照护在家庭内部得到满足。但是随着社会发展，越来越多的女性走出家门，参与社会工作（见图3—6）。2006年，中华人民共和国国务院公布的数据显示，截至2004年，中国城乡总就业人数达到7.44亿，其中女性就业者高达3.37亿人，占总就业人数的44.8%，比2000年增加了13.2%。在城市中，女性有接近一半的人走出家庭，承担着与男人相同的工作压力。工作之余，她们很难再承担对老年人的照护。在农村里，女性与男性一样从事农业活动。如果男性外出务工，女性则成为农业生产的主要承担者，对原来承担的老年人照护职能显然力不从心。女性走向社会，严重地冲击传统的家庭照护老年人模式。

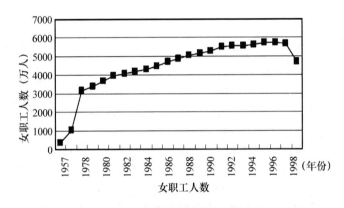

**图3—6 中国历年女性职工人数**

资料来源：1. 1957年、1960年数据来自中华人民共和国国家统计局社会统计司：《中国劳动工资统计资料1949—1985》，中国统计出版社1987年版，第32页。

2. 1978—1998年数据来自历年国家统计局编《中国统计年鉴》。

注：2000年以后，《中国统计年鉴》的"就业人员"不再区分男女就业状况。

**（五）"社会性住院"对医疗保险和医院造成的压力**

所谓"社会性住院"是指部分有长期照护需求的老年人，因为家庭照护功能不足，或者无法入住照护服务机构等原因，老年人以长期住院来替代入住照护机构的一种社会现象。

对于绝大多数老年人而言，一旦步入老年，大多进入疾病多发阶段，特别是高龄老年人患病的可能性更大，医疗费用的支出也随之剧增。据测算，中国80%的医疗费用被18%的老年人使用。60岁及以上的老年人花掉其一生80%以上的医药费。并且生命周期中最后的6个月的医疗费用开支是其一生中最大的部分。① 目前，中国现在还没有建立独立的长期照护保险制度，现行的医疗保险制度明确规定，不支付特别护理和日常护理等长期照护服务项目费用。老年人的养老金收入也不足以支付照护费用。以 2013 年为例，企业退休人员养老金平均水平约为 1900 元左右② （见图3—7），但护理机构的月照护费用普遍在 2000 元以上。由于失能老年人的照护要持续多年，所以没有社会支持，大部分老年人难以承担长期照护产生的费用。③

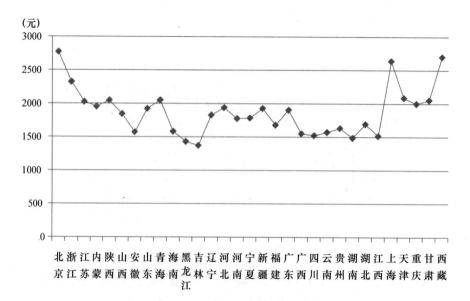

图3—7　2013 年中国一些地区企业退休人员月均养老金水平

资料来源：北京师范大学中国公益研究院养老研究中心数据库：http://www.nnyxx.com/rd-nr/20140617100652.html。

为了减轻个人和家庭经济负担，部分老年人选择长期住院，用医疗保险基金来支付长期照护费用，结果造成相当一部分不需要治疗的老年人，甚至是临终关怀的老年人，长期滞留在医院，占用非常有限的医疗

---

① 荆涛：《对中国发展老年长期照护保险的探讨》，《中国老年学杂志》2007 年第 2 期。

② 北京师范大学中国公益研究院养老研究中心数据库，http：//www.nnyxx.com/rdnr/20140617100652.html。

③ 侯雪竹：《养老院不接收 3300 万失能老人，护理费用高昂难承受》，《京华时报》2012年 7 月 30 日。

资源。这不仅给老年人及其家属带来巨大的陪护压力，也给医疗保险基金造成了巨大的浪费。中国人均卫生费出现迅速增长。按照 1980 年的价格计算，从 1980 年的年人均 14.51 元增长到 2010 年的 1400 元，增加了 96.5 倍。人均医疗总费用占城镇居民家庭人均可支配收入的比重也从 1980 年的 3.04% 提高至 2010 年的 7.33%，增长了两倍多（见图 3—8）（需要注意的是，这里的人均医疗费用的支出，仅包括看病吃药的费用，不包括住院费用）。卫生部门的统计数据显示，2008 年中国每年住院的患者，人均医疗费支出为 5446.5 元，比上年增加了 472.7 元，提高了 9.5%。[①] 如果将住院费用也计算在内，中国医疗开支会十分巨大。虽然国内还没有老年人"社会性住院"对医疗开支占用的具体数据，但是可以想象，这个数据并不会太小。我们务必要吸取日本"社会性住院"的教训，需要将老年人的长期照护从医疗保险中区别开来。

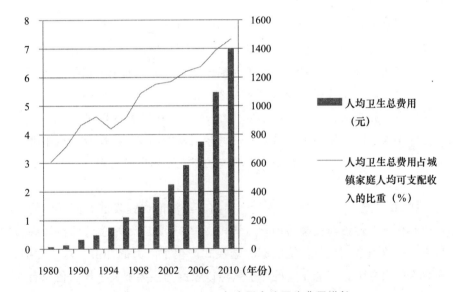

**图 3—8　1980—2010 年中国人均医疗费用增长**

资料来源：《中国统计年鉴（2010）》和《2011 年中国卫生事业发展情况简报》。

---

① 韩振燕、梁誉：《关于构建中国老年长期照护保险制度的研究——必要性、经验、效应、设想》，《东南大学学报》（哲学社会科学版）2012 年第 3 期。

# 二　中国老年人长期照护相关筹资制度的发展历史

新中国成立以后，中国政府把老龄事业的发展放在了一个非常重要的位置。在新中国成立初期就启动了对老年人提供生活服务和资金补贴的制度。虽然为老年人提供保障的内容、保障的形式以及保障的水平不断发生变化，但是对老年人，尤其是弱势老年群体的扶助从未停止过。进入新世纪，伴随着人口老龄化加深，老年人对医疗护理的需求也日益增加，针对老年人的长期医疗照护制度开始在各地探索。迄今为止，青岛市已经开始实行的长期医疗护理保险，上海、北京、天津、江苏、浙江等地即将开始实施的试行方案，拉开了中国老年人长期照护保险的序幕。回顾与中国老年人长期照护相关筹资制度的发展历史，对于建立当前的中国老年人长期照护筹资制度意义重大。

对经济困难老年人的养老服务补贴源于 20 世纪 50 年代。新中国成立初期，民政部门开始对城镇"三无"老年人和农村"五保"老年人提供社会养老服务补贴。主要是向老年人提供免费住宿、向家庭提供老年人救助补贴以及向老年人提供养老服务。这种养老服务补贴在城市的社会救助项目中占了相当大的比重。[①] 在 20 世纪 70 年代中期社会转型之前，由于中国老年人家庭长期照护供需处于一种相对均衡状态[②]，政府为困难老年人支出的养老服务补贴很有限，对政府的财政支出以及整个社会并没有产生明显的影响。

在 20 世纪 80 年代至 90 年代，伴随着经济的快速发展、家庭结构日益核心化、女性参与社会活动日益增多、"空巢家庭"增多，经济社会转型带来的价值观变化对传统家庭养老模式产生了巨大的冲击。这一时期，在政府的引导下，对老年人的照护依然以家庭为主要责任主体，但原有的家庭照护已不能满足老年人的照护需求，政府逐步将市场机制引入到老年人的照护体系中来。在国家的政策扶持下，一些民营性质的养老机构逐渐发展起来。但是由于政府对老年人长期照护产业的发展过度强调其公益性，使得这个产业成为"无利可图"的行业。即使政府采取了对养老机

---

① 裴晓梅：《老年长期照护导论》，社会科学文献出版社 2010 年版。
② 戴卫东：《中国长期护理保险制度构建研究》，人民出版社 2012 年版。

构提供一次性床位补贴、按照入住老年人数量提供运营补贴以及直接补助个人的抵扣养老院护理费用等优惠措施，却由于优惠措施力度不大，对民间资本的吸引力不足，导致民营养老机构发展缓慢。在这种情况下，社区照护被推向了前台。[①] 但是由于社区服务在资金以及人力资源方面存在很大的缺口，导致了它在失能老年人长期照护服务等方面发挥的作用非常有限。为了刺激民营养老机构的发展，政府提供了一系列的优惠措施，加大了对困难老年人提供的养老服务补贴，但是增幅并不是很大，对民营机构的刺激作用甚微。

进入 21 世纪后，家庭照护功能在城市化、工业化进程中日益弱化。政府鼓励的社区照护也无法满足老年人的长期照护需求，使得老年人长期照护服务供需之间的矛盾日益加剧，亟须政府出台政策来调动和吸引社会力量参与老年人长期照护服务的提供。2001 年民政部门开始实施"星光计划"，正式提出"居家养老"的概念，养老服务补贴制度也应运而生。在"星光计划"的影响下，居家养老模式在中国得到了广泛推广。[②] 为了推广居家养老模式，上海市民政局于 2001 年颁布实施了《关于全面开展居家养老服务的意见》（简称《意见》），《意见》指出，由上海市政府出资为居家养老的老年人购买养老服务。此办法的颁布和实施使得上海市成为全国首个实施老年人养老服务补贴的城市。2004 年 5 月，宁波市海曙区提出由政府通过向非营利组织购买服务的形式为家庭困难、生活不能自理、家属无力照顾的老年人提供生活照护服务。为此，海曙区财政预算150 万元，向星光敬老协会（非营利组织）为老年人购买居家养老服务。"海曙模式"在全国产生了非常大的影响力，在全国范围内迅速推广。

2006 年 2 月，中华人民共和国国务院办公厅转发全国老龄工作委员会办公室和发展改革委员会等部门联合发布的《关于加快发展养老服务业意见的通知》（简称《通知》）。《通知》要求各地要建立养老服务补贴专项资金，加大推进居家养老服务的力度。《通知》中提到关于为养老服务补贴"建立专项资金"，意味着中国正式开启了在国家层面上构建老年人养老服务补贴制度。在《通知》的指导下，全国各地加大

---

① 张旭升、牟来娣：《中国老年服务政策的演进历史与完善路径》，《江汉论坛》2011 年第8 期。

② 戴卫东：《改革开放以来老年福利制度建设的经验与教训》，《武汉科技大学学报》（社会科学版）2012 年第 4 期。

了养老服务补贴制度的建设。截至 2008 年底，全国有数十个省市已经开始或者实施了对居家老年人提供养老服务补贴的制度。为高龄、失能和经济困难老年人以及对社会有特殊贡献的老年人提供居家养老服务的补贴。民政部数据显示，到 2009 年末，中国共有 430.9 万高龄老年人按月领取高龄津贴。[①]

2010 年 10 月，中华人民共和国民政部在江苏召开全国社会养老服务体系建设推进会，明确提出要为老年人建立养老服务补贴制度，拉开了全国建立统一养老服务补贴制度的大幕。2011 年 12 月，浙江省颁布实施了《关于深化完善社会养老服务体系建设的意见》，在全国率先实现了城乡统筹的养老服务补贴以及养老服务的居家和机构融合，在国内引起了很大的反响。该文件明确规定不分城乡，建立统一的养老服务补贴制度，政府为失能失智、生活困难老年人提供补贴，但是补贴并不是以现金的形式发放给老年人，而是将资金直接补贴给为这些老年人提供服务的养老机构或者居家养老服务的组织。随后出台的实施细则主要包括：一类补贴的对象必须符合失能、失智和低保条件。政府按照每人每年不少于 12000 元的标准为入住养老机构的老年人提供补贴。为居家养老的老年人提供不少于 4800 元的标准补贴。二类补贴对象的补贴范围和标准由各地方政府自行确定。统计数据显示，截至 2012 年底，浙江已经初步建立起对弱势老年人养老服务补贴制度，全省享受补贴的老年人数量达到 13700 人。

2012 年 7 月，中华人民共和国国务院颁布的《国家基本公共服务体系"十二五"规划》明确提出："为了应对人口老龄化趋势，有条件的地方可发放高龄老年人生活补贴和家庭经济困难的老年人养老服务补贴。"这是国务院首次提出的不论老年人居家养老还是养老机构养老，都应该为所有老年人提供统一的养老服务补贴的制度。2012 年青岛市出台规定，由政府出资，为 60 岁以上"低保"和"三无"老年人购买居家养老服务，为半失能老年人，每月提供不少于 45 小时的服务；对完全失能老年人，每月提供不少于 60 小时的服务。政府并非全额提供补助，而是按照城镇每小时补贴 15 元，农村每小时补贴 10 元的标准执行。同年，《中华

---

① 中华人民共和国民政部规划财务司：《2009 年民政事业发展统计报告》，中华人民共和国民政部网站，http://www.mca.gov.cn/。

人民共和国老年人权益保障法》修订，法律中明确规定：对经济困难的老年人，地方各级政府应当逐步给予养老服务补贴。这是首次对困难老年人的养老服务补贴给予法律上的保障。2013 年 9 月，中华人民共和国国务院发布《关于加快养老服务业发展的若干意见》，进一步强调，各地要根据经济状况为困难老年人提供养老服务补贴。2014 年 9 月中华人民共和国财政部、中华人民共和国民政部和全国老龄工作委员会三部门联合下发《关于建立健全经济困难的高龄、失能等老年人补贴制度的通知》，进一步加强公共财政的支持力度，切实解决老年人的后顾之忧。至此，中国政府对困难老年人提供的养老服务补贴逐渐从过去的"三无对象""五保户"扩大到经济困难的高龄、失能老年人。

## 三　中国老年人长期照护相关筹资制度的发展现状

从发达国家老年人长期照护制度产生的原因和发展过程看，人口老龄化、家庭结构的小型化以及女性参与社会工作等原因造成的家庭照护体系弱化，是各国发展长期照护制度的最直接原因。这些因素使得老年人长期照护被演变成了一种社会风险。中国是未富先老的老龄化国家，再加上中国 20 世纪 80 年代实施的计划生育政策、人口流动等因素造成的家庭结构小型化、空巢家庭日益增多等因素，也同样使得中国家庭为老年人提供长期照护的功能被日益弱化，经历着与发达国家同样的老年人长期照护问题。中国老年人的长期照护风险与养老、医疗、失业等风险同样成为了社会风险，需要政府的干预。但是从中国当前的国情出发，建立与中国经济发展水平相适宜的制度才是理智的选择。中国当前由政府主导的老年人长期照护制度，根据服务内容分别由不同的部门，采取不同的方式给予保障：民政部门利用财政资金对高龄、失能的低收入老年人给予养老服务补贴；医疗保险部门探索利用医疗保险基金为老年建立长期医疗护理保险；在此基础上辅以商业长期照护保险。

### （一）中国老年人长期照护相关制度的筹资主体

当前，中国老年人长期照护相关制度主要包括老年人的养老服务补贴和医疗护理保险制度。由于制度比较分散，并且执行的层次也各不相同，所以相关制度的筹资主体也各不相同。

1. 中国老年人养老服务补贴的筹资主体

中国老年人养老服务补贴的筹资主体，主要由中央政府和地方政府共同承担。20 世纪 50 年代，民政部门为了保证城镇"三无"老年人和农村"五保"老年人的生活质量，从各地财政中划拨一部分资金为其提供免费住宿、向家庭提供老年人救助补贴以及向老年人提供养老服务。伴随社会的进步和经济的发展，政府对老年人提供的补贴形式和补贴内容都发生了变化。从以提供服务为主逐渐向资金与服务并重；从以提供食品、衣物等物质帮助为主向提供物质和服务多种形式发展；从以对机构补贴为主向按需求对居家养老、社区养老和机构补贴多重方式发展，等等。由于养老服务补贴的对象主要是老年人，尤其是失能的、低收入的老年人，这部分弱势群体必须由政府承担责任，任何时候、任何地方都不会改变，所以养老服务补贴的筹资主体只能也必须由民政部门承担。

2. 中国长期医疗护理保险筹资主体

由于医疗保险规定不支付特别护理和日常护理等长期照护费用，所以部分以生活照顾为主的老年患者被迫以治疗的方式进入了医院，产生了大量的"社会性住院"的现象，给医疗保险基金和医院造成了资金和资源双重浪费。所以，应以医疗保险部门为主，来探索医疗护理保险。从目前来看，唯一实施医疗护理保险的青岛市，其采取的是跟从医疗保险的形式。所有参加基本医疗保险的参保人，不论是城镇职工还是城乡居民均被纳入医疗护理保险之中。还在探索试点阶段的地区，如重庆、上海、江苏和黑龙江等地也采取的是利用现有的医疗保险资源来提供医疗护理服务。由于长期照护跟从医疗保险，所以其筹资的主体也跟从医疗保险，政府、企业和个人均可以成为缴费主体，由社会保险部门按照收支平衡的原则筹资。

## （二）中国老年人长期照护相关制度的资金来源

中国虽然没有独立的老年人长期照护保险制度，但是从 1949 年以后，尤其是在进入人口老龄化社会以后，政府对老年人的投入不断增加，探索和实施了一系列与老年人长期照护相关的制度。努力向建设多元化筹资的长期照护制度的方向发展。政府、企业和个人都在不同程度上承担着筹资的责任。

1. 中国政府通过一般税收为老年人长期照护制度筹资

第一，为低收入老年人提供养老服务补贴。所谓养老服务补贴是指由于老年人身体机能衰退需要他人提供照护服务而又无力支付资金时，由中国政府给予的补助。从理论上讲，所有中国老年人都应该享受养老服务补贴，这是《宪法》赋予每位公民的权利。但是从中国目前经济发展水平出发，中国政府无力为全体老年人提供养老服务补贴。而经济困难的高龄、失能老年人，如果没有中国政府的帮助，其晚年的生活质量难以保障，所以从1949年以后至今，中国对老年人的养老服务补贴对象主要定位于经济困难的老年人。

第二，对养老服务机构的补贴。相比于养老服务补贴，中国政府对养老服务机构的补贴起步较晚。在《关于加快实现社会福利社会化的意见》（国办发〔2000〕19号）的指导下，中国各种类型的老年人福利机构迅速发展，全国老年人养老机构的数量迅速增加。2005年中华人民共和国民政部又出台了《关于支持社会力量兴办社会福利机构的意见》，鼓励有条件的地方政府利用福利彩票基金，加大对福利机构的补贴。此后，各地陆续出台了对社会福利机构的资金补贴办法。

第三，除了对养老机构新建床位补贴之外，部分省市对养老机构根据收养人数给予运营补贴（又称床位补贴）。养老机构每接受一位老年人，每人每月可得到100—300元不等的床位补贴。床位补贴制度对养老机构的运营压力起到缓解作用。

2. 基本医疗保险为中国老年人提供长期医疗护理筹资

对于失能、半失能老年人而言，除了养老服务以外，医疗护理是另一个重要的服务需求。中国的医疗保险制度不支付特别护理和日常护理等长期照护服务项目费用。但由于老年人的生活照顾需求和医疗护理需求的边界模糊，为了减轻个人负担，部分需要生活照顾的慢性病老年患者以治疗的方式进入医院，将生活照顾的成本以医疗护理的形式带入了医疗保险，不可避免地产生了"社会性住院"的现象。对于大部分慢性病和失能的老年人来说，入住医院产生的社会成本要远高于居家养老、社区养老和机构养老的护理成本。由医疗保险为部分失能老年人支付护理费用，给医疗保险带来了巨大的资金压力，同时也给医院的治疗资源造成了很大的浪费。从国际经验来看，德国和日本之所以要建立社会长期照护保险，其主要原因之一就是为了解决长期照护费用对医疗保险资金的挤占，所以将长期照护费用从医疗保险中区别开来，有利于降低长期照护和医疗保险的总体成本。

目前，中国的"社会性住院"现象非常明显，医院对老年人的"押床"现象也无计可施。随着全民医保的建立，"社会性住院"矛盾已经凸显，成为了医疗保险部门不得不解决的问题。从 2012 年开始，各地纷纷探索用医疗保险的资金来解决失能老年人的长期照护医疗费用。2012 年 5 月，重庆市医科大学创办了老年养护中心，以医院为依托，成为医疗保险定点医疗护理机构，将入住老年人的医疗护理费用纳入医保，大大降低了老年人的医疗保险费用开支。2012 年 7 月，青岛市颁布实施《关于建立长期医疗护理保险制度的意见（试行）》，以城镇基本医疗保险为平台，为失能老年人提供居家、社区和养老护理机构的长期照护费用结算报销服务。2013 年 11 月颁布的《上海市养老机构条例（草案）》，将入住养老服务机构老年人产生的医疗费用，纳入了城乡医疗保险结算。2014 年 8 月，江苏省出台了《关于全面推进医养融合发展的意见》，对于参加了城镇职工基本医疗保险、城乡居民医疗保险的老年人，如果入住护理型养老服务机构，在机构发生的符合政策范围内的医疗费用，可以纳入医疗保险，按照有关规定给予报销。2015 年 1 月，黑龙江省在哈尔滨、齐齐哈尔、牡丹江、大庆等地市推行为入住养老机构的失能、半失能老年人按医保标准报销医药费用（见表 3—5）。

表 3—5    **各地试行的老年人长期医疗护理政策**

| 时间 | 项目 | 内容 |
| --- | --- | --- |
| 2012 年 5 月 | 重庆老年养护中心 | 入住老年人医疗护理纳入医保 |
| 2012 年 7 月 | 青岛市《关于建立长期医疗护理保险制度的意见（试行）》 | 以城镇基本医疗保险为平台，为失能老年人提供居家、社区和养老护理机构的长期照护费用报销 |
| 2013 年 11 月 | 《上海市养老机构条例（草案）》 | 入住养老服务机构的老年人发生的医疗费用纳入城乡医疗保险结算 |
| 2015 年 1 月 | 黑龙江省在哈尔滨、齐齐哈尔、牡丹江、大庆等地市试行 | 入住养老机构的失能、半失能老年人按医保标准报销医药费用 |

资料来源：中华人民共和国各地人力资源和社会保障部门网站。

3. 个人出资购买长期照护商业保险

中国老年人一旦失能，中国政府提供的养老服务补贴较少，建立长期医疗护理报销制度的地区也有限。所以，目前来讲，其长期照护费用主要由个人和家庭负担。为了缓解长期照护对个人和家庭造成的压力，鼓励开发和购买商业长期护理保险是有效缓解当前困境的办法之一。

中国老年人商业长期照护保险比发达国家起步晚很多，长期照护保险产品的开发尚处于初级阶段，现有的保险产品数量比较少。2005 年，国泰人寿推出的"康宁长期护理健康保险"，拉开了中国商业长期照护保险产品开发的大幕。随后，全国第一个具有全面保障功能的长期照护保险"全无忧长期护理个人健康保险"由中国人民保险股份有限公司于 2006 年推出。同年，又有两家公司陆续推出两款长期照护保险产品，分别是生命人寿保险公司推出的"至康长期护理健康保险"和瑞福德健康股份有限公司推出的"瑞福德长期护理保险（A 款）"。2008 年，商业保险公司开发出团体长期照护保险。比如太平人寿保险有限公司推出的"乐享人生"团体长期护理保险，第一次为企业用户提供员工 85 岁之前的医疗、保健以及长期护理等全方位健康需求的复合保险产品，等等（见表 3—6）。之后，国内的几大保险公司又陆续开发出以附加险形式存在的长期照护保险产品。如信诚人寿保险公司专门针对女性开发的"挚爱一生"附加长期护理保险、太平洋人寿保险公司开发的"太平盛世附加老年护理保险"以及中意人寿保险公司开发的"附加老年重大疾病长期护理健康保险"，等等。据统计，截至 2012 年底，中国有十几家保险公司推出了与长期照护相关的保险产品。

表 3—6　　　　　　　　　　中国部分商业性长期照护保险产品

| 产品名称 | 康宁长期护理健康保险 | 全无忧长期护理个人健康保险 | 至康长期护理健康保险 | 瑞福德长期护理保险（A 款） | 国泰康顺长期护理保险 | "乐享人生"团体长期护理保险 | 国泰康馨长期护理保险 |
|---|---|---|---|---|---|---|---|
| 所属公司 | 国泰人寿保险股份有限公司 | 中国人民保险股份有限公司 | 生命人寿保险股份有限公司 | 瑞福德健康股份有限公司 | 国泰人寿保险有限责任公司 | 太平人寿保险有限公司 | 中国人寿保险股份有限公司 |
| 推出时间 | 2005 年 | 2006 年 | 2006 年 | 2006 年 | 2007 年 | 2008 年 | 2009 年 |
| 投保年龄 | 18—55 周岁 | 18—59 周岁 | 15—65 周岁 | 18—59 周岁 | 18—55 周岁 | 15—59 周岁 | 18—60 周岁 |
| 保额限制 | 1—100 万元 | 无上限 | 无上限 | 无上限 | 无上限 | 无上限 | 无上限 |
| 缴费期间 | 15、20 年缴费期间 | 趸交，5、10、20 年多种缴费期间 | 趸交，5、10、15、20 年多种缴费期间 | 趸交，5、10、20 年多种缴费期间 | 15、20 年 | 趸交，5 年 | 趸交，10、20 年，缴费至被保险人 60 周岁 |

| 产品名称 | 康宁长期护理健康保险 | 全无忧长期护理个人健康保险 | 至康长期护理健康保险 | 瑞福德长期护理保险（A 款） | 国泰康顺长期护理保险 | "乐享人生"团体长期护理保险 | 国泰康馨长期护理保险 |
|---|---|---|---|---|---|---|---|
| 保障范围 | 身故或第一级残疾保险金、长期看护复健保险金、满期保险金 | 长期护理保险金、老年护理保险金、老年关爱保险金、身故保险金 | 长期护理保险金、长期护理疗养保险金、身故保险金 | 长期护理保险金、老年护理保险金（二者不能兼得） | 疾病身故或第一级残疾保险金、长期看护复健保险金、长期看护保险金、满期保险金 | 长期护理保险金、老年护理保险金 | 长期护理保险金、疾病身故保险金、老年关爱保险金、豁免保险费 |
| 给付方式 | 现金给付 | 现金给付 | 现金给付 | 现金给付 | 现金给付 | 现金给付 | 现金给付 |
| 给付期限 | 至被保险人年满88岁 | 至被保险人年满100岁 | 终身 | 最长 30 年 | 至被保险人年满88岁 | 至被保险人年满88岁 | 至被保险人年满88岁 |
| 保费豁免 | 丧失自理能力后，豁免以后各期应交保险费 | 自首次给付日起豁免以后各期应交的保险费 | 自确定给付保险金之日起，豁免以后各期保险费 | 领取长期护理保险金期间，免交保险费 | 自首次给付日起豁免以后各期应交的保险费 | 丧失自理能力后，豁免以后各期应交保险费 | 自符合给付条件之日起，豁免以后各期保险费 |

资料来源：各相关保险公司官方网站。

　　自 2005 年国泰人寿保险公司推出首款长期照护保险产品距今已有 10 多年的时间，由于产品不够成熟、产品价格与个人购买力之间差距过大、公众对这些长期照护保险产品了解甚少等原因，使得中国商业长期照护保险产品的销售非常有限，在国内市场所占份额非常小，且处于供销两不旺的境地。但是商业长期照护保险产品的存在，毕竟为部分中高收入人群的长护照护需求提供了一个选择。

### （三）中国老年人长期照护相关制度的筹资水平

1. 政府财政筹资水平

　　中国政府通过财政对老年人提供的养老服务补贴，以及针对养老服务机构提供的床位建设补贴和运营补贴，由于各省标准存在很大的差异，具体到每个城市和农村数据的获取存在一定的难度，所以，本书在这里选取部分地区的补贴标准来对筹资水平做一个描述。

（1）养老服务补贴水平

伴随着经济的发展，中国政府对老年人养老服务补贴的范围和项目在不断扩大，补贴水平也在不断提高。据中华人民共和国民政部统计，截至2013年9月底，中国已有22个省份出台了针对老年人的养老服务补贴制度，全国约有170万符合条件的老年人受益。北京、上海、浙江和山东等地区实现了统筹城乡以及融通居家和机构养老服务的补贴制度（见表3—7）。[①]

表3—7　　　　　　2013年部分地区养老服务补贴发放对象及标准

| 省市 | 补贴对象 | 补贴标准 |
|---|---|---|
| 天津市 | 60岁以上低保、特困老年人及80岁以上失能、空巢老年人 | 150—300元/人/月 |
| 上海市 | 60岁以上低保老年人，80岁以上独居、低收入老年人 | 150—400元/人/月 |
| 黑龙江 | 60岁以上低保及低收入老年人 | 50—150元/人/月 |
| 青岛市 | 60岁以上低保及"三无"老年人 | 100—300元/人/月 |
| 西安市 | 60岁以上低保、"三无"、五保老年人 | 100—300元/人/月 |

资料来源：北京师范大学中国公益研究院养老研究中心数据库。

虽然养老服务补贴的覆盖范围有限，补贴标准也不是很高，但是这些措施的目标定位较为准确，能够切实缓解困难老年人和失能老年人的养老服务资金困难问题。此外，中国有着深厚的家庭养老的基础，充分发挥家庭的照护功能，对于缓解高龄、失能老年人的生活照护困境也非常有益。

（2）养老机服务构补贴水平

在2000年《国办发〔2000〕19号文件》的指导下，各地陆续出台了针对养老机构新建床位的资金补贴制度。以北京市为例，2011年北京市出台政策，对非营利性养老机构每新建一个床位，北京市政府予以最高为1.6万元的补贴。截至2012年，全国共有31个省市先后新出台或者调整对养老机构的床位补贴标准，补贴标准从每张床位500元到10000元不等（见表3—8）。

---

① 董红亚：《中国养老服务补贴制度的源起和发展路径》，《中州学刊》2014年第8期。

表3—8　　　　　　　部分省市养老机构建设床位补贴标准

| 省份 | 床位建设补贴（元/张） | 省份 | 床位建设补贴（元/张） |
|---|---|---|---|
| 北京 | 8000—16000 | 湖北 | 500—1000 |
| 天津 | 1000 | 湖南 | 3000 |
| 河北 | 3000（秦皇岛） | 广东 | 2000—3000 |
| 山西 | 1000 | 广西 | 1000—3000 |
| 内蒙古 | 5000—6000 | 海南 | 2500 |
| 辽宁 | 6000—7000（大连） | 重庆 | 2000—4000 |
| 吉林 | 2000 | 四川 | 1000 |
| 黑龙江 | 1000 | 贵州 | — |
| 上海 | 10000 | 云南 | 1000 |
| 江苏 | 3000—10000 | 西藏 | — |
| 浙江 | 1000—6000 | 陕西 | 2000—3000 |
| 安徽 | 1200—5000 | 甘肃 | 5000（兰州） |
| 福建 | 2500—5000 | 青海 | 5000 |
| 江西 | 200 | 宁夏 | 5000 |
| 山东 | 2000—5000 | 新疆 | 1000 |
| 河南 | 1500—3000 | | |

资料来源：北京师范大学中国公益研究院养老研究中心数据库，http://www.nnyxx.com/rd-nr/20140613100622.html。

2005 年，中华人民共和国民政部出台了《关于支持社会力量兴办社会福利机构的意见》，鼓励有条件的地方政府对社会开办的养老服务机构按照床位给予收养人一定水平的运营补贴。此后，各地陆续出台了对养老服务机构的资金补贴办法。2006 年 10 月，江苏省颁布实施了《江苏省南京市老年人社会福利机构运营补贴暂行办法（2006）》，凡符合条件的福利机构收住本市户籍、年满 60 周岁的非政府供养老年人及其他可以补贴的人员，每人每月补贴 60 元。2008 年上海市《杨浦区民政局关于发放社会办养老机构的运营补贴办法（试行）》规定，通过对辖区内由社会兴办养老机构按照综合评分发放 50—100 元/月的养老机构运营补贴。随着经济水平的不断提高，各地不断新建和调整对养老机构的运营补贴标准。2015 年北京市政府对社会兴办的非营利性养老机构的运营补贴标准，也从原来每个月的 200—300 元/人，提高到 300—

500 元/人（见表 3—9）。

表 3—9　　　　　部分省市养老机构床位运营补贴标准

| 时间 | 省份 | 床位运营补贴 |
|---|---|---|
| 2014 年 | 河北省 | 600 元/年 |
| 2014 年 | 天津市 | 能自理老年人：1050 元/年<br>不能自理或半自理老年人：2250 元/年 |
| 2014 年 | 安徽省 | 能自理老年人：100 元/月<br>失能、失智老年人：按不低于能自理老年人 20% 标准上浮 |
| 2014 年 | 山东省<br>（青岛市） | 能自理老年人 200 元/月<br>不能自理老年人 300 元/月 |
| 2014 年 | 南京市 | 能自理老年人：80 元/月<br>半失能老年人：100 元/月<br>失能老年人：120 元/月 |
| 2015 年 | 北京市 | 300—500 元/月 |

资料来源：中华人民共和国各地民政局网站。

**2. 长期医疗护理保险水平**

从全国范围来看，北京、上海、天津、江苏、浙江等地都开展了对长期医疗护理保险的探讨，也做了很多准备工作，近期将会有很多地方陆续推出长期照护制度，但是截至目前，真正付诸实践的只有山东省青岛市。2012 年 7 月，青岛市在全国率先试点了《关于建立长期医疗护理保险制度的意见（试行）》（简称"长期医疗护理保险制度"）这一措施，开创了中国长期医疗护理保险的先河，填补了中国老年人长期医疗护理保险制度的空白，为中国探索建立长期护理保险制度积累了丰富的经验和教训。长期医疗护理保险制度以基本医疗保险为平台，通过建立科学、完善的筹资、支付、经办服务机制，为参加基本医疗保险的失能老年人提供居家、社区和养老机构的医疗护理相关服务，满足失能老年人对医疗护理的需求。

青岛市长期医疗护理保险制度借鉴德国的"跟从医疗保险"的原则，以基本医疗保险为平台，为参加基本医疗保险的参保人员提供长期医疗护理保险。其资金来源根据参保对象不同可分为两个部分。

城镇职工的长期医疗护理保险费来源于城镇职工基本医疗保险统筹账

户的结余资金。企业和个人在不另行缴费的情况下，每个月的月底，按照
当月计入参保职工个人账户的 0.2% 的两倍，从基本医疗保险统筹账户划
入城镇职工的长期医疗护理保险账户。城镇居民的长期医疗护理保险费，
来源于城镇居民医疗保险和福利彩票基金。每年年底，按照青岛市上一年
度城镇居民人均可支配收入的 0.2%，从城镇居民（不含少年儿童和学
生）基本医疗保险统筹基金中划入城镇居民长期医疗护理保险基金。除
此之外，青岛市财政从福利彩票基金中按照每年 2000 万元的标准划入城
镇居民长期医疗护理保险基金。2012 年，青岛市财政从福利彩票基金中
专门划拨 1 亿元，作为城镇居民照护长期医疗护理保险制度运行的启动资
金。长期医疗护理保险按照"以收定支、收支平衡、略有结余"的原则
适时调整（见表 3—10）。

表 3—10              青岛市长期医疗护理保险筹资制度

| 参保对象 | 筹资来源 | 筹资水平 |
|---|---|---|
| 城镇职工 | 城镇职工基本医疗保险统筹账户结余 | 计入参保职工医疗保险个人账户的 0.2% 的两倍 |
| 城镇居民 | 城镇居民医疗保险 | 上一年度城镇居民人均可支配收入的 0.2% |
| | 福利彩票基金 | 启动资金 1 亿元<br>每年 2000 万元 |

## 四  中国老年人长期照护制度的资金缺口

### （一）需要长期照护的老年人口预测

根据 2010 年全国老龄工作委员会和中国老龄科学研究中心的调查数
据预测：到 2015 年，中国部分失能和完全失能的老年人数量将达 4000
万，占全体老年人总数的 19.5%。其中完全失能老年人共计 1240 万人左
右，占总体老年人总数的 6.05%。与 2010 年相比增加 160 万人，约
为 21.2%。

2010 年，联合国经济与社会事务部人口司对中国老年人数量进行了
预测，并公布了《世界人口展望（2010）》一书对中国 2015—2050 年 60
岁以上老年人数量的预测（见表 3—11）。

表 3—11　　　　　　　　**中国 60 岁以上分年龄人口数据**　　　　单位：千人

| 年龄（岁） | 2015 年 | 2020 年 | 2025 年 | 2030 年 | 2035 年 | 2040 年 | 2045 年 | 2050 年 |
|---|---|---|---|---|---|---|---|---|
| 60—64 | 76472 | 74574 | 86096 | 110576 | 107750 | 83022 | 90731 | 108001 |
| 65—69 | 50511 | 70322 | 68953 | 80107 | 103385 | 101002 | 78168 | 85781 |
| 70—74 | 33298 | 43663 | 61364 | 60694 | 71094 | 92395 | 90762 | 70693 |
| 75—79 | 23782 | 26144 | 34815 | 49572 | 49627 | 58796 | 77179 | 76393 |
| 80—84 | 14239 | 15955 | 17948 | 24409 | 35380 | 36009 | 43356 | 57709 |
| 85—89 | 6098 | 7692 | 8896 | 10307 | 14403 | 21361 | 22229 | 27337 |
| 90—94 | 1720 | 2273 | 3001 | 3616 | 4355 | 6305 | 9648 | 10344 |
| 95—99 | 261 | 343 | 485 | 682 | 869 | 1104 | 1680 | 2687 |
| 100 岁及以上 | 19 | 28 | 39 | 60 | 90 | 123 | 166 | 262 |

资料来源：联合国经济与社会事务部：*World Population Prospects：The 2010 Revision*。

　　根据 2006 年中国城乡老年人日常生活自理能力数据的标准，以 2010 年联合国经济与社会事务部人口司公布的《世界人口展望（2010）》为基础，可以对中国老年人失能人口数量做一个预测（见表 3—12，图 3—9）。

表 3—12　　　　　　　　**中国老年人长期照护需求人数**　　　　单位：万人

| 需求 ＼ 年份 | 2015 | 2020 | 2025 | 2030 | 2035 | 2040 | 2045 | 2050 |
|---|---|---|---|---|---|---|---|---|
| 部分失能 | 2586 | 3050 | 3673 | 4446 | 5279 | 5861 | 6396 | 6938 |
| 完全失能 | 1282 | 1514 | 1822 | 2222 | 2714 | 3066 | 3410 | 3809 |
| 总需求量 | 3869 | 4564 | 5495 | 6668 | 7992 | 8927 | 9806 | 10747 |
| 需求增长速度（%） | 116.2 | 137.1 | 165 | 200.3 | 240 | 268.1 | 294.5 | 322.7 |

资料来源：宋占军、朱铭来：《中国长期护理保险需求测算与发展战略》，清华大学出版社 2012 年版。

　　从 2015 年到 2050 年，中国失能老年人不但数量不断增加，其增长速度也不断加快。从 2015 年到 2050 年，需要长期照护的老年人数量将会从 3869 万人增加到 2050 年的 10747 万人，增长速度也将会从 116.2% 增至 322.7%。朱铭来和贾清显（2009）测算出中国 65 岁以上需要长期照护的老年人数量，认为从 2015 年到 2050 年将从 1573 万增加到 3331 万人。[①]
魏华林和何玉东（2012）测算，从 2010 年到 2050 年，中国需要长期照护
的老年人数量将从 784.53 万人增至 5306.84 万人。[②] 刘晋（2013）则测
算出，从 2015 年到 2050 年，中国老年人长期照护需求人数将从 4650 万
人增加到 9512 万人。[③] 结合几位学者的数据，我们可以发现，在失能老
年人规模不断快速增加的情况下，中国老年人长期照护的需求必然会要引
起中国社会对长期照护制度的关注。

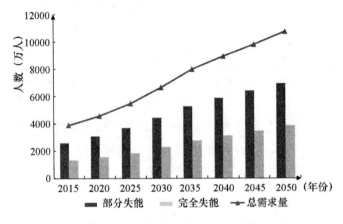

图 3—9    中国失能老年人口预测

### （二）老年人长期照护需求的内容

研究表明，年龄与患慢性病和失能的比例是正相关的。[④] 中国医疗卫
生事业的进步带来了中国人口平均寿命的延长，但随之而来的老年性疾病
如中风偏瘫症、阿尔兹海默症（老年性痴呆）、大脑麻痹症等的发病率
也呈上涨趋势，同时，高龄老年人的身体机能衰退导致的生活自理能力下
降也很普遍。[⑤]

---

[①] 朱铭来、贾清显：《中国老年长期护理需求测算及保障模式选择》，《中国卫生政策研究》2009 年第 7 期。

[②] 魏华林、何玉东：《中国长期护理保险市场潜力研究》，《保险研究》2012 年第 7 期。

[③] 刘晋：《基于供需视角的中国老年长期照护保障模式研究》，中国人民大学出版社 2013 年版。

[④] 孙正成：《台湾地区长期护理体系概述及启示》，《台湾研究集刊》2013 年第 1 期。

[⑤] 周海珍：《长期护理保险产品设计浅析——对美日德长期护理保险产品的借鉴》，《兰州学刊》2012 年第 10 期。

上海市是中国人口老龄化程度最高的城市，为了了解老年群体对养老服务项目的需求情况，2013 年，中国国家统计局上海调查总队访问了 2248 位 60 岁以上老年人，开展了老年群体对社区养老服务需求的问卷调查。调查显示，在医疗保健、生活养老、精神文化、工作四大类 12 项与老年人关系较密切的养老服务项目中，受访者对医疗保健类服务的需求排在第一位，需求度高达 79.6。第二位是生活养老类服务，需求度为 69.7（见图 3—10）。由此可见，医疗服务和养老服务的需求已经成为老年人最需要解决的困难。

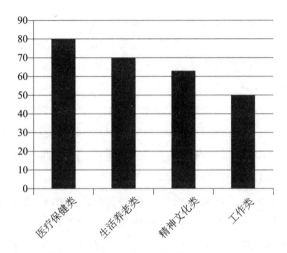

**图 3—10　上海市社区养老服务需求度**

资料来源：上海市统计局：《老年群体社区服务需求分析》，http：//www. stats – sh. gov. cn/fxbg/201310/262208. html。

### （三）老年人长期照护成本

霍根（Hogan，2001）等人的研究发现，人们在生命的最后 1 年花掉了一生中 25% 的照护费用。[1] 有 40% 的人在最后 3 个月花掉了最后一年的照护费用。[2] 近年来，中国也开始有学者展开了对这一领域的调查

---

[1]　Hogan C. , Lunney J. , Gabel J. , et al. , " Medicare Beneficiaries ' Costs of Care ' in the Last Year of Life", *Health Affairs*, 2001（2）：188 – 195.

[2]　Lubitz J. D. , Riley G. F. , " Trends in Medicare Payments in the Last Year of Life", *New England Journal of Medicine*, 1993, 328：1092 – 1096.

研究。研究显示，中国 65 岁及以上的老年人在生命的最后一年中，人均医疗费用开支约为 3000 元，其中用于生活服务开支的费用约为 2000 元。这 2000 元包括：医生及护士上门服务、请保姆、家属误工和看护等各项服务的费用。[①] 到目前为止，中国尚没有开展老年人生命的最后一年中，医疗护理费用和生活照料费用的开支与个人终身的医疗费用、照料费用以及全国医疗费用开支之间的关系研究。[②]

老年长期照护的成本包括：直接成本、间接成本和无形成本。[③] 这些成本有的是可以量化的，有的却无法量化。

1. 老年人长期照护的直接成本

它是研究长期照护制度最常用也最直观的指标，主要包括在老年人长期照护过程中所需支付的保姆费用、药物费用以及医生、护士治疗服务费用等。这部分费用已经超出了大部分老年人的承受能力。蒋承、顾大男等人的研究表明：中国 65 岁老年人在其余生中需支付的平均日常照料的直接费用大约分别为：男性老年人 5300 元/年、女性老年人 6400 元/年、城镇老年人 9200 元/年和农村老年人 4200 元/年。总的直接照护费用大约分别为 7900 元、8400 元、11600 元和 6500 元。[④] 同时期，城镇居民人口可支配收入为 17174.6 元，城镇老年人长期照护支出占人均可支配收入的 54%。如果老年人选择机构照护，其直接费用的支出将会更高。上述的费用只是考虑了老年长期生活照护的直接成本，如果再加上老年人疾病治疗的开支，这个数字将会更大。可以想象，伴随着中国失能老年人数量的不断增加，生活照料和医疗护理等费用将逐步增加，老年人长期照护的直接成本对家庭、社会而言都是沉重的负担。

2. 老年人长期照护的间接成本

它包括长期照护所带来的家属工作时间的机会成本和误工费等。照护者因承担对老年人的照护责任而不得不经常请假，陪同老年人去医院看

---

① 顾大男、曾毅：《1992 年至 2002 年中国老年人生活自理能力变化研究》，《人口与经济》2006 年第 4 期。

② 顾大男、柳玉芝：《老年人照料需要与照料费用最新研究述评》，《西北人口》2008 年第 1 期。

③ Liu K., Manton K. G., Aragon C., "Changes in Home Care Use by Disabled Elderly Persons：1982 - 1994", J. Gerontol：Social Sciences，2000 (55)：S245 - S253.

④ 蒋承、顾大男等：《中国老年人照料成本研究——多状态生命表方法》，《人口研究》2009 年第 3 期。

病。日常生活的照料、身体康复等造成的损失可以量化，但是，由于照护老年人而失去的有酬工作或晋升机会等成本却无法量化。随着人们收入水平不断提高，为了照护老年人而造成的间接成本也大大增加。埃特内（Ettner，1995）对老年人长期照护的机会成本研究表明：与父母共同居住的女性照护者参加社会工作的时间明显较低，其对就业类型的选择也受到一定的影响。[1] 卡迈克尔（Carmichael，2003）等人利用英国 1990 年综合家庭调查（GHS）的数据研究发现：随着老龄化程度的加深，不论男性还是女性照料者都承受着巨大的就业损失，其中女性的损失更大。[2] 由于这类数据比较难以获取，目前中国国内对于老年人长期照护机会成本的研究至今尚未取得进展。

3. 老年人长期照护的无形成本

它包括照护造成的家属的心理压力和精神负担等。对于有需要照护的老年人的家庭而言，家庭成员长期处于精神紧张状态，对老年人的照护需要投入很多的时间和精力，丝毫不敢松懈。为老年人提供长期的、高强度的照护服务会对提供服务者的健康造成直接的影响。有研究发现，如果家庭成员长期为老年人提供照护服务，会不同程度地出现身体不适、筋疲力尽等现象。受到失能老年人情绪的影响，照护者也会产生各种不良的情绪，如孤独、失落、沮丧等。与非照护人员相比，照护者更容易出现失眠、抑郁、心脏病等疾病[3]；为了照护失能老年人，照护者往往会牺牲大量属于个人的娱乐和休息时间，并且会减少与外界的联系。长期与失能老年人朝夕相处，给照护者带来的压力无处释放，双方常常会发生一些冲突和矛盾，从而影响家庭及社会关系。[4] 长期下来，会形成很大的精神负担和心理压力。如果长期得不到缓解，会对其本人的生理和心理造成一定的影响，进而影响其工作效率和生活质量。

杜鹏和武超（1998）的研究发现，老年人的晚年收入主要来源于子

① Ettner S. L. , "The Impact of Parent Care on Female Labor Supply Decisions", *Demography*, 1995, 32：63 – 80.

② Carmichael F. , Charles S. , "The Opportunities Costs of Informal Care：Does Gender Matter", *Journal of Health Economics*, 2003 (22)：781 – 803.

③ Giustra F. C. , Crowley A. , Gorin S. H. , "Crisis in Care – giving：a Call to Action", *Health and Social Work*, 2002 (27)：307 – 311.

④ Kenney J. M. , *Home Care*, San Diego：Academic Press Encyclopedia of Gerontology, 1996 (1)：667 – 678.

女或者亲属，其照护费用也主要由成年子女承担。① 顾大男和曾毅（2006）的研究发现，中国老年人长期照护费用主要由老年人和家庭承担，所占比例高达 95% 以上，其他途径承担的不足 5%。② 在中国老年人长期照护中，成年子女承担了最主要的压力，既包括经济压力也包括精神压力。智敏（2007）的研究也证明了这一观点，2007 年，智敏以失能、半失能老年人为对象展开调查，抽取 265 个失能、半失能老年人，其中有 74% 的老年人认为自己给家庭带来较沉重或者非常沉重的经济负担，仅有 15% 的老年人认为自己对家庭的负担较轻（见图 3—11）。③

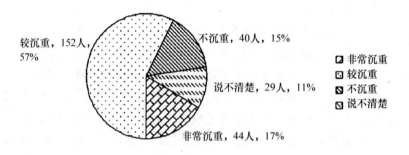

**图 3—11　失能老年人给家庭带来的经济负担**

资料来源：智敏：《精神赡养，道德义务还是法律责任——全国首例法院判决支持精神赡养引出的争议》，《工人日报》2007 年 12 月 10 日。

### （四）老年人长期照护资金需求规模预测

在老年人长期照护支出中，直接成本可以量化，间接成本和无形成本比较难以量化，为了便于计算，本书选取直接成本作为老年人长期照护资金需求进行预测。

按照宋占军、朱铭来（2012）的观点，对中国失能老年人的照护级别参照中国老龄工作委员会科学研究中心的失能程度进行划分。一级照护对应部分失能的老年人；二级照护对应轻度失能的老年人；三级照护对应中度失能的老年人；四级照护则针对重度失能的老年人。根据 2011 年 3

---

① 杜鹏、武超：《中国老年人的主要经济来源分析》，《人口研究》1998 年第 7 期。
② 顾大男、曾毅：《1992 年至 2002 年中国老年人生活自理能力变化研究》，《人口与经济》2006 年第 4 期。
③ 智敏：《精神赡养，道德义务还是法律责任——全国首例法院判决支持精神赡养引出的争议》，《工人日报》2007 年 12 月 10 日。

月份全国老龄工作委员会发布的《全国城乡失能老人状况研究》中的相关数据：重度、中度和轻度失能老年人的比例为 10.6%、5.1% 和 84.3%。据此，本书预测 2015—2050 年，中国不同照护等级的需要长期照护的老年人数量如下（见图 3—13）。

表 3—13　　　　　　**中国老年人长期照护需求人数总量**　　　　　单位：万人

| 照护级别＼年份 | 2015 | 2020 | 2025 | 2030 | 2035 | 2040 | 2045 | 2050 |
|---|---|---|---|---|---|---|---|---|
| 一级照护 | 2586 | 3050 | 3673 | 4446 | 5279 | 5861 | 6396 | 6938 |
| 二级照护 | 1081 | 1276 | 1536 | 1873 | 2288 | 2585 | 2875 | 3211 |
| 三级照护 | 65 | 77 | 93 | 113 | 138 | 156 | 174 | 194 |
| 四级照护 | 136 | 160 | 193 | 236 | 288 | 325 | 361 | 404 |

资料来源：宋占军、朱铭来：《中国长期护理保险需求测算与发展战略》，清华大学出版社 2012 年版。

　　由于各地区经济发展水平和照护水平存在很大的差异，其数据的获得存在很大的难度。对此，笔者进行了如下构思：第一，所以将老年人长期照护的费用标准与全国居民服务和其他服务业就业人员平均工资挂钩。假定一个照护人员只能分别为一位四级照护老年人、两位三级照护老年人、四位二级照护老年人和八位一级照护老年人提供服务，同时，在本计算中，暂时忽略其他的服务费用。第二，选取了 2013 年全国居民服务和其他服务业就业人员平均工资 37738[①] 作为计算基数。随着时间的推移，老年人长期照护的成本必然要受到通货膨胀、经济增长、利率变化等因素的影响。笔者假定其增长的速度跟进全国居民服务和其他服务业其他单位就业人员平均工资，并且每年按照 4% 的速度增长。由此，笔者测算出 2013—2050 年老年人长期照护的成本（见表 3—14）。根据上文的不同级别失能老年人的数量，测算出中国老年人长期照护需求资金总量（见表 3—15）。

————————

[①]　根据中华人民共和国国家统计局网站计算得出。

表 3—14　　　　中国老年人长期照护平均每人需要照护成本预测　　　　单位：元

| 年份<br>照护级别 | 2013 | 2015 | 2020 | 2025 | 2030 | 2035 | 2040 | 2045 | 2050 |
|---|---|---|---|---|---|---|---|---|---|
| 一级照护 | 37738 | 40757 | 49724 | 60663 | 74009 | 90290 | 110154 | 134388 | 163954 |
| 二级照护 | 18869 | 20379 | 24862 | 30331 | 37004 | 45145 | 55077 | 67194 | 81977 |
| 三级照护 | 9435 | 10190 | 12432 | 15166 | 18503 | 22574 | 27540 | 33599 | 40991 |
| 四级照护 | 4717 | 5094 | 6215 | 7582 | 9251 | 11286 | 13769 | 16798 | 20493 |

表 3—15　　　　中国老年人长期照护资金需求总量预测　　　　单位：亿元

| 年份<br>照护级别 | 2015 | 2020 | 2025 | 2030 | 2035 | 2040 | 2045 | 2050 |
|---|---|---|---|---|---|---|---|---|
| 一级照护 | 10540 | 15166 | 22281 | 32904 | 47664 | 64561 | 85955 | 113751 |
| 二级照护 | 2203 | 3172 | 4659 | 6931 | 10329 | 14237 | 19318 | 26323 |
| 三级照护 | 66 | 96 | 141 | 209 | 312 | 430 | 585 | 795 |
| 四级照护 | 69 | 99 | 146 | 218 | 325 | 447 | 606 | 828 |
| 照护总费用 | 12878 | 18533 | 27228 | 40263 | 58630 | 79676 | 106464 | 141697 |

从上表可知，从 2015 年到 2050 年，中国老年人长期照护资金的需求规模不断增加，将从 2015 年的 12878 亿元增加到 2050 年的 141697 亿元。35 年的时间，将增长 11 倍。

从现有的研究成果来看，学者们于中国老年人长期照护资金需求的基础数据选取以及计算方法有很大不同，测算结果差距很大。朱铭来、贾清显（2009）以中国 2004 年的标准评估，测算出 2015—2050 年，中国老年人长期照护总费用按照最低标准为 905—8018 亿元，按照最高标准为 1508—13364 亿元。[①] 宋占军和朱铭来（2012）测算 2015—2050 年，中国老年人长期照护总费用为 4806—38497 亿元。[②] 魏华林和何玉东（2012）则预测 2015—2050 年，中国老年人长期照护开支为

---

[①]　朱铭来、贾清显：《中国老年长期护理需求测算及保障模式选择》，《中国卫生政策研究》2009 年第 7 期。

[②]　宋占军、朱铭来：《中国长期护理保险需求测算与发展战略》，清华大学出版社 2012 年版。

1999.21—502529 亿元，远远高于朱铭来和贾清显的预测。[①] 刘晋（2013）则预测 2015—2050 年，中国老年人长期照护开支按照最低标准为 13328—278283 亿元，按照最高标准为 28429—424318 亿元。[②] 可见，本书测算的标准与其他三位学者的测算标准相比属于中等偏下。即便如此，如此大规模的长期照护资金需求，不论是对个人、家庭还是政府来说，都会是一个不小的压力。

## 五　中国老年人长期照护相关筹资制度存在的问题

在传统社会中，由家庭承担的中国老年人长期照护功能，伴随经济转型和社会机构的变化难以为继。随着老龄化的不断加深，中国老年人长期照护风险从家庭集中到社会，急需社会力量予以帮助。中国政府在中国老年人的长期照护筹资方面也进行了不断地探索。国家出台了一系列支持老龄事业发展的政策，利用财政资金给予中国老年人及养老服务机构一定的财政补贴以及向社会购买老年人照护服务。但是由于各地经济发展水平差异比较大，补助项目、补助对象以及补助标准都存在很大的差异。对于中国老年人急需解决的另外一个服务项目——长期医疗护理，由于没有相关的资金保障，一些老年人选择了"社会性住院"，将长期医疗照护成本转移给了医疗保险和医院，不但降低了经济效率、浪费了医疗资源，也给中国老年人的生活带来了诸多不便。所以各地都在探索建立针对中国老年人的长期医疗护理制度。由于制度的试行范围有限，各地的政策不统一，给筹资制度的发展带来诸多不便。总体来说，现有的中国老年人长期照护相关筹资制度还存在以下问题。

### （一）缺乏顶层制度设计

以前，老年人长期照护主要是以个人事务或者家庭事务的形式出现，随着人口老龄化形势日益严峻、国家现代化和人口城市化步伐加快，老年人的长期照护已经逐渐转向需要社会不同部门相互配合、共同

---

① 魏华林、何玉东：《中国长期护理保险市场潜力研究》，《保险研究》2012 年第 7 期。
② 刘晋：《基于供需视角的中国老年长期照护保障模式研究》，中国人民大学出版社 2013 年版。

协作的公共服务制度安排。老年人长期照护既是个人和家庭的事务，也是社会事务、政治事务和市场事务，需要政府进行顶层制度设计，多元化的主体共同参与，积极协作。政府要对老年人长期照护制度的发展战略、法律法规、资金筹集、财政投入、服务提供和监管机制等方面进行可持续发展规划。但是，在现有制度的执行过程中，不同部门对服务对象、待遇标准等诸多方面标准不统一，给老年人长期照护制度的发展和实施带来诸多不便。

纵观已经建立长期照护制度的国家，无论是采取社会保险形式还是商业保险形式或者是普享式的制度，各国均有相关法律作为制度实施的保障。德国不仅颁布了《长期护理保险法》，还制定了《联邦照料法》和《负担均衡法》作为配套法律。荷兰颁布实施《特别医疗支出法案》作为长期照护的法律依据。通过相关法律，各国政府对制度的责任机构、受益资格、资格评定、服务提供以及机构服务、资金筹集、监督管理等进行了规范。自进入 21 世纪以来，中国陆续出台了一系列与老年人照护相关的法律法规，如《中华人民共和国老年人权益保障法》、中国老龄事业发展的"第十五""第十一五"和"第十二五"三个发展规划纲要以及民政事业发展的"第十一个""第十二个"两个五年规划等。但是，中国仍缺乏专门针对老年人长期照护方面的法律法规，部分内容零散分布在上述的法律法规中，严重阻碍了中国老年人长期照护制度的发展。

### （二）没有瞄准最需要的人群

机构照护可以提供全天候的及时、专业的服务。对于失能和高龄老年人来说，机构照护有着比居家照护更明显的优势。自 20 世纪 90 年代以来，经济合作与发展组织国家纷纷开展了"去机构化"运动，倡导居家照护。在政府的引导下，通过财政补贴引导老年人减少对医院和护理机构床位的使用，更多地使用家庭照护。大部分经济合作与发展组织国家入住养老照护机构的老年人主要为失能失智或者是高龄老年人。65 岁及以上的老年人占总入住机构老年人的比重约为 5%—10%。① 美国的照护机构多为私营，费用比较高，相当于老年人收入的 3 倍，每人每年的服务费和

---

① 张盈华：《老年长期照护的风险属性与政府职能定位：国际经验》，《西北大学学报》（哲学社会科学版）2012 年第 5 期。

食宿费高达 8 万美元左右，但是对高龄老年人的吸引力仍然很高。① 2008 年美国 65 岁及以上老年人约 7.1%、85 岁及以上的高龄老年人约 21.5%、入住各类养老护理机构中接受服务。② 据统计，美国各类护理机构的入住率一直保持在 88% 左右。③

中国政府为养老机构提供新建床位补贴以及床位运营的补贴，目的是对入住养老机构的失能、低收入老年人提供救助，使财政资金能够准确定位于社会弱势群体。但是由于缺乏相应的制度规范，养老服务机构中存在福利反导向问题——即政府的财政资金并没有为最需要的困难群体服务，而大多被其他健康老年人享受。

中国的床位补贴政策并未对养老机构所接收老年人的经济和健康状况做出要求，所以无论是公办的还是民营的养老机构，为了减轻负担，均以接收能自理的老年人为主。尤其是政府出资、条件不错的社会福利院更是只愿意接收具有一定社会地位和经济状况良好的老年人。条件较差的高龄和失能老年人很难有机会入住养老照护机构。中华人民共和国民政部发布的《2013 年社会服务发展统计公报》数据显示：截至 2013 年底，中国约有 4.6 万个提供住宿的社会服务机构，共有床位 526.7 万张，比 2012 年增长了 17.2%。平均每千人拥有社会服务机构床位 3.9 张，比上年增长了 17.3%。社会服务机构共收养老年人 322.5 万人，比上年增长 4.2%（见图 3—12）。从数据上看，中国养老服务机构的床位数量越来越多，可以解决更多失能、半失能老年人的长期照护问题，但是从实际运行情况看，这些机构里入住的更多的是生活能够自理的老年人。有数据表明，2010 年底，中国共有失能、半失能老年人 3159 万人。入住养老机构的老年人中，能自理的老年人有 190.8 万人，半失能老年人有 35 万人，失能老年人有 16.8 万人。失能、半失能老年人中只有 1.47% 入住养老机构。养老机构中能自理老年人为失能、半失能老年人的四倍左右。需要说明的是，很多失能、半失能老年人并非养老机构自愿接收的，大部分是由长期

---

①　"Market Survey of Long – term Care Costs", *MetLife Mature Market Institute*, 2011（2）：34 – 43.

②　"Centers for Medicare & Medicaid Services（CMS）", *Nursing Home Data Compendium*, 2010：28 – 30.

③　"American Health Care Association Reimbursement and Research Department", *Trends in Nursing Facility Charac teristics*, 2011（6）：5.

入住的能自理老年人转化而来。

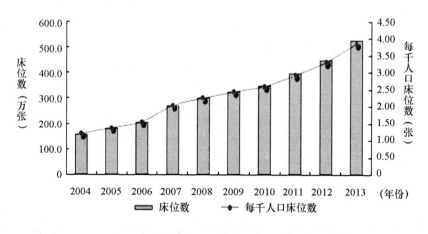

图 3—12　中国社会服务机构床位情况

资料来源：中华人民共和国民政部发布《2013 年社会服务发展统计公报》，http：//www. mca. gov. cn/article/zwgk/mzyw/201406/20140600654488. shtml。

　　中国政府原来设计的为困难老年人提供的养老机构床位补贴，实际上却被经济条件和身体条件较好的老年人长时间享用，而真正需要的老年人却因为没有足够的社会关系和没有足够的支付能力而被排除在外，使得他们的基本生活质量得不到保障。中国政府建立专门为经济困难的高龄和失能老年人提供养老服务的补贴政策，无疑会增加资金的针对性，提高资金的使用效率。目前中国的养老服务机构事实上主要承担了"养老"的功能，"照护"的功能微乎其微，机构照护和家庭照护处于"倒置"的状态。本来应该入住养老机构的失能和半失能老年人由于健康或者经济状况被拒之门外，入住的老年人却能够生活自理。从根本上来看，主要是各养老机构为了降低运营成本，在利益驱动下，尽量选择能自理老年人，以降低机构的成本。这种"反向选择"显然与社会对照护机构的定位背道而驰。

### （三）资金缺乏可持续性

　　从 2012 年青岛市实施的长期医疗护理保险运行情况来看，资金的可持续性问题是整个制度能够顺利运行的核心问题。目前，青岛市护理保险基金的筹资主要来源于基本医疗保险，财政根据基金使用情况给予补助。根据《2012 年青岛市国民经济和社会发展统计公报》，截至 2012 年底，青岛市总人口为 769.56 万人，其中 60 岁及以上人口为 138.78 万人，按照失能、半失能老年人占总人口 18% 的比例进行测算，青岛市城乡失能、半失能老年人约为 24.9 万人。如果将护理保险覆盖到农村老年人，长期医疗护理保险基金支出额每年将高达约 20 亿，需要的资金规模巨大。

从资金的来源看。首先，医疗社会保险统筹资金应该遵循收支平衡的原则。从基金的长期运行来看，并不应该有大量基金结余为长期医疗护理保险提供可持续的资金支持。一旦医疗保险统筹资金没有结余，长期医疗护理保险资金也就没有了保障。其次，政府的财政补助是筹措长期医疗护理保险资金的另一个重要来源。如果没有财政作为经济后盾，青岛市的长期医疗护理保险制度也很难维持。目前政府财政针对长期医疗护理基金的预算机制还不完善，财政并未对长期医疗护理保险做持续化和制度化的资金供给安排，导致政府财政资金支持也存在不确定性。所以，青岛市的长期医疗护理保险目前的两个资金来源均存在不稳定因素，为长期医疗护理保险制度的发展留下了隐患，其资金可持续问题令人担忧。据悉，青岛市的长期医疗护理制度于 2014 年试行期满，评估结果证明当前的筹资制度不可持续，目前正在酝酿筹资改革方案。

其他地区正在探索试行的长期医疗护理保险，不论是资金来源还是筹资水平均各不相同。由于缺乏有效的法律进行规范，资金的来源缺乏可持续性。制度建立起来容易，可持续发展难。需要全国统一立法来为长期照护制度的资金来源和筹资水平提供保障。

### （四）商业长期照护保险发展不足

发达国家的商业长期照护保险产品开发的时间长，并且积累了丰富的经验。其产品形式比较灵活多样、对投保人基本不设置年龄限制、给付的形式比较灵活，受益人可以在现金给付或者实物给付之间进行选择，保险的给付判断标准比较科学，只要有相关机构出具的证明，即可领取待遇。除此之外，国外的长期照护保险设有通胀保护条款，可以保障参保人的待遇不会缩水。这都为商业长期照护保险发展奠定了坚实的基础。

中国老年人对长期照护的需求日益增加，在社会保障不足的情况下，商业保险公司必然发现市场契机，并适时推出多款商业长期照护保险。与发达国家相比，中国的商业长期照护保险还处于萌芽状态，存在着很多的不足（见表3—16）。

与发达国家相比，中国开发的商业长期照护保险收费标准较高，品种比较单一，并且产品具有明显同质化的特点。如所有产品都将最高投保年龄控制在60岁或者65岁以下，恰恰将最需要保险的65岁以上老年人排除在保险以外。并且保险金的支付也都采取固定金额的方式，缺少应对通胀的设计。理赔标准相对主观，即使医生出具相关证明，保险公司也持谨慎态度，严重阻碍了商业长期照护保险的发展。

表3—16    中国商业长期护理保险产品与国外同类产品的比较

| 比较内容 | 国内 | 国外 |
|---|---|---|
| 产品形式 | 产品单一 | 灵活多样 |
| 投保年龄限制 | 最高60或65周岁 | 基本没有年龄限制 |
| 给付方式 | 固定金额的现金给付 | 现金或实物给付 |
| 给付判断标准 | 内部判断为主，机构判断为辅 | 监管或医疗机构判断为主 |
| 通胀条款 | 无 | 有 |

到目前为止，中国的商业保险发展水平还非常有限。保险公司由于商业长期照护保险产品设计复杂、市场反应效果不佳以及营利空间小等原因，不愿意在商业长期照护保险产品上多花力气，所以目前仅有十几家公司涉入商业长期照护保险领域，产品的种类也仅限于十几种，且多为附加险种。此外，消费者对商业长期照护保险产品缺乏认识，保险费用价格超出个人承担能力等，造成了消费者对产品的热情不高。这种供需两不旺的现状，使得商业长期照护保险发展受阻。政府需要采取加大宣传力度、出台优惠政策等方式给予商业长期照护保险以大力支持。保险公司也需要开阔思路，开发适合中国消费者需求的商业长期照护保险产品。

# 第四章 老年人长期照护筹资 制度的国际经验借鉴

从发达国家已经建立的长期照护筹资制度来看，不同国家的福利制度的特点必然反映到他们的老年人长期照护筹资制度上来。如瑞典、挪威等斯堪的纳维亚国家形成的"社会民主主义"福利模式，其普及性和"去商品化"程度最高，他们的老年人长期照护制度表现为：政府通过税收筹资，为社会成员提供普惠式的长期照护保障。以德国、日本和韩国等为代表的"保守主义"福利国家，其社会福利制度的特点是，获得社会保障的前提是必须参加有酬的工作并履行缴费义务，反映在老年人长期照护筹资制度的特点是：政府建立强制性长期照护社会保险制度，通过社会保险费筹资。以美国、加拿大和澳大利亚等国为代表的"自由主义"福利模式，政府的干预被压缩到尽可能小的范围，在对受益对象进行家计调查的基础上，给予少量的"普救式"的转移支付；或者采取有限的社会保险计划，仅为低收入群体提供保障。在老年人长期照护筹资模式方面，美国的"补缺制"最为突出——政府并没有建立单独的长期照护制度，由医疗保险（Medicare）和医疗救助（Medicaid）承担出资责任，辅以税收优惠，鼓励企业和个人通过市场购买商业长期照护保险来分担长期照护风险。

2008年，在经济合作与发展组织所有国家中，由于瑞典政府对符合长期照护条件的老年人全部给予补贴，所以长期照护筹资中政府支出占GDP的比重最高（高达3.6%），几乎是美国的6倍。以家计资格审核和商业保险为主的美国长期照护制度，政府支出仅占GDP的0.6%。以社会保险为主的德国和日本，长期照护公共支出分别占本国GDP的0.9%和1.4%，而同期经济合作与发展组织国家的平均值为1.2%。[①]可见，长期

---

① 陈璐：《中国长期护理成本的财政支持和公平保障》，《财经研究》2013年第5期。

照护制度的支出与其政府承担的责任以及其筹资模式有着直接的关系。纵观所有经济合作与发展组织国家和地区，尤其是德国、日本和美国，他们已经初步构建起以老年人为服务对象，资金来源多元化的长期照护保障制度（见表4—1）。长期照护制度已经逐渐成为人类生命周期的最后一道安全网，也成为衡量一个国家社会保障发展的重要指标。

表 4—1　　　　　　　　德国、日本和美国的长期照护制度比较

| 项目 ＼ 国家 | 德国 | 日本 | 美国 |
|---|---|---|---|
| 资金筹措方式 | 缴纳保险费 | 政府一般税收<br>雇主和雇员缴纳保费 | 国家税收<br>个人投保 |
| 政府责任 | 雇主和雇员各负担 50% | 各级政府承担 50%，其余由劳资双方共同负担， | 约 50% 的长期照护费用由公共财源医疗保险和医疗救助支出 |
| 财务独立 | 财务独立运作 | 财务独立运作 | 经费部分源于医疗健康体系 |
| 照护方案 | 社会性照护保险 | 社会性照护保险 | 医疗保险（Medicare）；<br>医疗救助（Medicaid）；<br>商业护理保险 |
| 资格限制 | 无年龄限制 | 凡 65 岁及以上老年人均有资格；<br>40—64 岁者需符合要求 | 医疗保险（65 岁及以上老年人和残障者）；<br>医疗救助（经资产审查） |
| 给付类型 | 社区和居家照护为主机构照护为辅 | 社区和居家照护为主，机构照护有限 | 机构照护为主，社区和居家照护有限 |
| 给付方式 | 现金给付、服务给付 | 实物给付为主 | 现金给付为主 |
| 个人费用分担 | 超出保险范围，每月自付130 欧元 | 使用者自付费用10% | 居家照护，免费。<br>专业照护，20 天以内免费，20—100 天每天 105 美元；<br>超过 100 天，全额自付 |
| 照护制度不足 | 高收入者可以自行选择是否加入，风险分散的功能未充分发挥 | 护理人员及设施不足，造成有保险无介护服务；<br>护理给付排除现金给付 | 长期照护费用快速增加，财源主要依赖私人部门 |

资料来源：经济合作与发展组织，*Long - term Care for Older People*，OECD Health Project, 2005：22 - 23。

　　从建立长期照护制度的国家来看，其共同的特点是：长期医疗护理费用通过政府的公共支出（或者是政府财政补贴，或者通过社会保险的资金）支付。老年人可以在专业的护理机构接受医疗护理服务，也可以在家中或社区接受专业护理人员提供的医疗护理服务。与生活照料相关的服务项目，则采取根据老年人及家庭的收入状况或者是按照均一标准来提供现金补贴。根据收入状况调查的结果来进行补贴的方式可以避免公共资金使用的"逆向分配"现象。生活服务的现金补贴，则可以鼓励长期照护对象尽可能地通过购买服务的方式实现居家养老。

　　本书选取德国、日本和美国三个比较有代表性且在中国认可度比较高的国家进行分析，希望对中国老年人长期照护筹资制度的构建有所启示。

# 一　德国长期照护筹资制度

　　1994 年，德国开始正式实施长期照护保险制度，长期照护保险制度实行遵从医疗保险的原则，以强制性社会保险与商业长期照护保险相结合的方式，对全国约 8200 万人实行长期照护制度。德国的长期照护社会保险制度的实施，标志着德国建立起了五大社会保险体系。健康保险、养老保险、失业保险、事故保险和长期照护保险构成了涵盖其个体生命中主要事件的安全网。德国政府也宣称，《长期照护保险法》的出台"填补了社会保险体系中的最后一个漏洞"。长期照护保险制度的建立，既是德国社会保障发展史上一个重要的里程碑，也对其他国家长期照护制度的建立和发展产生了重要的影响。

## （一）德国长期照护制度缘起的社会背景

### 1. 人口老龄化带来德国长期照护需求的增加

　　人口老龄化是催生德国长期照护保险制度的直接原因。德国自 20 世纪 30 年代进入老龄化社会后，老龄化、高龄化程度不断提高。65 岁及以上人口比例从 7% 上升到 14%，德国仅用了 40 年的时间。德国老龄化速度仅次于日本和中国，位列世界第三。到 2010 年，其老龄人口的比重已经成为世界上仅次于日本、排名第二的国家。导致德国人口老龄化的两个主要原因是：人口出生率的降低和人口死亡率的下降。

　　一方面，是不断降低的人口出生率，导致德国人口规模不断下降。

　　这与女性承受的社会和家庭压力大有着密不可分的联系。作为发达的工业国家，德国女性就业率一直很高。但是德国女性生育之后，不得不中断工作或者选择收入较低的兼职工作来照顾年幼的子女。统计数据显示，在德国，3 岁以下的儿童需要约 80.9% 的时间由母亲提供照顾，3—6 岁的儿童需要 66.9% 的时间由母亲提供照顾。2003 年，3 岁以下德国儿童的母亲不工作者或者失业者高达 49.4%。[①] 当德国母亲付出如此高的代价生育子女时，其他单身或者"丁克"的女性却在逍遥自在地生活着。显然，越来越多的女性会优先选择工作，晚生或者不生孩子。这种思想导致德国无子女家庭比例逐年上升。1991 年，德国无子女的家庭占家庭总数 61.4%，到了 2005 年，则上升到了 67.9%。除此之外，完善的老年保障制度，使得德国老年人没有后顾之忧，不需要"养儿防老"，这也导致德国的生育率进一步下降。

　　虽然德国政府出台了很多刺激生育的政策，但是收效甚微，人口出生率从 1985 年的 10.5‰，下降到了 2003 年的 8.6‰。德国的人口出生率持续有减无增，成为欧盟国家人口出生率最低的国家。2008 年在欧盟的 27 个成员国中排在最后一位，出生率降至 8.2‰，比欧盟平均出生率 10.9‰还低 2.7‰。据预测，这种低生育率的趋势在未来几十年内还会加剧。到 2030 年，德国总的人口规模将降至 7720.3 万，相当于 2010 年人口规模的 94%。到 2050 年时，德国的人口数量将降至历史最低的 687.3 万人，仅相当于 2010 年人口规模的 84%。人口数量减少，对德国的经济社会发展将造成严重的负面影响。[②]

　　另一方面，是不断降低的人口死亡率，导致德国老龄人口比重不断增加。

　　随着科学技术的进步以及生活水平的不断提高，生物技术不断被应用到临床医学，人们的预期寿命不断提高。德国的人口预期寿命从 1985 年的 72.4 岁逐年增加到 2003 年的 78.4 岁。人口预期寿命的增加，导致人口死亡率也随之下降，整个社会老龄化程度不断加深。统计数据显示，

　　① 张雨露：《家庭——个人与社会的博弈——关于德国家庭现状及目前家庭政策的分析》，《德国研究》2007 年第 1 期。

　　② 陆军：《当代德国人口困境与调控政策的修治导向》，《欧洲研究》2009 年第 6 期。

1985 年德国人口死亡率为 12‰，到 2003 年时人口死亡率为 10.4‰（见图 4—1）。人口死亡率的不断降低，导致德国老龄人口的比重不断上升。1995 年德国 60 岁以上的人口数量占总人口数量的比例为 21%。[1] 到 2005 年，德国老龄人口达到 2050 万人，老龄人口比例达到 25%。预计到 2030 年，德国老龄人口将达到 2850 万人，老龄比例上升到 36%。[2] 届时德国每三个人中就有一个老年人，老龄化程度非常高。与此同时，德国 80 岁及以上高龄人口数量也不断增加。2008 年，80 岁及以上的人口约 290 万人，占人口总数的 3.6%，预计到 2028 年，德国 80 岁及以上老年人数量还会继续增至 510 万人，约占总人口数量的 6.3% 左右。[3]

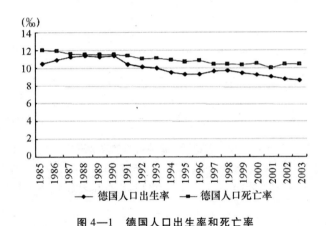

图 4—1　德国人口出生率和死亡率

人口老龄化带来的最明显的特点是患慢性病的老年人数增加。随着年龄的增长，老年人患慢性病的概率增加，尤其到了 65 岁以后，上升趋势更加明显。[4] 有统计数据显示：在德国 70 岁以上的老年人中，仅有 7% 的老年人身体健康，没有病患。在患病的老年人中，患 5 种以上疾病的比例高达 24%，且多种疾病相互交叉影响。到了 80 岁，几乎每个老年人都有

①　"Fedral Ministry of Labor and Social Affairs, Modeling for Population Development by the Federal Ministry of the Interior Model", *Information of Social Legislation*, 74 th ed. J. Bonn, 1998b.

②　BMG, *Gutzuwissen – das Wichtigste zur Pflegereform* 2008, Berlin, 2008：（3）.

③　Doris Schffer, Adelheid Kuhlmey, Demographischer Wandelund Pflegerisiko, *Gesundheits und Sozialpolitik*, 2007（9 – 10）：13.

④　戴卫东：《德国护理保险介绍》，《中华护理杂志》2007 年第 1 期。

照护需求，老年人的行动能力受到严重限制①，需要长期照护的老年人数量会迅速增加。1995 年，德国长期照护需求者约为 165 万人，到 2002 年增至 189 万人，预计到 2030 年将达到 309 万人（见图 4—2）。长期照护需求人数的增加，对德国家庭和社会形成了极大的挑战。

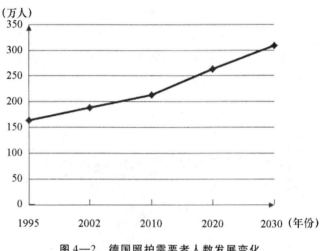

图 4—2　德国照护需要者人数发展变化

资料来源：［德］米歇尔·施密特：《德国护理保险的基础》，《老年人照护与照护保险——中国、德国和日本的模式及案例》，上海社会科学院出版社 2010 年版，第 35—55 页。

2. 家庭结构的变化导致德国家庭照护功能弱化

家庭结构的变化是德国长期照护保险制度实施的另一个主要原因。生育观念的变化，导致不少家庭不生孩子或者少生孩子，家庭子女数量不断减少；工业化的发展，使得很多德国年轻人离开家庭，到城市里或者工作地点附近居住，进一步加剧了家庭规模的小型化；离婚率的提高，导致德国家庭解体数量增加，单身或者单亲的家庭数量不断增加。这几个因素综合作用，导致了德国家庭结构日益小型化、核心化。1997 年，德国三代同堂的人数只占总人口的 3%，越来越多的老年人少亲乏子。

伴随着全球妇女解放运动的发展，德国女性受教育程度越来越高。越来越多的德国女性走出家庭，参与社会工作。传统上，由家庭成员承担照

---

① Doris Schffer, Adelheid Kuhlmey, Demographischer Wandelund Pflegerisiko, *Gesundheits und Sozialpolitik*, 2007（9 - 10）: 13.

护老年人的情况正在逐步减少，能够承担老年人照护责任的亲属人数也越来越少。与此形成对比的是，需要照护的老年人数量不断增加。1995 年，德国 65 岁以上老年人口中的 15% 以上、65—80 岁之间的老年人中的 5%、80 岁以上的老年人中的 20%，有照护需求。[①] 预计需要照护的德国老年人占劳动年龄人口的比重从 1995 年的 12% 将上升至 2025 年的 17%。[②] 在德国长期照护保险建立之前，配偶和亲属承担着主要的照护责任，经济和照护服务双重压力，引发了德国家庭和养老院内虐待老年人事件频发，老年人的长期照护问题已引发德国社会的关注。

3. 老年人社会保障不足引发德国社会质疑

德国的社会保障制度相对较为完善，90% 以上的德国人生活在养老、医疗、工伤和失业所编织的安全网内。随着老龄化的不断加深，因长期照护支出增加而致贫的德国老年人数量不断增加。德国失能老年人的长期照护得不到有效保障，原有社会保障安全网的不完整性开始引发德国社会质疑。

在实施长期照护保险法之前，德国健康社会保险体系将"疾病"与"生活照料"严格区分开来。医疗保险仅提供由"疾病"导致的急性护理需求的费用，因失能而导致的长期照护所需费用则被排除在外。德国老年人的长期照护主要依靠个人和家庭资源。一般由子女或配偶承担长期照护责任，其正常的工作生活秩序经常被打乱，却得不到任何经济上的补偿。当德国家庭不能承担长期照护任务时，老年人不得不到护理院接受服务。虽然德国老年人的养老金水平看似不低，但是与护理院的照护费用相比却差距很大。20 世纪 80 年代初期，约有 70% 的德国老年人由于负担不了高昂的照护费用而被迫沦为社会救助的对象。[③] 据估算，在当时平均每 4 个需要长期照护的老年人中，就有 3 个人需要社会救助。[④] 德国老年救助委员会曾于 1974 年公布了一份报告，从这部分生活在护理院的失能和经济状况不佳、沦为社会救助对象老年人的状况出

---

① 戴卫东：《德国护理保险介绍》，《中华护理杂志》2007 年第 1 期。

② 陈慧：《德国照护保险研究——制度建立的背景及特色》，中国人民大学，硕士学位论文，2007 年。

③ 蒋永康：《德国护理保险法及给我们的启示》，《社会》1997 年第 6 期。

④ 丁纯、瞿黔超：《德国护理保险体制综述：历史成因、运作特点以及改革方案》，《德国研究》2008 年第 3 期。

发，质疑德国老年保障系统并未实现确保老年人享有从业时的经济地位和社会地位，在德国社会上引起了很大的反响，成为当时德国政治生活中的一个重要话题。在社会舆论的影响下，1980 年，联邦政府成立了专门小组，对这个问题进行了研究。1986 年 10 月 9 日，在听取各方意见的基础上，德国通过了改革老年人照护服务的议案。在经过近 20 年的思辨后，1994 年，德国联邦政府终于立法，开始实施普遍的、强制性的《长期照护保险法》。该制度不对受益人进行收入审查（Means - tested），对各年龄人口的家庭照护和护理院照护服务进行全覆盖，弥补了德国社会安全网的漏洞。

4. 地方政府巨大的财政支出压力

早在 1844 年前后，在普鲁士国王的推动下，德国成立了劳动阶层福利总会，提出普鲁士公共老年人赡养机构的计划。这个计划虽然没有实质性的进展，但是，德国在 19 世纪中期就已将公民的社会福利尤其是对老年人的照护责任看作政府的责任。之后，德国虽然陆续颁布了一些社会保险法案，但是未就老年人的长期照护颁布独立的社会保险法。直到 1961 年，德国颁布了《联邦社会救助法案》，明确了由州政府承担起对老年人的照护责任。那些"特别需要"长期照护而个人收入不足以支付长期照护成本的老年人，可以向社会救助部门提交救助申请。经过严格的资格审核，申请人的家庭资产低于规定标准以下，可以申请社会救助。由于救助资金全部来源于州政府财政，所以审核条件非常严苛，导致受益范围非常窄。即便如此，随着德国老龄化程度的不断加深，长期照护需求快速增长，救助资金也随之增加。从 20 世纪 70 年代中期到 90 年代初期，德国社会救助体系中用于老年人长期照护的支出费用增长了近 3 倍，其中地方政府的社会救助系统支出，由 1970 年的 2% 上升到 1990 年的 5%。[1] 1991 年，用于支付长期照护救助的费用占总社会救助支出的 1/3。[2] 德国地方政府在巨大的财政压力下，强烈要求建立独立的长期照护制度来缓解地方财政压力。

---

[1]　Alber, J.，"The Debate About Long - term Care Reform in Germany"，In Hennssy (Ed)，*Caring for Frail Elderly People: Policies in Evolution*，Paris: Organization for Economic Co - operation Development，1996: 261 - 278.

[2]　HannesHeine，MangelanKraeften，*DerTagesspiegel*，2007 - 11 - 07.

### (二) 德国长期照护筹资制度

德国的长期照护制度采取跟从医疗保险的方式，强制所有公民参加。《长期照护保险法》规定，凡是参加法定医疗社会保险的公民必须参加法定长期照护社会保险。个人收入水平低于医疗保险规定门槛的，必须加入长期照护社会保险体系；收入水平高于医疗保险规定门槛的，也必须参加长期照护保险，只不过有权选择加入社会保险体系还是购买商业长期照护保险。对于已经选择参加商业医疗保险的参保人则不能选择社会保险，只能购买商业长期照护保险。国家公务员、法官和职业军人的长期照护保险由国家负责。

按照相关规定，德国有 75% 的人口被强制要求参加长期照护社会保险，另有 13% 收入高于医疗保险门槛的人，也选择加入长期照护社会保险。德国参加长期照护社会保险的人数达到总人数的 88%。另外选择购买商业长期照护保险的高收入人口约为 10%。军人和公务员等共计约 2% 的人口由政府为其提供免费的长期照护社会保险。[①] 所以，德国几乎人人都能享有长期照护保险。

1. 德国长期照护制度的资金筹集

德国的长期照护社会保险资金采取现收现付的筹资模式，资金由雇主和个人共同承担，各自负担 50%。筹资按个人税前工资计算，缴费设定最高界限，且月收入低于小额工作收入界限的随保家属不用另外缴纳保费。1995 年，在制度实施初期，雇主和个人的合计缴费率为 1%。失业人员不需要缴费，其个人缴费部分由劳工局支付。退休人员的长期照护缴费由养老保险为其支付一半，剩下的一半由个人自行缴纳。伴随人口结构的变化以及支出水平的不断提高，德国的长期照护保险缴费率也随之不断调整。1996 年，雇主和个人的缴费率提高至 1.7%。2004 年 4 月 1 日，取消了退休人员只缴一半个人缴费金额的规定，个人需要全额缴纳应缴部分。自 2005 年 1 月 1 日起，德国取消失业人员不缴费的规定，领取失业津贴的失业者需要交纳个人应缴的全部费用。2008

---

① Bundesministerium für Gesundheit (Federal Ministry of Health), *Zahlen und Fakten zur Pflegeversicherung*, Bonn: Bundesministerium für Gesundheit, 2000.

年再次将缴费率提高到了 1.95%。为了鼓励生育，对于无子女的雇员追加 0.25%，保费为 2.2%。有研究表明，如果德国不对长期护理保险进行重大改革，其缴费率就会由现在的 1.95% 提高到 2030 年的 3.5%，将来可能还要进一步提高，到 2055 年缴费率将达到 7%。①

已经购买商业医疗保险的德国高收入群体，必须在购买医疗保险的同一家保险公司购买长期照护保险。商业保险公司有义务对所有参加商业医疗保险的人承保商业长期照护保险，不得以参保人高风险或异常为由拒绝。商业长期照护保险的待遇不能低于社会保险，基本保持一致。但是在缴费率方面则根据商业保险的运行规则，对参保人及其家庭成员的失能风险、获得的最高护理给付金额等因素进行综合评估。例如，参保人的保费与其参保年龄有关——年龄越高，保费越高。为了保证商业保险公司运行安全，德国各商业保险公司共同设立了互动补助金，共同抵御资金风险。

2. 德国长期照护制度的资金管理

德国的长期照护基金采取自我管理的原则。德国共有健康保险基金约600 多家。每一个健康保险基金公司均设立一个长期照护部门，专门负责长期照护的相关事务——如保险费的收缴、照护对象的评估审核、保险待遇的支付以及与参与方的协调与沟通等。在基金的管理上，长期照护保险基金依然贯彻共同参与、自我管理的原则，实行自主管理与决策，并且引入长期照护保险基金之间的市场竞争。1996 年以后，法律允许长期照护保险基金可以在不同的基金之间流动，即购买商业长期照护保险的成员，一般在每年年初的时候，可以根据所接受的服务质量，重新选择基金公司。这也就意味着基金公司之间的竞争性加强，促使基金公司必须要持续提高自身的竞争力，为参保人提供高质量的服务和高偿付能力。

3. 德国长期照护制度的待遇给付

德国长期照护保险的受益资格只与申请者的健康状况相关，与其他无关。法规强调只有符合"照护必需性"的人，并且预期时间超过 6 个月，才能享受照护保险待遇。照护等级根据需要照护的程度分为三级。社会保险和商业保险虽然分别由公共疾病基金下辖的医疗服务机构 MDK 和商业

① 胡伯涛：《中—欧社会保障合作项目案例研究"德国长期护理保险"》，http://wen-ku. baidu. com/link? url = Zhp1zzTAdt5xVy1ZNC0dw－92eaIsUDBVxD5N0fGYA04hzvkyWNfuaKVZt－cvQHs5YamMtrjiSalACKLVK3FqW4gR6i52cC2nOpErCqEGzvK。

性健康保险公司组织建立的机构 MEDICPROOF 两个不同的机构负责，但是两个机构对受益人所采用的评级标准是一致的，以确保受益资格的审核和受益级别的确定客观公平。[①]

德国的长期照护保险的给付原则，遵循现金补贴和服务提供相结合的方式。在实际运行中则实行现金给付优先的原则，对受益人每个月提供的受益金额均设置支付上限。原则上只对受益人提供部分补贴，现金补贴不足以支付其全部的护理费用。不论是居家照护还是机构照护，受益人均要自付一定比例的费用，通常是个人自付约 50% 左右。即便受益人选择居家照护，个人也需要承担不低于 25% 的照护费用。[②] 不论现金补贴还是照护服务的提供，均不以被保险人的需求为导向，不因地域的不同而不同。待遇标准均按照事先规定的等级，执行统一标准，具有很强的预算色彩。这也是德国控制费用开支的一个重要手段。

### （三）德国长期照护筹资制度实施效果

1. 实现为全民提供长期照护保障的目标

德国的长期照护保险不仅仅是解决老年人的长期照护问题，任何年龄段的人，只要是符合长期照护标准，均可以获得相应的保险待遇。这与其他国家相比，覆盖范围更加广泛。

德国的长期照护保险制度运行至今，约 210 万参保人（包括法定和私人照护保险）作为受益人获得了实物或者货币给付。从受益人年龄机构来看，其中 40 岁以下约 19.2 万人，40—60 岁约 17.5 万人，60 岁以上约 170 万人。[③] 2006 年，接受机构照护的人数比例，Ⅰ级为 29.2%，Ⅱ级为 44.7%，Ⅲ级为 26.1%。居家照护的比例，Ⅰ级为 50.1%，Ⅱ级为 36.6%，Ⅲ级为 13.3%。住院照护支出比例为 50.6%，门诊照护支出比例为 14.1%，居家照护的支出比例为 23.5%。现金支付比例 79%，实物

① Campbell, J. C., Lkegami N., Gibson M. J., "Lessons From Public Long – term Care Insurance in Germany and Japan", *Health Affairs*, 2010, 29 (1): 87 – 95.

② Harrington, C. A., Geraedts, M., Heller, G. V., "Germany's Long – term Care Insurance Model: Lessons for the United States", *Journal of Public Health Policy*, 2002. 23 (1): 44 – 65.

③ BMAS, *Bbersicht über das Sozialrecht*, BW Bildung und Wissen Verlag, Nürnberg, 2008: 547.

给付比例21%。<sup>①</sup> 在德国的长期照护保险制度实施前，有将近80%入住护理院的老年人无法支付长期照护费用。制度实施后，这个数据降低至40%，整整降低了一半。<sup>②</sup>

长期照护保险制度的实施还降低了德国老年人对社会救助的依赖，缓解了德国州政府的财政压力。在接受社会救助的长期照护需求者中，通过长期照护保险，约有2/3的人员摆脱了社会救助。德国地方政府的社会救助支出也随之下降，1994年州政府的社会救助支出为180亿马克，到1997年降至76亿马克，降低了58%。<sup>③</sup> 州政府将节约资金的1/3用于照护设施建设，推动照护服务业的发展<sup>④</sup>，使社会救助机构摆脱了濒临破产的境地。德国护理保险的实行，有效控制了医疗费用飞速上涨的趋势。德国人均医疗开支从1997年的2753美元降至2001年的2412美元。<sup>⑤</sup>

2. 保持长期照护资金收支平衡

德国长期照护筹资模式主要以雇主和雇员缴费为主，政府给予税收优惠。收入低于一定标准的低收入群体，个人可以不用缴费，由德国联邦政府予以补助。

德国的长期照护保险制度资金的筹集，以雇主和雇员缴费为主，两者各承担费用的50%。按照现收现付模式，资金按照以收定支的方式运行。1995年，在德国开始正式实施长期照护制度时，前4个月只有保费的征缴，并没有受益的支付，所以，开始的前4个月为长期照护制度积累了一定的资金。制度正式开始运行的前两年（1995—1996年），长期照护资金每年都有一定的结余，两年共结余45.4亿欧元。1997—2009年之间，基金保持了收支平衡的状态。直到2009年，德国的长期照护基金累计结余达到48亿欧元。<sup>⑥</sup> 截至2012年，基金基本实现了收支平衡（见图4—3）。

---

① BMG, *Vierter Bericht über die Entwicklung der Pflege2 versicherung*, Berlin, 2008: 26.

② 何林广:《德国强制性长期照护保险概述及启示》,《软科学》2006年第5期。

③ Cuellar, A. E., Wiener, J. M., Can Social Insurance for Long - term Care Work? The Experience of Germany, *Health Affairs*, 2000 (3): 8 - 25.

④《德日两国长期照护保险制度比较——陈传书常务副主任率团访问德国、丹麦考察报告》, 全国老龄工作委员会国际部, 2012年6月8日。

⑤ 戴卫东:《国外长期护理保险制度:分析、评价及启示》,《人口与发展》2011年第5期。

⑥ 郝君富、李心愉:《德国长期护理保险:制度设计、经济影响与启示》,《人口学刊》2014年第2期。

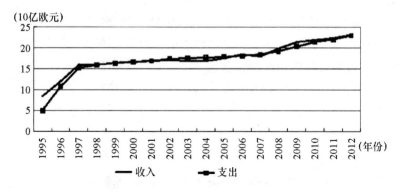

**图4—3 德国长期护理保险基金的财务收支状况**

资料来源：The obald，H.，Hampel，S.，Radical Institutional Change and Incremental Transformation：Long – term Care Insurance in Germany；Ranci，C.，Pavolini，E.，Reforms in Long – term Care Policies in Europe，*Springer Science Business Media*，New York，2013，DOI 10. 1007/978 – 1 – 4614 – 4502 – 9_ 6。

在基金运营管理方面，制度的运行效率比较高。以 2008 年为例，长期照护保险收支基本达到平衡。照护待遇的支出为 95%，管理费支出为5%。[1] 长期照护保险在德国联邦劳工部指导与监督下，秉承自治原则，实行自主管理与决策，允许各基金公司之间进行有序竞争。不论社会保险还是商业保险的参保人，均可根据其接受服务的质量，有权决定是否重新选择其他基金会。

3. 实现了家庭护理优先的原则

德国长期照护保险制度通过法律对非正式照护人员的照护资格予以保护，并给予政策支持。法律规定，长期照护受益人在家接受家庭成员、亲属或者邻居的照护服务时，非正式照护人员也可以得到现金支付。虽然，同样照护级别，非正式照护人员得到的现金支付额度比受益人在接受机构照护时额度低，但是由于相关法律的支持，绝大部分长期照护受益人仍然优先选择居家照护，居家照护替代机构照护的目标得以实现。1998 年，德国 171.6 万的长期照护受益人当中有 76% 的人选择居家照护。[2] 第Ⅲ类

---

① BMAS，bersicht über das Sozialrecht，*BW Bildungund Wissen Verlag*，Nürnberg，2008：547.

② Bundesministerium für Gesundheit（Federal Ministry of Health），*Selected Facts and Figures about Long – term Care Insurance.* http//www. bmg. bund. de/ministerium/english – version/long – term – care/article – long – term – care. html，2013.

的受益人虽然需要 24 小时的看护，但也有 55% 选择居家照护（见表 4—2）。2000 年的统计数据显示，居家照护的受益人和非正式照护提供人员中有 80% 的人对长期照护制度表示满意。[①] 2008 年，由家属、邻居或门诊提供照护的人数约为 140 万人，同期接受机构照护的仅有 67 万人。[②] 由此可见，在获得长期照护保险待遇的人中，居家照护的人数多于机构照护的人数。由此，德国实现了家庭照护优先的原则。

表 4—2        1998 年德国长期护理保险按护理级别分类的受益情况

| 等级 | 总人数（人） | 护理级别占比（%） | 家庭护理占比（%） | 护理院护理占比（%） |
|---|---|---|---|---|
| Ⅰ 级 | 793844 | 46 | 76 | 24 |
| Ⅱ 级 | 673200 | 39 | 69 | 31 |
| Ⅲ 级 | 248930 | 15 | 55 | 45 |
| 总级 | 1715974 | 100 | — | — |

资料来源：德国劳动与社会事务部。

注：数据中只包含长期照护社会保险制度的受益人，不包括参加商业长期照护保险的受益人。

### （四）德国长期照护筹资制度改革趋势

自 1995 年开始实施长期照护保险制度以来，德国的历届政府都不得不面对长期照护开支增加所带来的挑战。应对费用开支增加的挑战只有两条出路：要么"提高缴费率"，要么"降低受益人待遇"。

科尔和施罗德政府都未对这个问题做出实质反应。但是随着时间的推移，资金问题不会自行消失，只会越来越严重，改革的需求也越来越迫切。2007 年，默克尔政府在《护理保险结构性继续发展法》中选择了"在提高保费的同时提高照护保险的待遇"的中间道路。

从 2008 年 7 月 1 日开始，一方面，德国政府将照护保险的费率从原来的1.7% 提高至 1.95%。照护的待遇则采取分阶段提高的方式，如Ⅰ级居家照护待遇，从 2008 年的 205 欧元/年调高至 2012 年的 235 欧元/年。最高级别的完全住院照护待遇从 2008 年的 1688 欧元/年提高至 1918 欧元/年。除此之外，随

---

① Geraedts, M., Heller, G. V., Harrington, C. A., Germany's Long – term – Care Insurance：Putting A Social Insurance Model into Practice, *The Milbank Quarterly*, 2000, 78（3）：375 – 401.

② BMAS, Bbersicht über das Sozial recht, *BW Bildung und Wissen Verlag*, Nürnberg, 2008：547.

着经济发展，为了保障受益人待遇水平不至于降低，从 2015 年起，实行每三年对照护保险待遇发放水平根据指数化进行调整。[1]另一方面，德国政府重视预防和康复在照护中的作用，鼓励居家照护和门诊照护。同时还引进促进法定和私人照护保险互竞争的举措来提高效率。[2] 这些改革措施在一定程度上缓解了长期照护制度的资金压力日益增大问题，减轻了社会救助部门的财政压力，同时提高了照护制度的效率。但是随着人口老龄化程度不断加深，德国长期照护成本也会随之增加，德国长期照护保险的资金压力依然没有从根本上解决，继续提高缴费率是必然的趋势。

# 二　日本长期照护筹资制度

日本是目前人类历史上首个经历超高龄化社会的典型。在人口老龄化的压力下，为了老年人在失能后仍然能够保持原来的生活质量，缓解在职人员照护老年人的压力，实现工作和照护老年人之间的平衡，从 20 世纪 60 年代开始，日本老年人的长期照护制度不断完善，并最终于 2000 年开始实施长期照护社会保险制度（见表 4—3）。与德国的长期照护制度筹资模式不同，日本虽然实施的也是社会保险的筹资模式，但是由于其资金一半来源于税收，另一半来源于参保者的缴费，所以本书将日本长期照护筹资制度看作普享式和社会保险相结合的模式。

表 4—3　　　　　　　　日本长期照护政策的发展历程

| 年代 | 高龄化率 | 主要政策 |
| --- | --- | --- |
| 20 世纪 60 年代<br>高龄者福利政策的<br>开始 | 5.7%（1960 年） | 1963 年《老人福祉法》通过<br>创立老年人特别养护<br>老年人家庭奉养合法化 |
| 20 世纪 70 年代<br>老年人医疗费用的<br>增加 | 7.1%（1970 年） | 1973 年老年人医疗免费 |

---

① 丁纯、瞿黔超：《德国护理保险体制综述：历史成因、运作特点以及改革方案》，《德国研究》2008 年第 3 期。

② Anreas Heiber, *Die neue Pf legversicherung*. Wien：Linde Verlag, 2008：22.

续表

| 年代 | 高龄化率 | 主要政策 |
|---|---|---|
| 20世纪80年代<br>社会的住院和卧床的老年人成为社会问题 | 9.1%（1980年） | 1982年《老年保健法》的制定<br>通过为老年人医疗支付的共付额等<br>1989年建立"黄金计划"（为老年人提高健康和福利的10年计划）<br>促进筹备紧急的设施和家庭福利服务 |
| 20世纪90年代<br>推进"黄金计划" | 12.0%（1990年） | 1994年建立"新黄金计划"（为老年人提高健康和福利的新10年计划）<br>增加居家长期照护 |
| 21世纪初<br>长期照护保险的准备 | 14.5%（1995年） | 1996年政策获得三个同盟党同意<br>同盟党同意建立长期照护保险系统<br>1997年通过《长期照护保险法》 |
| 21世纪00年代<br>实施《长期照护保险法》 | 17.3%（2000年） | 2000年实施长期照护保险制度<br>2005年修订《长期照护保险法》 |

资料来源：日本厚生劳动省：*Act for Partial Revision of the Long – term Care Insurance Act*, *Etc.*, *in Order to Strengthen Long – term Care Service Infrastructure*。

### （一）日本长期照护制度缘起的社会背景

日本人口老龄化始于20世纪70年代。1970年，日本65岁以上的人口突破总人口的7%。之后，日本以快速老龄化速度步入世界上老龄现象最严重的国家行列。日本65岁及以上人口从7%上升到14%仅用了24年的时间，老龄化速度排在全球第一位。到目前为止，日本已经成为世界上人口老龄化最严重的超高龄化国家。日本在实施长期照护保险制度之前，老年人的照护主要依靠家庭实现。但是随着老龄化不断加深、家庭机构的核心化、女性就业率的提高等因素的变化，日本老年人的长期照护问题单靠家庭或者个人已经无法解决，以前被认为是个人的长期照护问题已经被转移到了社会层面，需要社会力量的参与。①

20世纪70年代，当老龄化问题刚刚引起人们注意的时候，大家还只是把长期照护问题作为个人问题或者家庭问题来认识。但是到了20世纪80年代后期，事情发生了很大的变化。首先，独自生活的老年人逐渐增加；其次，这个阶段恰好是联合国倡导、鼓励妇女走出家门参与工作的时

---

① 施巍巍：《日本长期照护保险制度研究》，《经济研究导刊》2010年第35期。

期，这一时期家庭主妇就业人数也在增加，在家留守的只剩下老年人和小孩。特别是有照护需要的老年人家庭，开始面临照护难题。在这一背景下，日本的老年人照护问题开始从家庭内部被推向外部，"照护社会化"开始在公众面前频繁出现，日本国内掀起了应对长期照护社会化的争论。1989 年，迫于社会的批评和压力，日本厚生劳动省不得不在政策上采取措施，通过国家的干预解决长期照护问题。在多方的激烈争论下，于1997 年 12 月公布了《介护保险法》，并最终于 2000 年 4 月开始在日本全国推行。

第二次世界大战后，经济的快速发展为日本的老年福利政策实施奠定了坚实的经济基础，高龄老年人的福利政策不断发展和完善。在日益严峻的人口老龄化压力下，日本诞生了长期照护社会保险。值得注意的是，对于包括长期照护制度在内的日本社会保障制度，日本政府在资金上承担了约 1/5 的责任。在人口老龄化的压力下，日本政府不堪重负。为了扩大资金来源，2014 年 4 月 1 日，日本政府不得不再次提高消费税，对日本刚刚有所复苏的经济而言，这无疑是雪上加霜。这种由于福利内在刚性增长所造成的教训，尤其值得中国在构建老年人长期照护制度时注意。

1. 人口老龄化带来长期照护的需求增加

人口老龄化是催生《介护保险法》的直接原因。导致日本人口老龄化的主要原因，不外乎人口预期寿命的提高和出生率的降低。

一是人口预期寿命的延长。随着日本医疗科技水平的不断发展以及生活质量的提高，日本人的预期寿命正在逐年增加（见图 4—4）。男性和女性的平均寿命从 20 世纪 60 年代起一直处于世界领先地位。1984 年，日本成为世界上第一个女性预期寿命超过 80 岁的国家，1995 年，日本男性的平均预期寿命达到 76.38 岁，女性则达到 82.85 岁。到 2005 年，日本男性的平均预期寿命达到了 78.56 岁，女性达到 85.52 岁。2010 年 "3·11" 大地震造成的人员死亡，导致 2011 年日本男性和女性平均寿命自 1985 年以来首次退居第二。女性平均寿命为 85.9 岁，男性为 79.44 岁。虽然日本预期寿命在 2011 年小幅下降，但是并不妨碍日本平均预期寿命继续延长的趋势。据世界卫生组织估测，到 2030 年，日本 85 岁以上人口将达到 25%。到 2055 年，日本男性预期寿命将达到 83.67 岁，女性则达到 90.34 岁。

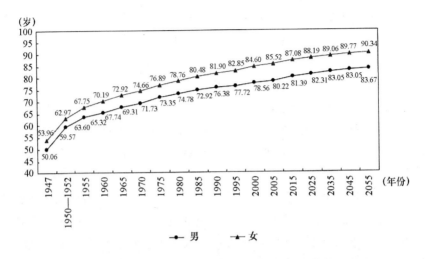

**图4—4　日本人的平均预期寿命变化与预测**

资料来源：〔日〕出和晓子：《日本护理保险制度研究——创立背景、改革过程与经验借鉴》，中国人民大学，博士学位论文，2009年。

　　二是人口出生率的不断降低。从20世纪50年代开始，日本的人口出生率不断下降。1947年，第二次世界大战后的第一个婴儿潮，日本的总人口出生率还比较高，保持在4.54‰左右，之后逐年下降。10年后，人口出生率保持在2.11‰，基本能够保证正常的人口更替（在人口理论学上，要保持一个种族目前的人口数目，出生率最少不能低于2.08‰）。到1966年的中国农历马年，日本社会上流传马年出生的女孩子由于个性不好不容易出嫁。为了躲避这一预言，许多日本人在这一年避免生孩子，导致这一年的出生率出现一个明显的低谷，之后人口出生率继续下降。到2012年，日本出生率为1.4‰，陷入"超低生育率陷阱"。造成60岁以下人口的比重不断降低。其中0—15岁的少年儿童，在2002年到2012年间，比重从14.3%下降到13.1%；16—59岁的劳动年龄人口，在2002年到2012年间，比重从61.2%下降到55.0%（见图4—5）。日本面临少子老龄化和高龄老龄化的双重压力。[1]

---

[1]　吴金晶：《预防性福利日本长期照护保险制度的改革》，《中国社会报》2014年5月12日。

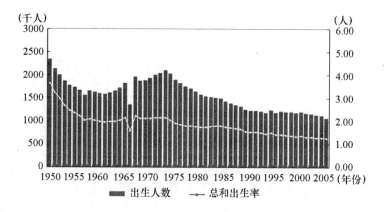

**图4—5　日本出生人数与总和出生率的变化**

资料来源：［日］出和晓子：《日本护理保险制度研究——创立背景、改革过程与经验借鉴》，中国人民大学，博士学位论文，2009年。

在人口预期寿命不断提高和人口出生率日益下降双重因素的影响下，日本人口老龄化的速度居世界首位，远远超过其他发达国家。65岁及以上人口比例从7%增加到14%所需的时间：法国经历了115年，瑞典经历了85年，美国经历了73年，英国经历了46年，德国经历了40年，而日本仅用了24年。这种快速老龄化的趋势，还将继续持续很长一段时间（见图4—6）。1990年，日本65岁及以上老年人的比例达到12%，到2010年，高达23%，已经成为世界上老龄化程度最高的国家。[1] 据预测，到2030年，65岁及以上老年人口的比例将达到32%，每3个人中有一位65岁以上老年人。预计到2055年时，老龄化程度更严峻，65岁以上老年人口比例达到41%，届时每2.4个人中，有一位65岁以上老年人。[2]

高寿命并不代表着高健康。日本卫生部门在对全国22万户家庭进行调查后发现，2010年日本平均健康寿命（"健康寿命"指不需要接受照护服务，可以正常、健康进行日常生活的寿命），男性为70.42岁，女性为73.62岁。同年，日本男性平均预期寿命为79.55岁，女性为86.30岁。可见，两者间男性约相差9年，而女性则为12年左右。在超出健康寿命

---

① 吴金晶：《预防性福利日本长期照护保险制度的改革》，《中国社会报》2014年5月12日。

② 日本厚生劳动省网站，http://www.mhlw.go.jp/english/social_security/dl/social_security6 - h.pdf。

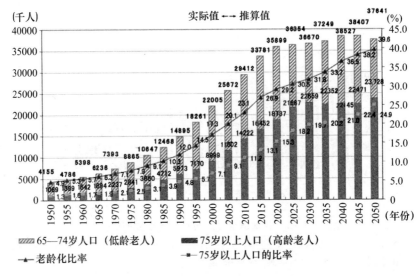

图4—6　日本人口老龄化发展趋势

数据来源：日本厚生劳动省网站，http：//www.mhlw.go.jp/english/social_security/dl/social_security6–h.pdf。

10年左右的时间里，老年人均需要不同程度的照护。① 随着老龄化程度日益加深，老年痴呆、长期卧床、身体虚弱等需要照护的老年人数也在急剧增加。1996年，人口动态社会经济调查显示，日本65岁以上老年人，死亡前的平均卧床时间长达8.5个月。② 同年，日本厚生劳动省预测：日本国内在2000年、2010年和2050年需要照顾的老年人数将分别达到280万人、390万人和520万人。③ 但是实际上，日本在2000年、2004年和2006年相关机构确定需要照护的高龄老年人的数量已经分别达到345万人、409万人和440万人。可见，在现实生活中日本社会老龄化程度的加深比预测的速度更快，老年人长期照护成为日本无法回避的社会问题。④

---

① 《朝日新闻》，http：//zy.takungpao.com/n/20120604/127793.html。

② 张龙治、王星琪：《风险与安全按市场经济要求完善社会保障体系》，辽宁人民出版社1993年版。

③ 日本厚生劳动省：《关于高龄者互利保险制度创设》，日本行政出版社2000年版，第310页。

④ ［日］出和晓了：《日本护理保险制度研究——创立背景、改单过程与经验借鉴》，中国人民大学，博士学位论文，2009年。

2. 女性就业率提高和赡养观念的变化

20 世纪 70 年代前期，受西方女性运动的影响，日本女性开始反思男女不平等的现状，逐渐抛弃夫唱妇随的传统夫妻关系，向朋友式的夫妻关系转变。"新家庭主义"和"男女共同兼顾工作和家庭"口号的出现，使得越来越多的女性，开始认同专职家庭主妇并不是唯一的生活方式，而是众多生活方式的一种。希望能够兼顾事业和家庭的日本妇女逐渐增加。1987 年，日本"泡沫经济"破灭。20 世纪 90 年代以后，日本经济开始逐渐衰退和萧条，陷入了第二次世界大战战后前所未有的经济停滞状态。在严峻的经济形势下，日本女性就业率不降反升。日本女性外出工作大致有两个方面的原因：自愿工作和不得已出去工作。自愿工作是希望在工作中，通过社会实现自我价值。不得已出去工作，主要是受经济状况的影响较大——如经济低迷造成失业率上升，失业家庭的妻子为了家庭生计不得不外出工作；企业效益不好，丈夫工资收入降低，单靠丈夫一人的收入，家庭经济出现紧张状况，妻子必须外出打工，补贴家用。

日本女性就业率的提高，对传统的家庭照护模式提出了挑战。在日本传统习俗中，为长辈养老送终是每个晚辈天经地义的责任和义务，家庭承担着老年人的照护责任。过去，这一责任主要落在家庭主妇身上，但是伴随着女性受教育程度的提高以及社会工作参与度的提高，依靠家庭解决高龄老年人照护问题的能力越来越被弱化，传统的由女性承担的老年人家庭护理方式难以为继。

赡养观念的变化，也降低了家庭的长期照护功能。第二次世界大战后，日本受欧美文化影响很深，家庭观念也深受其影响，发生了巨大的变化。第二次世界大战前，法律规定赡养老年人是长子的义务，所以家庭结构多为直系家庭形态，几代人同住一个家庭中，对老年人的赡养有一定的保障作用。第二次世界大战后，日本新《民法》规定，所有子女均有赡养老年人的义务。长子也开始离开家庭，导致老年人与子女同住的比例下降，子女赡养意识也随之减弱，家庭对老年人的赡养功能明显降低。据日本官方统计，65 岁以上的老年人与子女生活在一起的比例，从 1960 年到 1975 年下降了 11.8%；同期独居老年人上升了 3%。1970—1980 年，60 岁以上的老年人家庭中，三代同堂的比例从 55.2%

降至 45%。① 进入 20 世纪 90 年代，日本家庭结构变化更加明显。小川和雷瑟福（Ogawa and Retherford，1997）的研究发现：从 1972—1995 年，日本 65 岁以上老年人的居住方式发生了巨大的变化，独居或仅与配偶同住的比例快速增加，从 19% 增至 41%；与此形成对比的是，同期，老年人与已婚子女共同居住的比例从 56% 快速下降到 33%；1963—1996 年的 33 年间，育龄妇女认为与父母同住是"天职"的比例亦从 80% 降至 47%②，下降了近一半。

第二次世界大战后，日本的家庭结构，逐渐由传统的大家庭向核心化家庭转变。年轻人结婚后离开父母独立居住的现象日益普遍，每户家庭人口数也不断下降。1965 年，平均每户人口数量为 3.99 人，1990 年降至平均每户 2.99 人，到 2009 年，平均每个家庭只有 2.62 人。③ 据分析，下降的趋势在短时间内不可逆转（见图 4—7）。

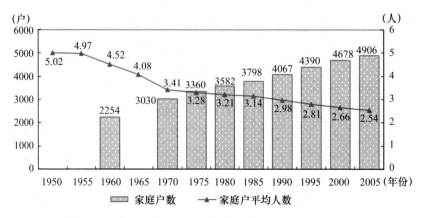

**图 4—7　日本平均家庭人口数量变化趋势**

资料来源：日本厚生劳动省。

注：昭和二十八年为 1954 年，之后依次类推。平成元年为 1989 年，之后以此类推。

---

① ［苏联］N. A. 拉得舍夫：《日本家庭中成年子女与老年父母的关系》，《国外社会学参考资料》1984 年第 4 期。

② Ogawa, N. and Retherford, R. D., "Shifting Costs of Caring for the Elderly Back to Families in Japan: Will it Work?", *Population and Development Review*, 1997, 23（1）：59 - 94.

③ 日本厚生劳动省网站，http：//www. mhlw go. jp/toukci/saikin/hw/k - tyosa/k - tyosa09/1 -1. html。

家庭人口数量减少和老年人居住方式的改变，证明日本年轻人赡养老年人的意识在逐渐削弱，家庭赡养老年人的功能日益下降。日本厚生劳动省的调查显示：在30—49岁的中年人中，有超过90%的人认为，成年子女应该与父母同住，当父母需要照护时应该承担起照料的责任。但是真正能从子女那里得到照护的老年人只有一半左右。① 日本老年人已经不能依赖子女提供长期照护服务，老年人的长期照护问题已经演变为社会问题，需要社会的干预。

3. "社会性住院"对医疗保险基金的压力

20世纪70年代初期，日本刚刚进入老龄化社会，老年人医疗方面的开支增长并不明显。在西方福利国家的影响下，1972年，日本开始扩大老年人福利，于1973年开始实施《老人福利法》。70岁以上的低收入老年人或者65岁以上长期卧床的老年人都可享受免费医疗。需要患者自付的部分，全部由日本各级财政负担。其中日本中央财政负担2/3，都道府县负担1/6，市町村负担1/6。由于当时居家照护类社会服务审查非常严格，并且对于由家庭成员照顾的老年人一般不予补助，所以衍生出大量"社会性住院"现象。很多在医学上并不需要住院的老年人，选择了在医院接受照护，不仅大大增加了日本各级财政的支出，而且非医疗项目的照护、康复活动占用了日本医院大量的资源。

为了缓解政府的财政压力，减少非医疗项目对医疗资源的浪费，日本政府于1982年颁布了《老年保健法》。《老年保健法》规定，对住院的老年人不再实行免费医疗，需要自负一部分医疗费用，剩下部分的30%由财政负担，70%由医疗保险基金负担。这就形成了政府、企业、在职职工和老年人责任共担的机制。日本政府希望通过改革，减少"社会性住院"现象，同时减轻政府和医院的压力。但实际情况是，伴随着老年人口的不断增加，政府和医院的压力非但没有减轻，反而日益增加。从1963—1993年，在医院接受照护的老年人增加了10倍之多，他们占用了医院将近一半的床位（1/3的人在医院超过一年）。日本在相关机构接受长期照护的人口，占到65岁以上总人口的6%。由于照护费用由医疗保险支付，

① Maeda, D. and Shimizu, Y., "Family Support for Elderly People in Japan", In H. Kendig et al. ( eds. ), *Family Support for the Elderly: The International Experience*, Oxford Medical Publications, 1992: 235 – 249.

导致医疗费用飞涨。从 1973 年至 1982 年的 10 年间，日本国民医疗费用增加了近 3.5 倍。其中老年人医疗保险支付的医疗费用增速更是惊人，增加了 6.3 倍之多（见图 4—8）。① 这部分费用通过医疗保险制度转嫁到中青年一代身上，带来了国民负担、代际负担的不平等。尤其是 20 世纪 90 年代，在日本国民生产总值连年负增长的情况下，日本医疗费用却不断增加，两者形成了鲜明的对比。快速增加的医疗费用对公共财政支出造成了极大的挑战，迫切需要将老年人的长期照护开支从医疗保险体系中分离出来，避免代际间和制度间的不公平。

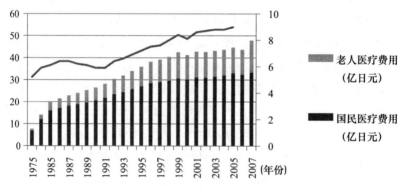

老人医疗费用（亿日元）

国民医疗费用（亿日元）

**图 4—8　日本老年人医疗费用开支情况**

资料来源：国民医疗费用的数据来源于日本厚生劳动省大臣官房统计情报部《国民医疗费》；老年人医疗费用的数据来源于日本厚生劳动省保险局《老人医疗事业年报》，载于《高龄社会白皮书》（2007 年版），第 118 页；国民所得是日本内阁府发表的《国民经济计算》（2006 年 5 月发表）的数据。根据以上数据由笔者整理制图。

4. 老年人照护福利开支加大了财政负担

为了提高老年人福利，提高公众的信心，建立与日本"经济大国"地位相对应的社会福利制度。日本政府于 1963 年开始，推行了一系列针对低收入老年人的公共护理服务，对老年人的福利制度进行不断改革和完善。在制度中，老年人作为被救助和服务的对象，由政府提供资金支持。由于老年人的照护服务是以税收为基础，所以，伴随着老龄人口数量、福利项目及福利待遇的不断增加，日本在老年人照护方面的财政支出不断膨

① ［日］山崎泰彦等编：《〈社会保障论〉改订〈精神保健福祉士培训讲座〉》（第 10 卷），健康出版社 2001 年版，第 126 页。

胀。1970 年，日本刚进入人口老龄化时，社会保障开支约为 3.5 兆日元，占 GDP 的 5.8%。到 1997 年，社会保障开支已经达到了 69 兆日元，占 GDP 的 17.8%。预计到 2025 年，社会保障开支将增加到 274 兆日元，达到 GDP 的 29%（图 4—9）。与此形成对比的是，从 20 世纪 80 年代末期开始，日本经济长期处于发展停滞阶段。20 世纪 90 年代，GDP 增长率仅为 0.96%。21 世纪初期，经济增长速度也非常缓慢。2000—2004 年，GDP 增长率仅为 1.36%。[①] 日本国内企业经营惨淡，破产企业增加，政府的税收也随之减少。与此形成对比的是社会保障开支（尤其是用于老年人的各项社会保障开支）却随着老龄化加剧逐年增加，造成政府的财政赤字越来越大。为了解决政府的财政危机，同时也为了加强老年人对照护费用的控制意识，降低长期照护的资金压力，日本政府经过反复研究论证，决定利用民间力量，创立独立的、以老年人为主体的长期照护社会保险制度，将原来免费为老年人提供的长期照护福利和救助，转为企业和个人共同参与缴费的社会保险制度。这样就可以在一定程度上缓解政府的财政压力，同时加强老年人对费用的节约意识。

1996 年，日本总理府对即将实施的长期照护社会保险进行民意测验，结果显示，持支持意见的超过八成，其中 46.7% 的人赞成，35.6% 的人基本赞成。可见，日本的长期照护社会保险制度，具有很强的群众基础（图 4—9）。

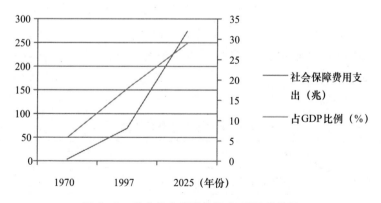

**图 4—9　日本社会保障支及占 GDP 的比重**

资料来源：日本厚生劳动省：《厚生白皮书》，厚生问题研究所出版 2000 年版，第 213 页。

---

[①]　梁军：《2000 年以来日本经济走势与原因分析》，《日本学刊》2005 年第 3 期。

### （二）日本长期照护筹资制度

在经济萧条引发的社会保障危机以及严重的人口高龄化趋势下，日本政府较为密集地出台了一系列"社会保障结构改革"措施。其迈出的第一步，就是建立长期照护社会保险制度。日本实施的制度与德国的制度虽然有很多共同之处，但是日本的长期照护筹资制度与德国又有着明显的不同。

1. 日本长期照护制度的保障对象

日本的长期照护制度，只针对 40 岁以上的国内居民。根据年龄将被保险人分为两类：65 岁以上被保险人被称为"第一种被保险人"，40—65 岁被保险人被称为"第二种被保险人"。"第一种被保险人"指的是在市町村区域内有住所的、年龄在 65 岁以上的所有人员，并且不论其是否已参加医疗保险。"第一种被保险人"必须直接向市町村提交可以获得"第一种被保险人"资格的所有材料。市町村向所有符合条件的 65 岁以上老年人，发放"被保险人证"。"第二种被保险人"指的是在市町村区域内有住所的、年龄为 40—65 岁的、已参加各类医疗保险的人。"第二种被保险人"由各个医疗机构进行资格审核和管理，在认定申请审查通过后，发放"被保险人证"。"第二种被保险人"即使已经获得"被保险人证"，如果此后不再加入医疗保险，其被保险人的资格也会被取消。"第一种被保险人"和"第二种被保险人"不论是缴纳的保险费率，还是服务给付的方式，都存在差别（见表 4—4）。

表 4—4　　　　　　　　　　　　日本长期照护保险保障对象

| 项目 | 第一种被保险人 | 第二种被保险人 |
|---|---|---|
| 对象 | 65 岁及以上 | 40—64 岁的医疗保险加入者 |
| 拥有给付权力者 | 需要照护者<br>需要支援者 | 初期老年痴呆症、由脑血管疾病等老年原因引起的疾病 |
| 保险费负担 | 市町村征收 | 医疗保险费征收后交付 |

2. 日本长期照护制度的资金筹集

对于长期照护制度的资金筹集，日本采取现收现付制。资金来源于政府财政补贴、被保险人缴纳的保险费和接受长期照护者个人承担三个部分。接受长期照护的被保险人，按照比例需要自负 10%，其余的 90% 由政府财政补贴和社会保险各承担 50%。

财政补贴部分，由国家、都道府县、市町村三方，按照 2:1:1 的比率各自分担。根据受益人照护方式不同，政府补贴的比例也有所不同。接受居家照护的受益人，中央政府承担 25%（其中 5% 作为调整补助金），都道府县承担 12.5%，市町村承担 12.5%；接受机构照护的受益人，中央政府承担 20%，都道府县承担 17.5%，市町村承担 12.5%。① 长期照护保险的参保人，按照年龄分为两种："第一种被保险人"是 65 岁及以上参保人，由各市町村征收保险费，每人每月约 30 美元②，其被保险人的筹资占"介护基金"的比例约 20%③。"第一种被保险人"的保险费率，由各市町村自行决定。主要与老年人养老金的收入水平有关，与失能风险状况无关；"第二种被保险人"是 40—64 岁的参保人，其保险费，根据其工资收入的 0.9%，随医疗保险征缴，其中雇主和雇员各自分担 50%，这部分筹资占"介护基金"30% 左右。④ 两种被保险人的保险费，均采取 3 年调整一次的方法（见图 4—10）。⑤

日本为了鼓励居家照护，减少对照护机构的使用，从 2005 年底开始，入住照护机构的老年人，需要自己承担食宿费用，自付费用也了增加 50%。日本政府为了不降低低收入老年人的生活质量，为低收入老年人减免费用。低收入老年人，可以向所在地的政府提出减免保费以及 10% 的自付费用的申请，也可以向中央政府提出减免机构照护食宿费用的申请。

① "Ministry of Health, Labour and Welfare", *Long - term Care Insurance in Japan.* http://www.mhlw.go.jp/english/topics/elderly/care/.

② Gleckman H., *Financing Long - term Care: Lessons from Abroad*, Center for Retirement Research at Boston College, 2007.

③ 日本厚生劳动省网站, http://www.mhlw.go.jp/english/social_ security/dl/social_ security6 - b. pdf。

④ 同上。

⑤ Ohwa M., Chen L. M., "Balancing Long - term Care in Japan", *Journal of Gerontological Social Work*, 2012 (7): 659 - 672.

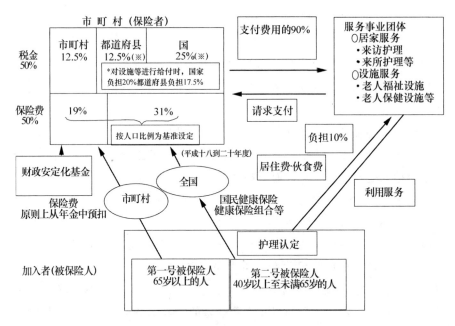

**图 4—10    日本长期照护保险的筹资制度框架**

资料来源：日本厚生劳动省网站，http：//www. mhlw. go. jp/english/social_ security/dl/social_ security6 - b. pdf。

### 3. 日本长期照护保险待遇给付

被保险人要想获得长期照护保险待遇，必须是处于规定的需要照护、需要支援的状态下，且这种状态需要获得市町村的认定（需要照护认定或需要支援认定）。自《介护保险法》实施以来，日本长期照护的级别认定，进行了一系列的调整。从 2006 年 4 月开始，照护保险制度的照护级别分为："自立"、"要支援" 1—2 级、"要照护" 1—5 级，共 8 个级别。并对相关级别的身体状况和照护认定标准时间进行严格界定。"自立"的人不能利用照护服务，"要支援"的人只能使用居家服务，不能使用机构照护服务。"要照护"的人可以在居家服务和机构服务之间进行选择。

护理保险的给付，采用以"实物给付"为主、"现金给付"为辅的方式。从运行情况看，除非是极特殊的情况——如居住在边远地区，无法提供服务等以外，绝大部分的受益人都接受"实物给付"。所以，日本的长期照护保险与德国发放"护理补贴"不同，是"实物给付"的方式。被保险人原则上只能利用政府规定的"指定居家服务事业团体"和"指定老年人护理设施"提供服务。这与日本为了减轻妇女的照护负担有着直接的关系。

### （三）　日本长期照护筹资制度实施效果

日本于 2000 年实施的长期照护制度，取得了良好的社会效果。实施第一年，就获得了 85% 的民众支持率[①]，参保人数和受益人数快速增加。从 2000—2010 年，"第一种被保险人"的参保人数，由 2165 万人增长到 2907 万人，增长了 34%；服务接受者人数，从 149 万人增加到 418 万人，增长了 181%（见图 4—11）。[②] 接受服务人数占参保人数的比例，从 6.9% 增加到 14.4%；占通过等级鉴定人数的比例，从 68.3% 增加到 82.3%。2013 年，日本约有 460 万人通过等级鉴定，占参保老年人总数的 1/6，平均每月有 390 万人利用长期照护服务。[③] 从总体上看，从 2001—2011 年的 10 年间，通过等级鉴定的人数占接受照护人数的比例，

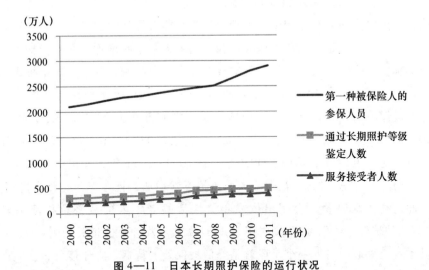

图 4—11　日本长期照护保险的运行状况

资料来源：日本厚生劳动省网站。

---

　①　刘燕斌、赵永生：《德日美以四国长期护理保险制度构架比较》（上），《中国医疗保险》2011 年第 5 期。

　②　赵秀斋：《日本长期照护保险制度及其启示》，《广西经济干部管理学院》2014 年第 2 期。

　③　张小娟、朱坤：《日本长期照护政策及对中国的启示》，《中国卫生政策研究》2014 年第 4 期。

基本稳定在 80% 左右，波动不大。其中接受居家照护人数最多，约占 70% 左右；其次是接受机构者，约占 20%—30%；人数最少的是接受社区照护者，只占接受服务总人数的 5%—6%[①]。

日本以社会保险的形式，强制所有 40 岁以上符合条件的国民参加长期照护保险，将长期以来被称为"护理地狱"的家庭老年照护活动社会化；但是，日本政府以税收的形式承担 50% 的保费补贴，给日本财政造成了巨大的压力。日本政府不得不提高消费税，这对当前日本经济的复苏雪上加霜，引起了广大日本国民的质疑。

**（四）日本长期照护筹资制度改革趋势**

伴随着人口老龄化的不断加深，日本长期照护保险的开支日益膨胀，政府也面临着长期照护保险收支不平衡的风险。与德国不一样，日本采取了"提高保费的同时降低保险待遇"的方法。

日本长期照护保险制度在实施的初期，由于保险费能够按时足额征收，利用保险的人数比较少，护理保险基金能够保持收支平衡，并且还有一定的盈余。但是，随着参保人数和利用者人数不断增加，保险费支出不断膨胀。为了保证收支平衡，日本政府决定，保险费按照法律规定每 3 年进行一次调整。从 2000 年制度开始实施至今，保险费不断调整。以"第一种被保险人"为例，2000—2002 年保险费基准额为 2911 日元；2003—2005 年保险费比第一年增加了 13%，达到了 3293 日元；2006—2008 年保险费又提高了 24%，达到了 4090 日元；2009—2011 年，又提高了 180 日元，增加至 4270 日元。被保险人的负担不断增加，社会上开始普遍担心，如此之高的保险费，会超出依靠年金生活的老年人的经济负担能力。[②]"第二种被保险人"的保险费用也逐年增加。为了减少相关的财政赤字，日本政府采取的另外一个手段就是降低被保险人待遇。在制度外，实施严格的准入条件。在制度内，严格控制护理服务内容和标准。从 2000 年长期照护制度实施到 2009 年，日本人均支出从 243.44 万日元降低到 193.51 万日元（见表 4—5）。这两个方法均起到了缓解长期照护社会保险不断增

---

[①] 根据日本厚生劳动省网站资料计算，http：//www. mhlw. go. jp/english/wp/wp - hw6/dl/10e. pdf。

[②] 《朝日新闻》2003 年 6 月 21 日。

长的压力的作用。

表 4—5　　　　　日本长期照护保险支出及占 GDP 比重

| 年份 \ 支出 | 总支出（万亿日元） | GDP（万亿日元） | 总支出占 GDP 比重（%） | 人均支出（万日元） |
|---|---|---|---|---|
| 2000 | 3.63 | 509.86 | 0.71 | 243.44 |
| 2001 | 4.59 | 505.54 | 0.91 | 221.83 |
| 2002 | 5.19 | 499.15 | 1.04 | 215.47 |
| 2003 | 5.69 | 498.86 | 1.14 | 207.63 |
| 2004 | 6.20 | 503.73 | 1.23 | 202.04 |
| 2005 | 6.40 | 503.90 | 1.27 | 194.40 |
| 2006 | 6.36 | 506.69 | 1.23 | 182.80 |
| 2007 | 6.67 | 512.98 | 1.30 | 187.41 |
| 2008 | 6.95 | 501.21 | 1.39 | 186.82 |
| 2009 | 7.43 | 471.14 | 1.58 | 193.51 |
| 2010 | 7.82 | 482.38 | 1.62 | 194.05 |
| 2011 | 8.32* | 470.62 | 1.77 | 199.10 |

资料来源：日本厚生劳动省网站。

注：* 为 2011 年的长期照护保险总支出数据为预算值。

2014 年，为了减少社会保障财政赤字，日本政府采取了将消费税从 5% 提高到 8% 的政策。消费税的提高，使包括老年人长期照护保险在内的社会保障制度均需要由全民买单。日本刚刚有所复苏的经济又陷入低谷，代际之间的矛盾进一步加剧。如果不对社会保障项目进行结构上的调整，依然由日本政府承担主要的缴费责任，日本再次提高消费税将会成为必然（受经济下行压力、国内反对等因素的影响，日本暂推迟 2015 年 10 月消费税上调至 10% 的计划）。所以，从长远来看，日本还将继续采取"提高保费的同时降低保险待遇"的方法来保持制度的可持续性。

## 三　美国长期照护筹资制度

美国是一个典型的移民国家。美国的移民政策主要是出于经济层面的考虑，鼓励优秀的人才加入美国。该政策对提高美国的经济发展动力以及科技创新能力做出了巨大贡献。移民政策同时带来另一个好处，就是降低了整个国家总人口的平均年龄，延缓了美国的人口老龄化速度。最近的人口普查显示，美国国民的平均年龄为 35.8 岁，65 岁及以上人口占国家总人口的比重达到了 12.4%。与大部分发达国家相比，美国人口老龄化的节奏比较慢。65 岁及以上人口比例从 7% 升到 14%，预计需要 73 年的时间，到 2015 年将达到 14%，届时才真正进入老龄化社会。所以，美国并不像日本和德国那样迫切地需要解决长期照护问题。但是，人口老龄化带来的长期照护风险对美国社会的影响日益增加。为了与此相适应，美国也开始探索长期照护制度。

美国被称为"自由的国家"，"不管是谁都能得到发展机会的国家"，同时，美国又是一个"个人责任范围很大的国家"。作为"自由主义"福利模式"补缺制"最突出的代表，相对于其他发达国家而言，美国的福利计划一直不是特别慷慨，甚至看起来有点"吝啬"。反映在长期照护方面，美国没有政府提供的独立的长期照护制度。为国民提供长期照护的项目来自医疗保险（Medicare）、医疗救助（Medicaid）以及市场提供的商业长期照护保险。其中医疗保险和医疗救助仅为 65 岁及以上的老年人、残疾人以及低收入者提供保障，资金由联邦政府和各州政府公共财政转移支付实现。对于不符合政府救助条件的其他大部分美国人而言，联邦政府则通过税收优惠等政策，激励和引导他们购买商业长期照护保险。

### （一）美国长期照护制度缘起的社会背景

#### 1. 人口老龄化引发长期照护的风险

第二次世界大战后，在美国的人口发展过程中有明显的生育高峰，使老龄化趋势波动明显。1946—1964 年的 19 年间，美国婴儿出生率激增，共出生了约 7600 万人。[①] 自 2007 年开始，这些"婴儿潮（Baby Boom）"中最早出生的一批人已经陆续步入老龄化行列，再加上预期寿命的不断延长和生育率、死亡率的下降，使得美国老年人口占总人口的比重出现了一个急剧上升的趋势。据预测，2000—2040 年，美国 65 岁及以上老年人的数量将从 1000 万增至 2100 万人。其中失能老年人的数量会从 300 多万人增至 600 万人左右。失能老年人数量的增加，导致老年人长期照护成本也随之增加，严重消耗失能家庭的资产，甚至可能导

---

① 张恺悌、郭平：《美国养老》，中国社会出版社 2010 年版。

致家庭的财务危机。[①] 即使已经有了完善的养老保障和医疗保障，很多人在年老的时候，也会发现自己由于需要长期照护而变得一无所有，只好在自己资产耗尽之后去领取救助金，而政府也因此不堪重负。

2. 不断飙升的长期照护费用

随着美国人口老龄化的程度逐渐加深，一些高龄老年人，常因失能或者严重的伤残而需要不同程度的长期照护。美国的医疗保险项目不支付因年老而产生的照护费用，并且美国长期照护的费用非常昂贵，常常超过美国一般家庭的支付能力。在美国，大部分老年人在家接受来自家庭或社会提供的长期照护，而完全失去自理能力的老年人，只能选择入住"护理之家"接受长期照护。由于老年人接受长期照护的时间较长，很容易导致个人支出较大，超出个人的承受能力。有数据显示，入住"护理之家"的老年人，其平均每月的支出为 6500 美元（约合每年 7—8 万美元），这个数字是美国 65 岁及以上老年人平均收入的 3 倍。对于部分失能、但还具备一定程度的自理能力的老年人，即使居家或者在社区接受照护服务，每个月平均开支也在 1800 美元左右。有统计数据显示，美国 65 岁及以上的老年人，平均一生用于长期照护的开支约为 4.7 万美元，其中开支在 10 万美元以上的约为 16%，超过 25 万美元的约为 5%。[②] 虽然美国的医疗卫生技术和设施居世界一流，但是对老年人而言却是"老年人的地狱"。

美国政府提供的医疗保障项目，主要是与疾病相关的照护。如 65 岁及以上老年人或失能者，必须出具医生专业照护需求证明，才能享受短期的医疗保险照护，而且时间和数额均有限。美国政府的医疗救助计划，必须通过严格的家计调查，仅为生活水平在州贫困线以下老年人提供部分长期照护费用。事实上，能够享受医疗救助资格的家庭，大都因高昂的照护费用耗尽大部分资产，并且美国政府的医疗保险和医疗救助，仅限于机构照护，居家接受照护的老年人无法享受相关待遇。

为了应对这一问题，经济条件允许的美国人，不得不购买商业保险来化解风险。商业保险通过开发覆盖居家、社区和机构照护等长期照护服务产品来弥补政府保障的空缺。虽然美国商业保险市场在全球最发达，但购

---

① Adamy, J., *Health Care Costs and Medical Technology*, http://www. Wsj. com. 2009 – 08 – 02.

② 张盈华：《老年长期照护制度的筹资模式与政府责任边界》，《老龄科学研究》2013 年第 2 期。

买商业长期照护保险的人并不多，仅覆盖不足 10% 的人群[①]，并且越是低收入且失能、失智人群，就越无力购买该保险。从长期照护支出的角度看，2004 年，美国长期照护支出共计 1350 亿美元，约占医疗保障项目总开支的 8.5%，其中商业保险开支仅占 4%，个人承担的部分高达总开支的 1/3。[②] 为了帮助老年亲属，有 26% 的家庭动用退休储蓄；有 12% 的家庭，花光了为孩子准备的大学教育基金。有研究表明，到 2030 年，只有储蓄超过 25 万美元的美国人才能支付得起"护理之家"的费用，储蓄额超过 10 万美元的人才能支付得起居家护理的费用。如果按照平均护理时间 2.5 年来计算，未来只有储蓄超过 62.5 万美元的家庭，才可以支付得起"护理之家"的费用（见表 4—6）。[③]

表 4—6　　　　　　　　　　　**美国长期照护费用开支**　　　　　　　　单位：美元

| 项目 ＼ 年份 | 2004 年 | 2030 年<br>名义价值 | 2030 年<br>扣除物价上涨的因素 |
|---|---|---|---|
| "护理之家"照护 | 61685 | 264744 | 129154 |
| 居家护理照护 | 22462 | 96412 | 47034 |

　　资料来源：Mulvey, J., "The Improtance of LTC Insurance for the Retirement Security of the Baby Boomers", *Benefits Quarterly*, 2005, 21 (4)：50。

　　2004 年，美国国会预算局对 2005—2040 年美国长期照护支出进行了预测，结果表明，2015 年，美国的长期照护开支将达到 2650 亿美元。随着美国人口老龄化的加剧以及通货膨胀等因素的影响，预计到 2040 年，美国的长期照护开支将达到 5400 亿美元。这足足增长了 2 倍（见表 4—7）。面对将来可能支出的如此巨大的长期照护费用，美国政府也不得不重视该国老年人的长期照护问题。

---

　　① 彭荣、凌莉：《国外老年人口长期护理筹资模式潜在的问题与启示》，《中国老年学杂志》2012 年第 11 期。

　　② Colombo, F. et al., "Help Wanted? Providing and Paying for Long – term Care", *OECD Health Policy Studies*, OECD Publishing, 2011：248, Table 7.1, http：//dx. doi. org/10. 1787/978926409775 9 – en.

　　③ Department of Health and Human Services, Centers for Disease Control and Prevention, *National Nursing Home Survey*：1999 *Summary*, 2002 (6).

表 4—7　　　　　　　　　　　美国长期照护支出预测

| 年份 | 长期照护支出（10 亿美元） |
| --- | --- |
| 2005 | 200 |
| 2015 | 265 |
| 2025 | 352 |
| 2035 | 467 |
| 2040 | 540 |

资料来源：Congressional Budget Office，*Financing Long - term Care for the Elderly*，2004。

3. 政府日益增加的财政负担

1998 年，在美国超过 1170 亿美元的"护理之家"和家庭照护费用中，政府的医疗保险（Medicare）和医疗救助（Medicaid）支出占总支出的 59%，个人承担约占 1/3。[1] 到了 2000 年，美国政府通过医疗保险（Medicare）和医疗救助（Medicaid），承担了 49% 的"护理之家"费用和 33% 的家庭照护费用。其中医疗救助作为长期照护服务的重要资金来源，承担了将近 40% 的长期照护服务。按照 1998 年"护理之家"和家庭照护的总费用为 1170 亿美元，未来 30 年至少增加 5 倍来计算，长期照护费用对美国政府来说将是一个天文数字。[2] 1999 年，美国公共政策协会称："我们已经把联邦税收中的每 1 美元中的 44 美分用在了'三大补贴'上——社会保障、老年医疗辅助计划以及低收入家庭医疗补助。"[3] 美国政府虽然没有直接建立长期照护制度，但是在长期照护方面的开支负担已经非常沉重。

面对即将到来的 7800 万"婴儿潮"时期的人口开始老龄化，美国政府已经无力支付这笔巨大的财政补贴。为了化解财政危机，美国政府不得不采取税收刺激政策，鼓励企业和个人购买商业长期照护保险。

---

[1]　Mellor，Jennifer，Private Long - term Care Insurance and the Asset Protection Motive，*The Gerontologist*，Jun；53，6，Academic Research Library，2000：596.

[2]　荆涛：《长期护理保险——中国未来极富竞争力的险种》，对外经贸大学出版社 2006 年版，第 75 页。

[3]　*The Public Policy and Aging Report*，National Academy on an Aging Society，Summer 1999：11.

1996 年出台的《联邦健康保险可转移与说明责任法案》法案规定：不论是个人还是企业，只要购买商业长期照护保险，均可以享受税收优惠。保险费用可以作为公司的营业费用计入公司运营成本，雇员的保险费不列入应税收入。这个税收激励政策在实际执行过程中，对雇主的刺激作用比较明显。1997—2001 年，雇主出资购买的团体商业长期照护保险增长了 3 倍，并且有继续上涨的趋势。[①] 2002 年，在新增加的商业长期照护保险保单中，有 1/3 的保单由雇主购买。为了进一步鼓励商业长期照护保险的发展，联邦政府为其雇员购买团体商业长期照护保险。2002 年，在联邦长期照护保险计划下，联邦政府的雇员（包括军队）均可以从联邦政府批准的保险公司，以一定的折扣购买长期照护保险。这不但加大了商业长期照护保险的销售量，同时对社会起到了良好的示范作用。该法案的颁布实施，标志着美国政府将长期照护的融资责任，通过税收优惠的形式转交给了企业和个人。从这个意义而言，美国之所以成为世界上商业长期照护保险最发达的国家，与其政府出台的税收激励政策密不可分。

**（二）美国长期照护筹资制度**

美国历来是发达国家中的独行侠，在社会福利方面一直表现得比较"吝啬"，政府仅为公众提供"补缺式"社会福利。美国政府在为弱势群体提供了最低保障之后，其他的交由市场解决。在长期照护方面也不例外。美国实行了社会救助和商业保险相结合的模式，由原有的医疗保险（Medicare）和医疗救助（Medicaid）两大公共医疗保障计划，为低收入老年人提供长期照护救助。为了应对人口老龄化带来的长期照护压力，美国政府有意通过税收激励政策促进商业长期照护保险发展。

在美国政府的一系列税收优惠政策刺激下，在 1998 年长期照护支出中，医疗救助支出占总支出的 40%，医疗保险支出占总支出的 20%，商业长期照护保险支出则占总支出的 8%，另外个人自付部分占 26%（见图4—12）。在这种支付结构中，美国政府通过优惠政策大力发展的商业长期照护保险开支仅占 8%，比例偏小，不能从实质上分担政府的压力。长

---

① 荆涛：《长期护理保险——中国未来极富竞争力的险种》，对外经贸大学出版社 2006 年版，第 35 页。

期照护对美国政府财政的压力依然很大。为了缓解社会压力，奥巴马政府借助美国医疗保险制度改革的契机，推出公共长期照护保险计划，又称为"社区生活援助服务和支持计划"（Community Living Assistance Services and Supports Program，CLASS）。该计划虽然由美国政府组织，但是美国政府并不提供资金支持，年满 18 岁的参保人自愿参加。由于资金缺乏可持续性，最后未能执行。为了实现国家财政负担的最小化和全国福利效用的最大化，美国政府继续采用多元化的福利策略，尽量使有经济能力的企业和个人，多分担自身的长期护理费用，进一步鼓励扩大商业保险的发展。

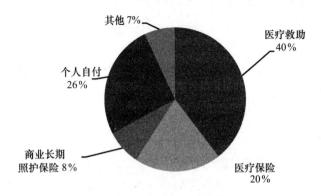

图 4—12　1998 年美国长期照护的支出

　　资料来源：Health Care Financing Administration，Office of the Actuary（February 2000）；and B. Burwell，*Medicaid Long - term Care Expenditures in FY* 1998，Cambridge，Mass.：MEDSTAT Group，1999。

### 1. 美国的商业长期照护保险

自 20 世纪 50 年代开始，美国人口老龄化不断加深，需要长期照护的老年人无法从医疗保险中获得足够的保障。常常出现投保的老年人将医院当作护理场所，大量老年人的长期住院，加剧了医疗保险的支出。20 世纪 70 年代，长期照护保险保单开始在美国商业保险市场上出现，主要为慢性病、感知紊乱（如老年痴呆）和失去自理能力的人提供长期且广泛的康复和支持性的照护和护理服务。美国在刚刚开始推行商业长期照护保险时，由于缺乏产品开发、市场推广经验以及相关的税收优惠政策，市场占有率一直很低。1986 年，美国长期照护保险公司仅有 30 家左右。为了鼓励国民购买商业长期照护保险，1996 年美国联邦政府出台了《联邦健康保险可转移与说明责任法案》，规定了购买商业长期照护保险个人和企业税收的优惠政策，使商业长期照护保险得到迅猛发展，市场份额占人身保险市场近30%，成为近些年美国健康保险业中发展最快的商业保险险种。根据该法案的规定，符合税收优惠资格的长期照护保险产品，个人缴纳的长期照护保险费可以被列入医疗费用进行税前抵扣；雇主为企业雇员缴纳的长期照护保险费以及雇主直接支付的长期照护保险费，也可以进行税收抵扣，个人在获得长期照护保险给付时也可以获得税收减免的待遇。该法案的出台，为长期照护保险的快速发展提供了机会，现在商业长期照护保险已经成为美国健康保险市场上比较重要的产品。

美国的商业长期照护保险由商业保险公司负责运作，市场化程度非常高。该保险负担为任何年龄段的人群提供除急诊外的任何场所（居家、社区或机构）接受的、时间持续一年以上的各种长期照护服务所产生的费用。服务的内容既包括个人日常起居类的照料服务，也包括具备治疗性质的医疗护理。

虽然商业长期照护对象没有年龄限制，但是商业长期照护保险的购买者，还是以老年人为主。有研究表明，美国大部分购买者的年龄为55—75岁。[①] 随着人们对长期照护风险认识的日益理性，近期，美国购买商业长期照护保险的年龄有所下降。[②]

美国商业长期照护险的承包方式非常灵活，既可以独立签发，也可以作为终身寿险保单的形式签发；既可以个人购买，也可以以团体的形式参加。1996年，美国健康保险制度进行了改革，促进了雇主为雇员购买团体商业长期照护保险的积极性。改革规定，不论是雇主还是雇员，购买商业长期照护保险均可以享受税收优惠，即保费计入公司的营业费用，也不作为雇员的应税收入。这个激励措施使美国从1997—2001年的5年间，雇主购买的团体商业长期照护保险增长了3倍，且有继续上涨的趋势。

商业长期照护保险一般按被保险人投保时的年龄，采用年均费率收取保险费。保险费取决于被保险人的年龄、健康状况以及既往病史等因素，

---

① Eier, Volker, *Why the Young Do Not Buy Long – term Care InsuranceJournal of Risk and Uncertainty*, Kluwer Academic Publishers, Manufactured in the Netherlands, 1999：83 – 89.

② Alexander, Neil., Long – term Care Insurance, *Journal of Accountancy*, 2002 (5)：112.

除此之外，保险费的高低还与被保险人选择的给付期、等待期和保险责任范围等因素相关。如果夫妻双方共同投保的，还可享受一定的优惠。在美国，虽然各家保险公司所厘定的照护保险费率并不统一，但是定期对保单进行更新是一致的。保单更新是为了保护被保险者的利益。在保单生效后，即使被保险人的身体状况发生改变，保险公司只能在保单更新期间调整费率，而不能撤销保单。为了吸引更多的人参加商业长期照护保险，保险公司还增加了通货膨胀保护（不丧失保单价值）、保单可续保以及保单可转移等特殊的规定。

2. 美国联邦政府提供的社会医疗救助

美国联邦政府虽然没有为老年人提供独立的长期照护制度，但是，1965 年美国联邦政府建立的医疗保险和医疗救助制度，在老年人长期照护中起到了重要的作用（见表 4—8）。1998 年两者的支出占老年人长期照护总支出的 60% 左右。

表 4—8　　　　　　**美国医疗保险与医疗救助提供的长期照护比较**

| 序号 | 项目 | 医疗保险（Medicare） | 医疗救助（Medicaid） |
|---|---|---|---|
| 1 | 目标定位 | 面向老年人 | 面向穷人 |
| 2 | 经办主体 | 美国联邦政府 | 美国各州政府 |
| 3 | 收入限制 | 没有收入限制 | 必须是低收入者 |
| 4 | 资格限制 | 65 岁以上，或者残障者参保人 | 低收入父母、儿童、老年人及残障者 |
| 5 | 保险范围 | 基本医疗性护理 | 基本医疗性护理、日常护理 |
| 6 | 筹资来源 | 美国联邦财政、参保人员薪金税 | 美国联邦财政、各州财政 |

美国老年人长期照护的内容主要包括：

（1）老年和残障健康保险

老年和残障健康保险是由美国联邦政府 1965 年颁布的《社会保障修正案》所规定的，其主要目的是为 65 岁及以上老年人、残障人和晚期肾病患者提供医疗健康保险。该制度所规定的为老年人提供的与疾病治疗相关的照护服务，正好契合了老年人长期照护的需要。老年人和残障人健康保险涵盖了老年人的疾病护理，但它不包括非疾病状况下的机构或居家长期照护服务。

老年和残障健康保险主要由 Part A（住院保险）和 Part B（自愿项目）两部分组成。两者都属于医疗性照护，但是筹资渠道和照护期限均不同。Part A 的资金主要来自工资税和美国联邦政府补贴，为 65 岁及以上老年人、残疾人提供出院后必需的专业护理机构（Skill Nursing Facility）的治疗（期限为 100 天）以及精神病医院、临终医院（Hosoice）和某些不住院的康复治疗（Outpatient Rehabilitation）。Part B 是一个自愿项目，资金主要来自于个人有选择的认购和联邦的配套资金，主要提供居家照护的费用补偿和医疗保险定点照护机构的照护费用。虽然 Part B 不需要以住院为前提，而且没有设置最高给付期限，但是必须要遵循"治疗必需"的原则。事实上，美国的医疗保险计划中只有 Part B 才能提供长期照护保障，且仅限于"治疗必需"的情况。

（2）医疗救助

医疗救助也同样源自 1965 年的《社会保障修正案》。医疗救助制度救助的对象以低收入群体为主，保障人群包括低收入家庭的父母、儿童，或者说是老年人以及残障人。其资金主要由美国联邦政府和州政府共同筹资，个人不需要缴纳费用，但是必须要符合资产审查的条件。

医疗救助的支付序位排在商业保险之后。这就意味着，任何人只要购买了商业长期照护保险，在商业保险支付之后，符合支付条件的人仍然有资格获得医疗救助的援助。所以，医疗救助又被称作美国医保系统最后的支付者。

与医疗保险（Medicare）相比，医疗救助（Medicaid）对长期照护的补偿范围更广。它不仅包括针对慢性病或损伤导致的长期照护服务，还包括居家和机构长期照护服务的费用补偿。事实上，在美国长期照护制度中，最大的支付项目是医疗救助（Medicaid）。其提供的长期照护开支占到整个长期照护开支的 40% 以上，涵盖的人群大概是长期照护需求者的 13% 左右，占住院病人的 30% —40%，甚至更多。[1] 但是，由于医疗救助（Medicaid）有非常严格的审查——比如，必须是在医疗救助的定点机构接受照护等，所以，并非所有贫困人口都可以享受，仅覆盖了在美国联邦贫困线以下 42% 的人口。

---

① 赵强：《解密美国医疗制度及其相关行业》，东南大学出版社 2010 年版，第 8 页。

**（三）美国长期照护筹资制度改革内容**

从美国长期照护制度发展趋势来看，虽然商业长期照护保险在美国的覆盖率增长缓慢，所占的比例也很低，但是在美国联邦政府探索公共长期照护保险制度失败后，政府只能继续将长期照护筹资重点放在加强商业长期照护保险上。①

1. 尝试建立公共长期照护计划

美国联邦政府提供的"补缺式"的长期照护救助制度，定向瞄准低收入群体。由于实行严格的家计审查，使得一些较低收入者因得不到救助而陷入生活困境，引发公众对美国政府提供的长期照护制度公平性的质疑。为了缓解社会压力，奥巴马政府借助美国医疗保险制度改革的契机，推出公共长期照护保险计划。2010 年 3 月，借助《医疗保健和教育协调法案》修订的机会，美国联邦政府颁布了《病人保护和可负担卫生法案》——或称《平价医疗法案》。该法案规定，由美国联邦政府为 18 岁以上的公民，建立一个自愿按月缴费的公共长期照护计划，即"社区生活援助服务和支持计划"（Community Living Assistance Services and Supports Program，CLASS）。需要指出的是，该计划虽然由政府组织，但是政府不提供任何资金上的补贴，由年满 18 岁的参保人自愿交费。

该计划已由美国参议院卫生、劳动、教育和养老基金委员会于 2009 年 7 月 15 日正式审议通过，原准备于 2012 年 10 月在确定了缴费和待遇发放办法后开始执行，并于 2017 年正式开始支付长期照护保险待遇，但为了实现资金的财务收支平衡以及制度的可持续性发展，该计划的执行办公室，同时委托了内部和外部的精算机构进行测算。经过 19 个月的测算，结果显示：如果符合保险支付条件的参保人，按照每天 50 美元的标准领取长期照护保险资金直到其失去领取资格（身体功能恢复或者去世），保守估计，参保人必须每人每月缴纳保费 235—391 美元。在受益不明确的情况下，这项公共长期照护制度最可能吸引的是临近退休或者健康状况不好的人。健康状况好的和年轻的人大多不愿意

---

① 彭荣、凌莉：《国外老年人口长期护理筹资模式潜在的问题与启示》，《中国老年学杂志》2012 年第 11 期。

参保。这种"逆向选择"会大大提高参保人的缴费率。如果"逆向选择"现象严重,缴费金额可能会高达每人每月 3000 美元。[①] 据美国精算学院 2009 年的测算结果显示,由于该计划的"逆向选择",其不久就会面临高支付成本和低缴费的双重困境,到 2021 年这项计划必将破产。[②]

美国联邦政府组织的 CLASS 计划,虽然能够给更多的美国人提供一份长期照护保障,但由于财务制度的不可持续性引发公众质疑,CLASS 计划最终流产。由于短时间没有更好的契机再来推行公共长期照护计划,美国的公共长期照护计划的建立遥遥无期。

2. 继续加强对商业照护保险的激励

在 CLASS 计划的失败后,美国将长期照护筹资的重点还是放在加强商业长期照护保险上。政府通过税收优惠、市场营销和长期照护合作等方式,来刺激消费者购买商业长期照护保险。

(1) 税收激励

目前,美国联邦政府和至少 34 个州的州政府推行了购买商业长期照护保险税收减免措施。美国联邦税收基于年龄进行补贴。2009 年,60—70 岁的纳税者可以扣除最高 3180 美元的保险费。但是这种扣除只限于医疗费用的开支超过可支配收入 7.5% 的情况,税收优惠对于商业长期照护保险的刺激比较温和。大卫·斯蒂芬逊、理查德·弗兰克和乔斯林·塔乌几位学者曾比较了有补贴和没有补贴的各州商业长期照护保险的购买率。他们发现有补贴的州,购买率要高 10%。减免可以增加参与率 20% 左右,扣除却没有明显的变化。克莱默和杰森推算,保险费用降低 25% 只能提高 11% 的保险需求。2006 年,参加私人长期照护保险的仅有 3 万人,这意味着即使有 25% 的减免也只增加了 3 万份保单。2005 年,美国有 7 个州提供了税收减免,但是更多的州减少了刺激政策。这种税收激励方式实际上是给高收入人群提供了大量的补贴,而这些人即使没有税收刺激也会购买。对于其他潜在的消费者,即使有税收优惠,对他们而言,保险费还是超出了他们的购买能力。

---

① 美国卫生与人类服务部网站,*Memorandum on the Report on the CLASS Program*,http://aspe. hhs. gov/daltcp/reports/2011/class/CLASSmemo. shtml。

② Shawn Tully, *The crazy math of health – care reform*,财富中文网(2009 年 9 月 7 日),http://www. fortunechina. com/fi rst/c/2009 – 09/07/content_ 23817. htm。

（2）营销活动

为了鼓励人们购买商业长期照护保险，2001 年，美国联邦政府开展了一系列的营销活动。美国联邦政府人力资源办公室，为联邦政府在职的以及已经退休的雇员提供商业长期照护保险。虽然美国联邦政府不直接提供购买保险的补贴而是由雇员自己出资购买，但是由于投保条件更宽松以及税收优惠等政策，使得美国政府雇员购买商业长期照护保险的人增加了很多。2005 年，美国公共服务部联合卫生部共同开启"拥有自己的未来"计划。各州政府也参与营销计划，鼓励人们购买商业长期照护保险。截至 2008 年 4 月，有 18 个州参与了这项计划。美国联邦政府和州政府采取的一系列营销计划，有效地刺激了商业长期照护保险市场的发展。截至 2009 年，有 700 万美国人拥有私人长期照护保险。

（3）长期照护合作计划

长期照护合作计划是深受美国人民欢迎的一项措施。最早于 20 世纪 80 年代晚期出现，后来在全国迅速发展。

在一般情况下，美国老年人如果申请医疗救助提供的长期照护服务，必须要通过严格的家计审查——只有个人财产低于 2000 美元（包括汽车、住房和一些个人资产）才有资格享受。但是，根据长期照护合作计划，如果个人购买了政府获准的商业长期照护保险，其财产审查的限额可以提高至长期照护保单的现金价值。截至 2007 年，美国已经有 23 个州加入了长期照护合作计划。虽然这个计划看起来很诱人，但是政府审计办公室对购买商业长期照护保险的人进行调查发现，其中 80% 的人并非受长期照护计划的影响，而是本来就有购买计划。此外，由于长期照护合作计划提高了财产审核的标准，使购买保险人更容易获得医疗救助的资助，导致了政府的财政开支增加得更快。

由于美国联邦政府的公共长期照护计划流产，商业长期照护计划的发展并不顺利。在人口老龄化的大背景下，美国政府不得不更加积极地推动商业长期照护保险的发展。

**（四）美国长期照护筹资制度运行效果**

1. 为老年人提供了最基本的安全保障

由美国联邦政府和各州政府公共财政转移支付的医疗保险和医疗救助，实现了为 65 岁以上的老年人、残疾人以及低收入人群提供长期照护

保障。它为弱势群体提供了近乎免费的医疗照护保障，成为美国社会一道
有力的安全网。2006 年，在美国长期照护开支中，医疗救助开支占总开
支的 43%，医疗保险开支占总开支 18%，两者开支占全国长期照护总开
支的 61%，虽然为此财政负担沉重，但是却为国民提供了最后的安全网
（见图 4—13）。

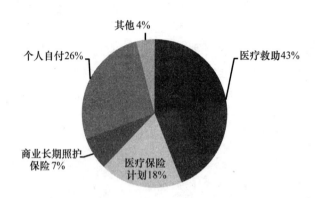

其他 4%

个人自付 26%

医疗救助 43%

商业长期照护
保险 7%

医疗保险
计划 18%

图 4—13 2006 年美国长期照护支出构成

资料来源：Howard Gleckman，*Long - term Care Financing Reform*：*Lessons From The U. S. And Abroad*，The Urban Institute，2010（2）：23。

2. 政府的责任定位减轻了财政压力

虽然美国的公共长期照护计划——社区生活援助服务和支持计划流
产，但是，这并没有妨碍美国政府承担起对社会最弱势群体的救助责任。
政府通过医疗保险和医疗救助实现了对老年人的长期照护补贴。由于医疗
保险仅限于急症照护，长期照护开支主要是医疗救助——通过严格的家庭
收入调查，对低收入老年人提供包括食宿在内的大部分长期照护费用报
销。对于收入高于家计调查门槛之上的其他人员，则只能通过购买商业保
险或者个人自付。这种补缺式的保障模式，使美国的长期照护支出占
GDP 的比重比较小。2009 年，公共长期照护支出占 GDP 的比重不足 1%，
低于经济合作与发展组织国家 1.5% 的平均水平（见图 4—14）。

美国医疗救助（Medicaid）是长期照护公共支出的最大来源，承担了
将近 40% 的长期照护费用，实现了对 30% 的长期照护对象的救助。[①] 2011

---

① *Long - term Care Financing Reform*：*Lessons From the U. S. and Abroad*，Howard Gleckman，The Urban Institute，February 2010.

年，美国医疗救助开支中有 27.6% （1995 年为 19.5%） 被用于长期照护
支出，共计 1195.2 亿美元。其中用于"护理之家"的资金占医疗救助开
支的 42.3% （1995 年为 84.1%），共计 505.25 亿美元。

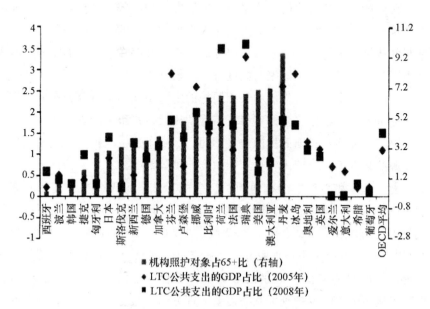

■ 机构照护对象占65+比（右轴）
◆ LTC公共支出的GDP占比（2005年）
■ LTC公共支出的GDP占比（2008年）

**图4—14　2008年经济合作与发展组织国家长期照护公共支出占 GDP 的比重**

资料来源：1. 2005 年的数据来源于经济合作与发展组织（2006）：*Projecting OECD Health and Long - term Care Expenditures*：*What are the Main Drivers?* OECD Economics Department Papers. No. 477. Table 2.4。

2. 2008 年的数据来源于 Colombo, F. et al.（2001），*Help What? Providing and Paying for Long - term Care*，OECD Health Policy Studies，OECD Publish，pp. 216 - 219，Table 7.1，http：//dx. doi. org/10. 1787/9789264097759 - en。

2000 年以后，美国的医疗救助开支占 GDP 的比重保持在 2% 左右。2000 年以后，医疗救助开支占财政开支的比重超过 10%，这也就意味着美国财政支出用于长期照护的开支超过 3%。2008 年，金融危机导致医疗救助支出占财政预算的比重开始下降，到 2009 年时降至 9%，但是医疗救助的开支从 2002 年以后一致维持在 2% 左右，2009 年最高达到 2.3% 左右。[1]

---

① 张盈华：《老年长期照护制度的筹资模式与政府责任边界》，《老龄科学研究》2013 年第 2 期。

## 四　德国、日本和美国长期照护筹资制度的比较分析

在全球人口老龄化的大背景下，经济发达的美国、日本和德国都面临着严重的人口老龄化，但是却为老年人提供了不同的长期照护制度。这三种制度从保障范围、资金来源、服务的提供上都存在着一定的差异。本书从不同的角度对这三个国家的制度进行比较分析。

由于这三个国家对失能和长期照护的定义不同，官方所公布的数据统计口径也不同，给这三个国家筹资制度的比较带来很大的难度。

第一，失能和长期照护的定义不同，导致了这三个国家对长期照护投入资源的起点不同。德国将长期照护的照护等级分为三级。待遇支付起点定义为：身体和心理最少有两项符合失能标准。每天需要护理的时间在90—180分钟之间，且预期最少持续六个月以上。日本则将长期照护的等级分为："自立"、"要支援"1—2级、"要护理"1—5级，共8个级别。"自立"的人不能利用护理服务，待遇支付的起点为"要支援"等级的参保者。使用"要支援"级别的参保者，尽管普通的日常生活没有障碍，但为了避免陷入需要护理的状态需要一部分的支援。护理认定标准时间为25—32分钟。

第二，参保人年龄起点不同。德国的长期照护保险是为全民提供保障，没有年龄限制，只要符合失能标准，就可以享受保险待遇。日本的保障对象年龄起点是40岁，40—64岁的参保人只有符合少数几种情况才可享受长期照护待遇，而65岁及以上的老年人能够享受待遇的范围则更广。美国政府提供的医疗救助主要针对65岁及以上的老年人、残疾人和低收入老年人。商业长期照护保险则针对任何年龄段的人群。

第三，待遇支付的形式不同。为了减轻妇女的照护压力，日本的长期照护待遇制度主要是实物给付。美国则采取现金给付的方式。德国则既有现金支付也有实物给付，受益人可以从中自由选择。在服务支出上，由于各国的价格、通胀、汇率等因素不同，也会存在一定的偏差。

第四，三个国家统计口径不同，无法获得可以直接进行比较的数据。例如，日本官方的数据有65岁及以上的受益人的开支，而德国和美国的数据中则包含了65岁以下人口的开支。在德国和日本，有些开支被看作

是医疗开支，而非长期照护开支。由于数据的不可得，本书在对这三国进行投入产出比较时，借鉴了一些专家公开发表文章的数据，以保证数据来源的相对可靠。同时，为了保障这三个国家投入产出的可比较性，本书统一选取了 2008 年的数据。

### （一）德国、日本和美国长期照护筹资制度保障范围比较

德国的长期照护保险，保障对象采取跟从医疗保险的方式，强制所有公民参加。德国的长期照护保险法规定，凡是参加法定医疗社会保险的公民必须参加法定的长期照护社会保险。个人收入水平低于医疗保险规定门槛的，必须加入长期照护社会保险体系；收入水平高于医疗保险规定门槛的，也必须参加长期照护保险，只不过有权选择加入社会保险体系还是购买商业长期照护保险。对于已经选择参加商业医疗保险的参保人不能选择社会保险，只能购买商业长期照护保险。国家公务员、法官和职业军人的长期照护保险由国家负责。由于德国的医疗保险范围几乎达到全覆盖，所以德国不分年龄，几乎人人都能享有长期照护保险。

日本的长期照护制度覆盖范围要低于德国，只为 40 岁以上的国内居民提供长期照护保险。根据年龄，日本将被保险人分为两类：65 岁以上被保险人被称为"第一种被保险人"，40—65 岁被保险人被称为"第二种被保险人"。但是制度受益人以 65 岁及以上的老年人为主，65 岁以上的老年人均有获得长期照护的资格，但 40—65 岁之间的人则必须是由于衰老、疾病（初期老年痴呆症、脑血管障碍）等原因而需要护理的人。所以，事实上，日本的长期照护保险的保障对象是以 65 岁及以上的老年人为主要的保障对象。

美国的长期照护制度保障对象范围最小，享受医疗救助的对象必须是 65 岁及以上的低收入老年人。制度只覆盖了联邦政府贫困线以下约 42% 的人口，大部分的低收入群体也无法享受该制度。[①] 其他收入超过救助标准的，则需要自行从市场购买商业长期照护产品。从保障范围看，美国政府提供的公共长期照护制度的保障对象是最少的（见表 4—9）。

---

① 辛怡、王学志：《美国、日本长期护理救助制度及其对中国的借鉴》，《南方论刊》2011年第 2 期。

表4—9 德国、日本和美国长期照护制度照护范围的比较

| 国家<br>项目 | 德国 | 日本 | 美国 |
|---|---|---|---|
| 筹资模式 | 社会保险 | 普享式 + 社会保险 | 医疗救助 + 商业保险 |
| 保障对象 | 参加长期照护保险（任何年龄） | 40—65 岁参加医疗保险；65 岁及以上所有老年人 | 医疗保险（65 岁及以上老年人和残障者）；医疗救助（年龄不限，但需经过资产审查） |
| 保障范围 | 高 | 中 | 低 |

### （二）德国、日本和美国长期照护筹资制度资金来源比较

筹资来源向来是社会制度的核心问题，长期照护制度的资金在政府和个人之间进行分配，体现了不同国家的社会福利理念（见表4—10）。

表4—10 日本、德国和美国长期照护制度筹资来源比较

| 国家<br>项目 | 日本 | | 德国 | 美国 | |
|---|---|---|---|---|---|
| 筹资模式 | 普享式 | 社会保险 | 社会保险 | 社会救助 | 商业保险 |
| 筹资特点 | 都道府县、市町村各级政府的税收 | 雇主、雇员和65 岁及以上老年人缴费 | 雇主和雇员缴费 | 联邦政府和州政府的税收 | 消费者自愿购买 |
| 社会公平程度 | 高 | | 中 | 低 | |

德国的长期照护保险筹资模式以社会保险为主，资金主要来源于雇主和雇员的缴费，雇主和雇员各承担缴费的 50%。政府主要是分配责任，确保参保者能够获得合同中约定的待遇。公民既有按时足额缴纳费用的义务，又有按需得到长期照护服务的权利。由于享受的服务与其缴费多少无关（仅与其健康状况相关），所以，德国的长期照护制度是一种互助共济的社会保险制度。

日本的长期照护筹资模式与德国不同，其资金有 50% 来源于各级政府的一般性税收，由都道府县、市町村之间按照 2∶1∶1 的比率各自分担。另外 50% 来自个人和企业的缴费。其中 40—65 岁的雇员和其雇主，各自负担应缴费用的 50%，65 岁及以上的老年人则自行缴纳。照护使用者还需要承担 10% 的照护费用。日本长期照护模式是普享式和社会保险混合

的筹资模式。其中，来源于一般税收的资金，从高收入者向低收入者转移，体现了制度的普遍公平原则。

美国的长期照护制度则是社会救助与商业保险混合的模式。政府只承担低收入老年人和残障人的长期照护责任，其他人群则交由市场自行解决。其中政府承担的社会救助部分需要严格的家计审查，这是一种政府投入最少，并且资金的使用目标定位极强的保障方式。

### （三）德国、日本和美国长期照护筹资制度公共开支比较

政府在长期照护保障制度中的支出成本存在明显的差异。在比较之前，有必要对公共支出的口径进行界定。世界卫生组织和经济合作与发展组织国家统计的统一口径当中，公共支出是指"政府财政补贴加社会保障支出"的总支出，而不是大多数人理解的公共支出只包括政府的支出。2008 年，经济合作与发展组织国家的统计数据显示，其成员国老年长期照护公共开支占 GDP 的比重平均为 1.2%。[①]

德国的长期照护公共支出的资金主要是由雇主和雇员缴费所形成的社会保险基金以及政府补贴部分。在待遇支付环节，德国的待遇标准控制的比较严格，全国统一标准，不存在地区差异，可以有效控制支出。除此之外，德国出台了一系列政策鼓励居家照护，家庭成员或亲属提供的照护也可以获得资金补贴，补贴标准大概是机构照护的一半。通过这种方式，也可以节约开支。在严格的控制下，德国的长期照护公共开支的比例低于经济合作与发展组织国家 1.2% 的平均水平。2008 年，经济合作与发展组织的统计数据显示，德国在长期照护保险方面的公共开支占 GDP 的比例为 0.9%，在这些国家中居于中间位置。

日本的长期照护保险公共开支主要包括政府财政提供的 50% 的资金，以及由雇主、雇员、65 岁以上老年人缴费形成的基金。政府在老年人长期照护支出方面以服务为主，只有少数特殊原因，才给予现金补贴。在长期照护保险制度实施之前，日本老年人的照护支出已经达到了比较高的水平，制度实施以后，待遇水平难以降低，所以公共支出的比例高于经济合作与发展组织国家的平均水平。2008 年，经济合作与发展组织的统计数据显示，日本的长期照护保险公共开支占 GDP 的比例为 1.4%，属于这三

---

① 陈璐：《中国长期护理成本的财政支持和公平保障》，《财经研究》2013 年第 5 期。

个国家中最高的。

美国的长期照护公共开支部分主要由医疗救助和医疗保险承担，并且在实施的过程中采取严格的家计审查制度。其保障对象的范围相比德国和日本要小很多。2008 年，经济合作与发展组织的统计数据显示，美国的长期照护保险公共开支占 GDP 的比例为 0.6%，属于三个国家中最低的（见表 4—11）。

表 4—11　　　　　日本、德国和美国长期照护制度公共开支比较

| 项目 ＼ 国家 | 日本 | 德国 | 美国 |
|---|---|---|---|
| 筹资模式 | 普享式＋社会保险 | 社会保险 | 社会救助＋商业保险 |
| 政府投入占 GDP 比重 | 1.4% | 0.9% | 0.6% |
| 保障范围 | 高 | 中 | 低 |

从德国、日本和美国这三个国家的长期照护制度保障范围、资金来源和占公共开支比重三个方面进行比较可以看出：德国的长期照护制度，保障对象范围最广、资金来源最广泛、公共支出所占比重居于中间位置；美国的长期照护保障制度，保障对象范围最窄、资金来源最窄、公共支出所占比重最低；日本长期照护保障制度，保障对象范围和资金来源均居于这三国中间位置，公共支出比重却是这三个国家中最高的。

## 五　德国、日本和美国长期照护筹资制度对中国的启示

德国、日本和美国的长期照护制度，从建立到现在少则十年，多则三十几年。其中，既有宝贵的经验值得我们借鉴，也有惨痛的教训值得我们吸取。在老年人长期照护制度中引入的福利多元主义思想以及将长期照护与医疗保险制度的分离最值得我们学习。对于福利制度支出刚性引发的资金危机则需要我们吸取教训，一定要量力而行，制定与中国经济发展水平相适应的制度。

### （一）老年人长期照护制度筹资来源要多元化

自 20 世纪 70 年代以来，福利多元主义理论为各国社会福利制度改革提供了一个新的思路。德国、日本和美国长期照护制度的发展，均从资金来源单一的社会救助，向资金来源多元化的社会保险转变。只不过最终德国和日本的改革取得了成功，而美国的长期照护社会保险改革却最终夭折。

德国在实施长期照护保险之前，老年人的长期照护是由州政府的社会救助制度承担。由于个人不缴费，为了防止"搭便车"现象，德国实行了严格的收入状况调查审核制度，导致很多需要照护的老年人得不到有效救助，有将近 80% 入住护理院的老年人无法支付长期照护费用。德国自 20 世纪 70 年代中期以来，许多中等收入的长期照护需求者最终也沦为社会救助对象。1995 年，德国开始实施长期照护社会保险后，利用社会保险原理筹集长期照护资金，实现个人、企业和政府资金合理分担，照护需求者只要缴纳少量的保险费，就可以以较低负担换来及时足额的照护给付。长期照护保险制度实施后，德国入住护理院的老年人无法支付长期照护费用的人数降低了一半。[1] 制度的实施还降低了老年人对社会救助的依赖，缓解了州政府的财政压力。在接受社会救助的长期照护需求者中，约有 2/3 的人通过长期照护保险摆脱了社会救助，地方政府的社会救助支出也随之下降。1994 年州政府的社会救助支出为 180 亿马克，到 1997 年降至 76 亿马克，降低了 58%。[2] 州政府将节约资金的 1/3 用于照护设施建设，推动照护服务业的发展[3]，使社会救助机构摆脱了濒临破产的境地。德国护理保险的实行有效地控制了医疗费用的飞速上涨趋势。德国人均医疗开支从 1997 年的 2753 美元降至 2001 年的 2412 美元。[4]

---

[1]　何林广：《德国强制性长期护理保险概述及启示》，《软科学》2006 年第 5 期。

[2]　Cuellar, A. E., Wiener, J. M., Can Social Insurance for Long - term Care Work? The Experience of Germany, *Health Affairs*, 2000（3）：8 - 25.

[3]　《德日两国长期照护保险制度比较——陈传书常务副主任率团访问德国、丹麦考察报告》，全国老龄工作委员会国际部，2012 年 6 月 8 日。

[4]　戴卫东：《国外长期护理保险制度：分析、评价及启示》，《人口与发展》2011 年第 5 期。

　　日本在实施长期照护保险以前，老年人的长期照护主要由高龄者福利制度和老年保健制度承担。高龄者福利制度主要为低收入老年人提供社会救助，其资金全部源自中央政府和地方政府。老年保健制度是为70岁以上的老年人提供居家和机构照护服务，资金由政府财政和医疗保险各负担50%。这两项制度需要老年人承担的费用很少，低收入阶层几乎免费，资金主要由政府和（或）医疗保险承担。在没有独立长期照护制度出现的情况下，为了减轻个人和家庭的照护压力，很多老年人选择了长期住院，造成了大量"社会性住院"现象，导致老年人医疗费用每年以10%—12.5%的速度增长。1999年，老年人的医疗费用占国内总医疗费用达39%，医疗保险资金入不敷出。从2000年开始，日本实施独立的长期照护保险，由政府、企业和个人共同缴费，充分体现了社会保险制度互济互利的宗旨，既将家庭无力承担老年长期照护问题社会化，减轻了家庭的负担，改善了老年人与子女之间的亲情关系，又解决了"社会性住院"问题，减轻了医疗保险的支出。通过个人、企业和政府多源化的筹资方式，日本有效地减轻了各方的经济负担。此外，日本《介护保险法》规定，个人在接受长期照护服务时，需要自付成本的10%。引入个人缴费机制，最大的优点是可以有效控制长期照护制度的成本上涨。经验证明，面对"免费的午餐"，很容易造成"搭便车"现象，个人在享受长期照护服务时不加节制，就会造成资金的浪费。日本在制度实施初期，很多人质疑个人缴费会加大个人负担，对低收入者不利。由于低收入者可以向政府申请救助资金，减少或者免除个人负担部分，所以，在实际运行过程中并未对参保者造成明显影响。多元化的资金来源使日本的长期照护制度有了较为牢固的经济基础，分散了各方的资金压力。

　　以个人和家庭以及医疗救助（Medicaid）为长期照护主要资金来源的美国，往往会导致政府财政赤字攀升、财政压力增加以及个人陷入贫穷，因此引发诸多改革诉求。美国长期照护制度改革的方向更加强化风险分担的功能。

　　美国政府意在通过加强商业长期照护保险的发展，利用多元化的福利策略，通过税收优惠等政策，鼓励有经济能力的人，自己承担长期照护费用。美国政府以最小的投入，实现了全国福利效用的最大化。从2008年的统计数据来看，美国长期照护开支从大到小依次是：医疗救助支出为43%，医疗保险支出为18%，个人自付28%，商业长期护理保险支出为7%。[①] 从统计数据可以看出，美国长期照护最大的开支者是政府的医疗救助。符合条件的穷人，可以从医疗救助中获得长期照护费用。除此之外，其他收入群体，如果想获得医疗救助的帮助，则必须使他们的资产低于某一特定的标准，因此衍生了"降格消费"的现象。这部分群体如果不想进行"降格消费"，最好的办法是购买商业长期照护保险。2000年，美国健康学会的数据证实：当年美国新投保人当中有36%的家庭收入低于35000美元，62%的家庭收入低于50000美元。显然，家庭收入在50000美元以下的家庭不足以支付长期照护的费用，如果没有商业长期照护保险，这些人当中的一部分将会成为"降格消费"的候选人。美国健康学会的研究也证明了这一观点。在其收集的350个在"护理之家"接受长期照护的被访者数据显示，32%的被访者如果没有购买商业保险，将无力支付照护之家的服务费用，必须使用个人的资产。32%的受访者中的9%会采取"降格消费"以满足医疗救助的标准。[②] 所以，由于商业保险的存在，缓解了美国国民对公共福利的压力，降低了政府对长期照护的财政支出，也避免了老年人因为支付沉重的长期照护费用，而背负沉重的经济压力和精神负担。

　　从德国、日本和美国的经验可知，老年长期照护的需求资金数额巨大，政府、家庭和个人均无法独自承担，需要引入多元筹资主体来分担资金压力。德国和日本在引入长期照护保险制度之前，把对抗长期照护风险定位为个体责任，只依靠个人或者家庭的力量。这往往造成个人和家庭财产耗尽，身心俱疲。对于低收入群体，政府不得不承担起救助责任，给予其相应的资助。随着人口老龄化加剧，长期照护需求者剧增，需要社会救助的群体也随之增加。社会救助的大部分资金沦为长期照护开支，给个人、家庭和政府带来日益沉重的经济和精神负担。美国政府在长期照护方面的开支超过总支出的50%，也同样面临医疗救助资金

　　① Gleckman H., *Long－term Care Financing Reform：Lessons from the US and Abroad*，http：//www. commonwealthfund. org/～/media/Files/Publications/Fund%　20Report/2010/Feb/1368 Gleckman long－term care financing reform lessons US abroad. pdf，2010－12－30.
　　② 贾清显：《中国长期护理保险制度构建研究——基于老龄化背景下护理风险深度分析》，南开大学，博士学位论文，2010年。

压力过大的问题。虽然美国政府采取了一系列优惠政策，希望刺激国民购买商业长期照护保险，但是受益甚微，商业长期照护的占有率不足10%，远远不能减轻政府的压力。2009 年，奥巴马政府借医疗改革之机推出的社区生活援助服务和支持计划，由于资金的不可持续而被国民质疑，最终流产。

维纳（Wiener，1998）等、埃瑟里奇（Etheredge，1999）、豪（Howe，1999）以及陈（Chen，2003）对长期照护制度的资金来源进行了研究，发现社会保险制度、个人储蓄、年金和资产以及商业保险在资金来源上的合作与分担是非常重要的。德国、日本和美国长期照护制度的资金筹集对福利多元主义理论进行了充分的诠释。在德国、日本和美国的实践中也验证了这一点，这对中国解决老年人长期照护制度的资金筹集提供了很好的借鉴。中国的长期照护资金需求巨大，只有采取多元筹资主体的方式，界定好参与各方的责任，才能妥善解决好筹资问题。

**（二）理性预期长期照护筹资制度对经济发展产生的影响**

无论是德国和日本的长期照护社会保险制度，还是美国的长期照护救助制度，均是对社会资源的再次分配。人口老龄化和福利刚性等因素导致长期照护制度支出不断增加，对国家经济的发展产生了负面的影响。

1. 长期照护支出的不断增加对经济发展产生的负面影响

（1）人口老龄化给长期照护制度带来的挑战不断增加

长期照护制度的主要保障对象是老年失能者。随着人口老龄化的不断加深，不论是人口老龄化最严重的日本，还是刚刚真正进入人口老龄化的美国，需要长期照护的人群必然会不断增加，长期照护费用支出也会随之增加。

日本在 2000—2010 年，"第一种被保险人"的参保人数，由 2165 万人增长到了 2907 万人，增长了 34%；服务接受者人数，从 149 万人增加到 418 万人，增长了 181%。[①] 受益人数增加，带来长期照护保险支出的增加。包括保险支出和个人付费在内的长期照护支出，从 2000 年的 3.6 万亿日元逐年增加至 2011 年的 8.32 万亿日元，增长了 129%（见图 4—15）。

---

① 赵秀斋：《日本长期照护保险制度及其启示》，《广西经济干部管理学院学报》2014 年第 2 期。

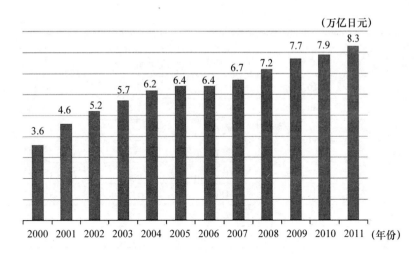

图4—15　日本长期照护保险支出变化

数据来源：日本厚生劳动省。

从长期照护总支出占 GDP 的比重来看，日本基本保持上升趋势。2000—2011 年，日本长期照护总支出占 GDP 的比重，从 0.71% 上升到 1.77%，增加了 2.5 倍。从数据分析看，长期照护总支出的增长与人均支出无关，主要缘于接受服务人数的增加。日本人均照护支出，从 2000 年的 243.44 万日元，降到 2011 年的 199.10 万日元，总体呈现小幅下降的趋势（见表 4—12）。[①] 笔者认为，人口老龄化不断加深，必然带来长期照护的总支出增加，政府的财政压力也会随之增加。

表 4—12　　　　　日本长期照护保险支出及占 GDP 比重

| 支出<br>年份 | 总支出<br>（万亿日元） | GDP<br>（万亿日元） | 总支出占 GDP<br>比重（%） | 人均支出<br>（万日元） |
|---|---|---|---|---|
| 2000 | 3.63 | 509.86 | 0.71 | 243.44 |
| 2001 | 4.59 | 505.54 | 0.91 | 221.83 |
| 2002 | 5.19 | 499.15 | 1.04 | 215.47 |
| 2003 | 5.69 | 498.86 | 1.14 | 207.63 |

① 赵秀斋：《日本长期照护保险制度及其启示》，《广西经济干部管理学院学报》2014 年第 2 期。

续表

| 支出<br>年份 | 总支出<br>（万亿日元） | GDP<br>（万亿日元） | 总支出占 GDP<br>比重（%） | 人均支出<br>（万日元） |
|---|---|---|---|---|
| 2004 | 6.20 | 503.73 | 1.23 | 202.04 |
| 2005 | 6.40 | 503.90 | 1.27 | 194.40 |
| 2006 | 6.36 | 506.69 | 1.23 | 182.80 |
| 2007 | 6.67 | 512.98 | 1.30 | 187.41 |
| 2008 | 6.95 | 501.21 | 1.39 | 186.82 |
| 2009 | 7.43 | 471.14 | 1.58 | 193.51 |
| 2010 | 7.82 | 482.38 | 1.62 | 194.05 |
| 2011 | 8.32 | 470.62 | 1.77 | 199.10 |

资料来源：日本厚生劳动省网站和日本统计局网站。

（2）福利刚性要求导致长期照护制度缴费不断提高

德国的长期照护保险制度，缴费率进行了 3 次调整。1995 年缴费率为 1%，1996 年提高至 1.7%，到 2008 年提高至 1.95%。随着缴费比例的上调，基金的收入也逐年增加。有数据显示，在人口老龄化的压力下，2001—2007 年，德国长期照护保险的支出每年小幅上涨（见表 4—13）。虽然自制度实施以来，德国的此项财政一直处于盈余状态，但是保持基金收支基本平衡，主要得益于制度开始征收保费和发放资金的时间差。随着人口老龄化的不断加重、物价上涨、通货膨胀等因素的影响，德国长期照护保险基金支出，每年都有小幅上升，最终必然会用完储备资金，打破基金收支平衡。德国长期照护保险采用了固定数额给付模式，补偿金额不按照通货膨胀因素调整、保险费用的支付不足实际支出的一半等因素，掩盖了潜在的收支缺口。随着老龄化的加深，摆在长期照护保险制度面前的只有两个选择：要么降低被保险人的待遇，要么提高参保人的保费。削减待遇，从福利刚性特点看很难实施，因此只能提高保费。根据德国退休研究院的计算，到 2055 年缴费率将达到 7%。[1] 这必然会提高企业的人力资源成本，进而提高德国产品的价格，削弱德国产品的国际竞争力，对经济发

---

① 胡伯涛：《中一欧社会保障合作项目案例研究"德国长期护理保险"》，http：//wenku.baidu.com/link? url = Zhp1zzTAdt5xVy1ZNC0dw－92eaIsUDBVxD5N0fGYA04hzvkyWNfuaKVZ t－cvQHs5YamMtrjiSalACKLVK3FqW4gR6i52cC2nOpErCqEGzvK。

展产生负面影响。其实，日本也同样面临着缴费率不断提高的压力。

表 4—13　　　　　　　　　　**德国长期照护保险收支状况**

| 年份<br>项目 | 2001 年 | 2002 年 | 2003 年 | 2004 年 | 2005 年 | 2006 年 | 2007 年 |
|---|---|---|---|---|---|---|---|
| 税收总计 | 16.81 | 16.89 | 16.86 | 16.87 | 17.49 | 18.49 | 18.02 |
| LTCI 专项 | 13.66 | 13.57 | 13.30 | 13.28 | 13.98 | 14.94 | 14.44 |
| 其他补贴 | 3.15 | 3.41 | 3.56 | 3.59 | 3.51 | 3.55 | 3.58 |
| 支出总计 | 16.87 | 17.36 | 17.56 | 17.69 | 17.86 | 18.03 | 18.34 |
| 家庭自配 | 4.11 | 4.18 | 4.11 | 4.08 | 4.05 | 4.02 | 4.03 |
| 居家门诊 | 2.29 | 2.37 | 2.38 | 2.37 | 2.40 | 2.42 | 2.47 |
| 完全住院 | 7.75 | 8.00 | 8.20 | 8.35 | 8.52 | 8.67 | 8.83 |
| 其他照护 | 2.72 | 2.81 | 2.87 | 2.89 | 2.89 | 2.92 | 3.01 |
| 净剩 | - 0.06 | - 0.38 | - 0.70 | - 0.82 | - 0.37 | 0.46 | - 0.32 |

注：数据来源于德国卫生部（Federal Ministry of Health）。

（3）财政支出的不断增加对国家经济发展的负面作用

从德国、日本和美国长期照护制度的资金来源看，主要是财政转移支付、雇主和雇员的缴费以及个人资产。由于各国政府均承担长期照护兜底责任，长期照护支出的增加，就意味着政府财政支出必然增加。而政府的收入主要来源于税收，所以必然会导致税收增加。从雇主的角度看，照护费用的提高，必然会加重其缴费负担。如果不能转嫁给消费者，雇主只有两条路：一是降低雇员收入，二是不为雇员购买商业照护保险（美国）。这样可能导致雇员工资降低，或者长期照护保险费减少，进而加大政府的财政压力。为了弥补财政支出的损失，政府可能会增加税收。这也将会增加雇主的负担，降低企业生产能力。最终都会对国民经济发展产生不利影响。

日本政府不仅在长期照护保险中承担了重要的责任，在其他的社会保障制度中承担的比重也较高，社会保障制度开支的增加对经济的影响最为明显。从日本政府财政预算看，1970 年中央政府社会保障支出占总支出的比重为 14.1%。随着人口老龄化的不断加深，到 2009 年，这个比例提高至 28.1%①，提高了将近 2 倍（见表 4—14）。从社会保障开支占 GDP 的比重看，由 1970 年的 4.7% 上升至 2012 年的 22.8%②，提高了将近 5 倍。在长期照护保险制度中，日本中央政府和地方政府承担了 50% 的费用（见表 4—14），这个比例在德国、日本和美国三个国家中是最高的。福利开支的不断增加，对经济的影响也最明显。

表 4—14                          日本人口老龄化和社会保障支出情况

| 项目 \ 年份 | 1970 | 1980 | 1990 | 2000 | 2005 | 2007 | 2009 |
|---|---|---|---|---|---|---|---|
| 总人口（亿） | 1.0372 | 1.1706 | 1.2361 | 1.2777 | 1.2777 | 1.2748 | |
| 65 岁及以上人口（万） | 733 | 1065 | 1489 | 2201 | 2567 | 2747 | 2911 |
| 占总人口比重（%） | 7.1 | 9.1 | 12.0 | 17.3 | 20.1 | 21.5 | 22.8 |
| 中央政府社会保障支出（亿日元） | 11515 | 81703 | 114805 | 176364 | 206031 | 211410 | 288068 |
| 占总支出比重（%） | 14.1 | 18.8 | 16.6 | 19.7 | 24.1 | 25.8 | 28.1 |

资料来源：日本总务省的《2010 年统计年鉴》（http：//www.stat.go.jp/english/data/nenkan/index.html）和日本财务省统计资料（http：//www.mof.go.jp/english/budget/budget004.html）。

据日本厚生劳动省预测，日本社会保障总开支将会持续增加，将从 2011 年的 108.1 万亿日元增加到 2025 年的 151 万亿日元。从占 GDP 比重的 22.3% 增至 24.9%③（见图 4—16）。社会保障支出的刚性增加，无疑会给日本持续低迷的经济雪上加霜。它加大了日本财政缺口，使得日本政府不得不寻找增收途径。

自 20 世纪 90 年代至今，日本经济长达 20 多年停滞不前。政府缺乏财政收入途径，只能提高消费税弥补日益扩大的社会保障资金缺口。1989 年，竹下登政府为了应对财政赤字，首次引入 3% 的消费税。之后，桥本龙太郎政府，于 1997 年将消费税提高至 5%。在之后的 17 年间，消费税

①  日本总务省：《2010 年统计年鉴》，http：//www.stat.go.jp/english/data/nenkan/index.htm。

②  日本财务省统计资料，http：//www.mof.go.jp/english/budget/budget004.htm。

③  日本厚生劳动省，http：//www.mhlw.go.jp/english/social_security/dl/social_security02.pdf。

一直保持未变。与大部分发达国家超过 20% 的消费税相比，日本 5% 的消费税的确还存在很大的增长空间。2013 年，安倍政府在巨大的财政赤字和社保资金缺口压力下，开启增长消费税的讨论。在长达 9 个多月的时间里，日本政界进行了多次反复磋商，最终达成了"以消费税增税为核心的社会保障及税制整体改革相关议案"，宣布从 2014 年 4 月 1 日开始，将消费税从 5% 提高到 8%。消费税增加的部分全部用于支付养老保险、医疗保险以及长期照护保险等社会保障开支。

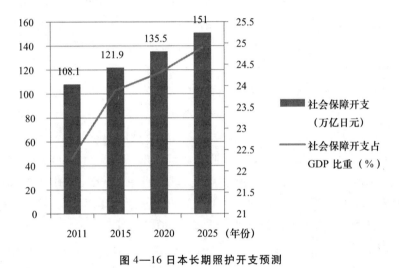

图 4—16 日本长期照护开支预测

资料来源：日本厚生劳动省，http://www.mhlw.go.jp/english/social_ security/dl/social_ se-curity02.pdf。

提高消费税最直接的反应是产品价格提高，上调消费税会令消费者负担加大。为了降低支出，赶在消费税提高之前，日本消费市场掀起的"赶脚式需求"，之后消费者的消费意愿大幅减弱，从而使私人消费遭受重创。私人消费按年率除了在 2014 年第一季度实现 9.1% 的增长以外，在提高消费税以后，第二季度下降为 18.6%，第三季度略有回升但仅增长了 1.5%。由于日本私人消费占 GDP 比重的六成，消费税的提高将不利于日本的经济复苏。

提高消费税对税收增加的作用，从短期来看效果明显，但是从长期来看效果未必理想。1997 年，桥本龙太郎政府首次将消费税率从 3% 提高至 5%，国家税收总额比 1996 年增加了 1.9 万亿日元。提高消费税确实使日本财政收入达到了制高点。但是，到 1998 年，消费税提高的副作用显现出来，政府财政收入比上一年降低了 4.5 万日元，同比下滑 8.4 个百分点，此后日本经济陷入通缩和衰退泥潭。几个月后爆发的亚洲金融危机更是令日本经济彻底陷入衰退。因此，消费税增税不一定带来总税收的增长。并且，单从消费税的税收数量来看，即使在经济不景气的时代，消费税的税收数量也没有大幅下降，因此消费税的税收是相对稳定的。

据日本共同社报道，在日本政府 2016 财年预算案中，社会保障相关费用首次突破了 96.72 万亿日元（约合人民币 1.52 万亿元），连续 4 年创出历史新高。[①] 据日本政府测算，2014 年将消费税提高至 8% 后，日本各级政府每年增加约 5 万亿日元的税收。[②] 税收增加部分只相当于社保费支出的 16.7%，两者相比，杯水车薪。

日本的消费税是对所有产品按照统一税率征收（并没有借鉴欧洲国家分类征税方式，对食品等生活必需品采取较低的税率），使低收入群体生活负担加重，对消费构成明显抑制。日本的 GDP 连续两个季度萎缩，这意味着经济已经再度陷于衰退状态。2014 年 4 月份提高消费税的政策已经近乎失败。2014 年 11 月 18 日，安倍政府将提高消费税时间延后 18 个月，从原计划的 2015 年 10 月，推后至 2017 年 4 月。

由于日本政府在社会保障中承担了支出的主要筹资责任（对长期照护责任承担了 50% 以上），在日益加大的财政压力下，政府不得不提高消费税，对日本经济复苏所产生的负面影响不可小觑。中国政府在制定老年人长期照护制度时应引以为鉴。

2. 遏制长期照护费用的增长已经成为各国普遍趋势

老年人口数量的不断增加，导致长期照护的费用也不断上升。在收支平衡方面，德国在这三个国家中被认为是最成功的。即便如此，2004 年，其长期照护的开支超支了 4.5%，开始出现赤字。由于制度收费与支付之间的时间差，德国的长期照护制度积累了部分资金，到目前为止，保证了资金的收支平衡。但是从长期来看，德国长期照护的资金也存在缺口。预

---

① 新浪财经，http：//www. finance. sina. com. cn/world/gjcj/2015 – 12 – 24/doc – ifxmxx sn 3603973. shtml。

② 中国经济网，http：//intl. ce. cn/specials/zxgjzh/201202/07/t20120207_ 23049395. shtml，2012 – 02 – 07。

计到 2040 年，长期照护的缴费率需要从当前的 1.9% 再次提高至 3.2%。①
目前德国的社会保险税已经高达 28%，控制费用开支是最有效的缓解资
金压力的手段。

日本长期照护社会保险的资金压力更加明显。由于长期照护社会保
险的资金来源，有超过 50% 来自财政，政府为此背上了沉重的包袱。
为了缓解资金压力，个人的缴费也不断提高。以 "第一种被保险人"
为例，2000—2002 年保费基准额为 2911 日元；到 2009—2011 年，增
加至 4270 日元，被保险人的负担不断增加，社会上开始普遍担心如此
之高的保险费可能会超出依靠年金生活的老年人的经济负担能力。② 日
本政府为了控制费用，一方面提高消费税，另一方面降低被保险人待
遇。此外，日本国内还出现要扩大缴费对象来降低缴费率的声音。相比
德国的全民参保，日本只有 40 岁以上的人缴费，如果扩大缴付人群，
对降低缴费率必然会有一定作用。但是最终能不能体现在制度上，还要
经过日本社会各界的深思熟虑。

美国的长期照护资金也存在巨大的压力。由于美国的自由主义文化，
导致美国并未建立一个由政府主持的独立的长期照护制度。对于老年人的
长期照护需求，一方面通过社会救助的方式提供，另一方面希望通过企业
和个人的力量来分担压力。但是实际情况却是，美国政府为长期照护承担
了超过 50% 的支出，其财政压力不亚于日本。2005 年的数据显示，同样
为 65 岁及以上的老年人提供长期照护，日、美两国开支占 GDP 的比例相
差不大，日本可以为全国 13.5% 的老年人提供长期照护，而美国却只有
4.5%。可见，美国的长期照护制度也必须要控制费用。

"人无远虑，必有近忧"，由德国、日本和美国的经验可知，在构建
新制度之前，一定要对制度的发展有理性、长期的预期，不能只瞄准解决
眼前的困难。中国经济水平尚处于发展之中，现有的社会保障制度已经对
财政造成了不小的压力，养老金连续 10 年上涨足以证明中国的社会保障
同样具有福利刚性的特点。老年人长期照护制度一旦建立，随着人口老龄
化的加深以及人们对制度的预期不断增加，老年人长期照护制度也必然会

①　Ikegami N. Rationale, "Design and Sustainability of Long - term Care Insurance in Japan in Retrospect", *Social Policy & Society*, 2007；6 (3)：423 - 34.

②　《朝日新闻》，http：//www. asahi. com/2003. 6. 21。

面临资金压力，届时中国也要面临德、日、美这三个国家同样的问题。不断增加的福利开支，对经济的影响不可小觑。所以，在老年人长期照护制度选择之前，一定要综合考虑，慎重选择。

### （三）长期照护筹资制度要合理界定政府的责任边界

1. 明确长期照护制度中政府和市场的合作关系

对于政府的责任边界的界定，处于不同立场和地位的利益群体或者是其代言人进行了无数次的交锋论证。回顾历史，西方学者对政府责任始终存在两种对立的观点。一种是反对政府干预的经济自由主义，他们主张对市场自由放任；另一种是反对市场完全自由放任的政府干预主义，主张政府干预。从其发展历时看，这两种观点是此消彼长，贯穿了西方经济理论的发展过程。

经济自由主义根据发展历史可以分为古典自由主义和新自由主义。古典自由主义是从 18 世纪下半叶兴起，主要起源于对重商主义的批判。古典自由主义的代表人物有：亚当·斯密、约翰·斯图亚特·穆勒、大卫·李嘉图、马歇尔和萨伊等，在这些代表人物中，对人们影响最深的当属亚当·斯密，其"看不见的手"理论广为流传。新自由主义则兴起于 20 世纪 70 年代，建立在批判凯恩斯主义（又称国家干预主义）的基础之上。新自由主义的代表人物有：哈耶克、布洛克、弗里德曼、诺齐克、布坎南和米赛斯等等。新自由主义者假定"完全自由竞争市场"，证明了市场机制的优越性。

政府干预主义根据发展历史可以划分为两件，重商主义和现代经济学的国家干预主义。16—18 世纪中期属于重商主义时代，重商主义的代表人物有孟克列钦、托马斯·孟等人。到了 20 世纪 30—70 年代则属于新国家干预主义的时代，代表人物包括凯恩斯、汉森、琼·罗宾逊和萨缪尔森等。凯恩斯理论重新认识市场的某些缺陷，提出需要政府通过扩大公共支出来弥补有效需求不足。自 20 世纪 70 年代以来，资本主义世界的滞胀问题向凯恩斯主义提出挑战，新自由主义纷纷出现。

可以预见，自由主义和政府干预主义在很长时间内会并存且此消彼长。人们逐渐更加理性地来看待政府和市场的关系。美国经济学家沃尔夫曾经说过，市场与非市场之间并非纯粹的"选择"关系，而是在一定程度上的选择。这种选择是混合的，多方面的，是不完善的市场和不完善的政府之间的选择。①

2. 合理界定长期照护制度中政府的责任边界

当今社会，政府承担对弱势群体的保护责任已经达成共识，不存在争议。但是，政府对于社会福利提供的边界，却依然是学者们争论的焦点。如何界定政府在长期照护制度中的责任边界也是制度设计的难点。德国、日本和美国在长期照护制度的选择上，都依据本国国情，对政府的责任边界做了清晰的界定。

德国和日本属于"保守主义"福利国家，其社会福利制度的特点是，获得社会保障的前提，是必须参加有酬的工作并履行缴费义务；反映在老年人长期照护筹资制度的特点是，政府建立强制性长期照护社会保险制度，通过社会保险缴费筹资。美国属于"自由主义"福利模式，政府的干预被压缩到尽可能小的范围，在对受益对象进行家计调查的基础上，给予少量的"普救式"的转移支付，或者采取有限的社会保险计划，仅为低收入群体提供保障。在老年人长期照护筹资模式方面，美国的"补缺制"最为突出，政府并没有建立独立的老年人长期照护制度，也没有向所有公民提供长期照护津贴，只是由医疗保险（Medicare）和医疗救助（Medicaid）承担出资责任，辅以税收优惠，鼓励企业和个人，通过市场购买商业长期照护保险产品来分担长护风险。

路径依赖理论在这三个国家的长期照护制度中得到了很好的诠释。对于政府的责任界定，这三个国家均沿袭了原有社会福利制度的模式。

德国政府并未承诺参与缴费，且采取严格的全国同一水平的待遇给付，待遇调整控制比较严格。美国政府只是承诺为低收入的弱势群体提供保障，政府保障的范围有限。由于日本在 20 世纪 90 年代之前经济快速发展，为社会福利的扩张奠定了基础，日本政府在社会福利制度方面承担了较多的责任，仅长期照护制度，政府就承担了 50% 以上的开支。沉重的社会保障开支，再加上严重的人口老龄化和经济不景气，使得日本政府不堪重负，只能靠提高消费税来缓解眼前的危机。但是从长远看，如果不重新认识日本政府在社会福利制度中的责任，在经济增长前景不明朗的情况下，整个日本的经济状况堪忧。

---

① 谷书堂：《社会主义经济学通论——中国转型期经济问题研究》，高等教育出版社 2000 年版。

### 3. 充分发挥商业保险的辅助作用

美国是商业保险最发达的国家，其商业长期照护保险也常被国内的学者作为成功的案例进行介绍。但实际上，美国购买商业长期照护保险的人并不多，仅覆盖不足 10% 的人群。[①] 主要原因包括：第一，商业长期照护保险价格较高。只有少部分高收入群体有条件购买，大部分中产阶级因为收入有限，无力购买商业保险。第二，保险公司对消费者的选择。由于长期照护需求与个人的健康状况密切相关，为了降低成本，保险公司往往会根据参保人使用医疗保险的情况，评估参保人的健康状况。如果保险公司评估后，认为消费者购买长期照护保险后很快会发生保险理赔，保险公司将拒绝其购买需求。健康状况不佳的人即使有购买意向，往往因无法购买商业长期照护保险，只能自己承担风险。第三，个人的短视。有支付能力的人，缺乏未雨绸缪的心理准备，不愿将老年长期照护风险作为优先事项进行投资。美国的商业长期照护保险在资助力度和覆盖面上虽排在经济合作与发展组织国家的第二位，但是由于个人的短视以及对政府的依赖，总体规模还是太小。40 岁以上购买商业长期照护保险的人口比重也只有 5%，低于法国的15%。[②] 这种规模不足以承担起美国长期照护制度的主体作用。

对于商业保险发达的美国尚且如此，对中国而言，商业保险市场并不成熟，与美国的差距还很大。以 2006 年为例，中国购买商业健康保险的人口约为 788.88 万人，仅占总人口的 6%。而 2005 年美国的商业健康险就覆盖了全国84%的人口。再加上中国人均可支配收入水平低，人们购买保险的意识比较落后等原因，商业长期照护保险在中国承担不了主体责任，只能作为长期照护制度的补充制度进行发展。

伴随着不断加深的人口老龄化，老年人长期照护制度对于资金的需求也必然会逐步增加。筹资的责任如何在政府、企业和个人等多元化筹资主体之间进行分配，这对于整个制度的可持续性发展至关重要。比较德国、日本和美国的筹资责任分配，我们可以看出：日本老年人长期照护筹资制度，政府承担的责任最大，对经济产生的副作用最大。美国的长期照护制

---

① 彭荣、凌莉：《国外老年人口长期护理筹资模式潜在的问题与启示》，《中国老年学杂志》2012 年第 11 期。

② 张盈华：《老年长期照护的风险属性与政府职能定位：国际经验》，《西北大学学报》（哲学社会科学版）2012 年第 5 期。

度，虽然政府承担的责任较大，但是救助对象定位较窄，所以政府的压力居中。德国的制度，政府未直接承诺，虽然保障对象为全民，但资金主要来源于企业和个人，对于政府压力最小。由此可见，中国老年人长期照护筹资制度的构建，一定要量力而行，要结合当前经济发展水平和现有的制度进行有效配合，而不是一味追求大而全。否则，制度一旦建立，进入待遇不断增长的轨道，对经济发展所产生的负面作用很难化解。

**（四）老年人长期照护筹资制度要与医疗保险筹资制度分离开来**

医疗保险与长期照护保障制度之间的关系是耐人寻味的话题，世界上大部分国家和地区都刻意把医疗保险和长期照护保险进行区分，而不是合二为一。从理论上来说，长期照护与医疗、疾病的相关性很强，如果把长期照护与医疗保险看作同一个体系下的不同项目，必然会产生"道德风险""福利依赖"和政府"无限责任与有限能力"等一系列问题。

1973 年，日本对 70 岁以上的低收入老年人和 65 岁以上的长期卧床老年人实行免费医疗，需要老年人支付的医疗费用由各级财政负担。但是由于对居家照护的老年人资格审查较为严格，很多老年人为了减少长期照护的支出，选择入住医院。从 20 世纪 70 年代开始，日本由于老年人"社会性住院"导致医疗费用开支剧增。从 1973 年到 1982 年 10 年间，国民医疗费用增加 6.3 倍。在巨大的医疗费用负担下，日本不得不寻求建立独立的长期照护保险制度，把老年人的长期照护从医疗保险中独立出来，对老年人长期照护单独结算，以降低医疗费用开支，进而降低政府的财政压力。英国也曾经将长期照护纳入医疗保健体系（NHS），但是很快发现长期照护的开支增长很快，并且出现大量的道德风险。一些非真正的长期照护需求者，在免费享受着长期照护福利；一些能够负担长期照护费用的人，也想办法搭政府的便车；还有些人不合理地延长照护期限等。迫于沉重的财政压力，英国将长期照护从医疗保健体系（NHS）中独立出来，单独核算。通过严格的家计调查，对真正需要长期照护的人员提供保障。从发达国家和地区的经验可以看到，如果不将患有慢性病等所导致的不具备治疗价值的老年人从医疗保险体系中分离出来，将会对医疗保险基金造成严重的损失。从国际经验看，日本建立长期照护保险制度，与失能老年人大量占用医疗保险资源，导致医疗的长期照护和医疗保险二者没有分离有着直接的关系，大量失能老年人长期住院造成医疗保险体系接近崩溃边缘。

中国由于缺乏对老年人长期照护的资金保障，一些老年人也通过各种途径"赖"在医院，"社会性住院"的问题已经越来越严重。借鉴发达国家的经验，中国有必要在建立老年人长期照护筹资制度时，将该制度从医疗保险中分离开来。制度虽然分开，但是由于医疗和长期照护有着千丝万缕的关系，并不是意味着要与医疗保险完全划清界限。德国的长期照护保险采取"跟从医疗保险"的方式。保障对象和资金的来源都与医疗保险一致，在原有的医疗保险机构单独设置一个长期照护部门，对保障对象、资金筹集、资金管理、待遇发放等都进行独立的管理和核算。这样不仅可以准确定位保障对象，还可以节约制度管理的成本，提高整个制度的效率。中国的医疗保险制度发展的比较完善，覆盖范围较大，可以借鉴德国的方式，采取长期医疗跟从医疗保险的方式。这样既可以保障长期照护制度的覆盖面，又可以减轻医疗保险基金的压力。

# 第五章 中国老年人长期照护筹资制度建立的可行性分析

发达国家纷纷以老年人为主体构建了不同模式的长期照护制度。由于不同的筹资模式、不同的服务提供方式、不同的保障水平以及不同的管理水平等，再加上各国不同的政治、经济和文化背景，该制度所产生的效果也存在很大的差异。通过上一章的分析我们发现，德国、日本和美国虽然保障范围和保障水平不同，但有一点是共同的：通过长期照护制度，不同程度地缓解老年人长期照护问题对个人、家庭和政府的压力，为老年人提供最后一道安全网。

具体到中国老年人长期照护制度的建设上，我们需要审视一下中国的国情。从理论上、法律上、政治背景、文化背景和经济基础方面进行一些分析。中国当前是否具备了构建老年人长期照护制度的条件，以及在当前的条件下应该选择哪种筹资模式更为理性。

## 一 建立老年人长期照护制度的法律依据

### （一）宪法基本精神

《中华人民共和国宪法》（简称《宪法》）是中国的基本法，是治国安邦的总章程。自 1949 年之后，中国分别于 1954 年、1975 年、1978 年和 1982 年进行了四次宪法修订。其中对老年人的权利都予以宪法的保障。

1954 年的《宪法》第 93 条规定：中华人民共和国劳动者在年老、疾病或者丧失劳动能力的时候，有获得物质帮助的权利。国家举办社会保险、社会救济和群众卫生事业，并且逐步扩大这些设施，以保证劳动者享受这种权利。

1975 年的《宪法》第 27 条规定：劳动者有休息的权利，在年老、疾病或者丧失劳动能力的时候，有获得物质帮助的权利。

1978 年的《宪法》第 50 条规定：劳动者在年老、生病或者丧失劳动能力的时候，有获得物质帮助的权利。国家应逐步发展社会保险、社会救济、公费医疗和合作医疗等事业，以保证劳动者享受这种权利。

1982 年的《宪法》第 45 条规定：中华人民共和国公民在年老、疾病或者丧失劳动能力的情况下，有从国家和社会获得物质帮助的权利。国家应发展为公民享受这些权利所需要的社会保险、社会救济和医疗卫生事业。从保障对象上看，从"劳动者"扩大到了"中华人民共和国公民"，从保障内容上看，均保证老年人有获得物质帮助的权利。

2004 年对 1982 年的修宪中又特别增加了："国家建立健全同经济发展水平相适应的社会保障制度"的内容，认为把建立健全社会保障制度作为国家目标，是化解社会矛盾、促进社会公平、保持社会稳定、推动经济发展、全面实现小康社会的必然选择。

### （二）老年人权益保障法

2012 年 12 月 28 日，中华人民共和国第十一届全国人民代表大会常务委员会第三次会议修订的《中华人民共和国老年人权益保障法》第 30 条规定：国家逐步开展长期护理保障工作，保障老年人的护理需求。对生活长期不能自理、经济困难的老年人，地方各级人民政府应当根据其失能程度等情况给予护理补贴。明确提出要为老年人建立长期护理保障，为中国老年人长期照护发展指明了方向。

《中华人民共和国宪法》和《中华人民共和国老年人权益保障法》为中国老年人构建长期照护制度提供了法律依据。中国应该将老年人长期照护制度的发展纳入国民经济和社会发展计划当中，逐步增加对老年人长期照护事业的投入，使其与经济社会协调发展，逐步建立完整的适合中国国情的老年人长期照护制度。

## 二　建立老年人长期照护制度的政治基础

中国老年人长期照护制度主要源于中国共产党的民生思想。中国自古就有深厚的"民本主义"思想基础，主张民众为社稷之根本，以民众为当政者发政和施治的基础和标准。早在商代时期，盘庚就曾提出"重我民"的思想，提出统治者要"顺应民心之所欲，施德政于天下"。西周政治家周公，则以殷为鉴，提出应当"用康保民"的思想，对统治者提出了"怀保小民，惠鲜鳏寡"的要求。春秋早期法家代表人物管仲则提出"凡事要以民为念"，"将顺其美，匡救其恶，故上下能相亲也"，认为当政者要实行"慈民""敬百姓"的策略。孟子则明确提出"民为贵，社稷次之，君为轻"的治国思想。"民本主义"思想，虽然是从统治者治理国家的角度提出，强调民众对于政权稳固的重要性，让当政者明白载舟覆舟的道理，但当前，这种思想也应成为社会保障制度遵循的基本准则。

在当代，中国共产党作为执政党，依然贯彻"民本主义"的基本执政理念。以毛泽东为核心的第一代中国共产党人，确立了"全心全意为人民服务"的民生价值观。以邓小平为核心的第二代中国共产党人，提出了"共同富裕"的民生思想，将民生思想进一步完善。以江泽民为核心的第三代中国共产党人，则将民生思想升华到"始终代表最广大人民群众的根本利益"的高度。以胡锦涛为核心的下一代中国共产党人则将民生思想进一步夯实，提出"人与社会和谐进步"的民生思想。胡锦涛在"十七大"报告上提出："必须在经济发展的基础上，更加注重社会建设，着力保障和改善民生，努力使全民学有所教、劳有所得、病有所医、老有所养、住有所居，推动建设和谐社会。"充分体现了"以人为本"的执政理念。以习近平为核心的新一代中国共产党人，对民生问题的重视又达到了一个新的高度。笔者认为，深化"权为民所用"，树立正确的民生权力观；深化"情为民所系"，树立正确的民生地位观；深化"利为民所谋"，树立正确的民生利益观，是习近平民生思想的核心内容。这一思想提出了"中国特色社会主义民生建设"理论，将保障和改善民生放在更加突出的地位，加强和创新社会管理，以确保人民安居乐业、社会安定有序、国家长治久安。

民生问题关乎人类的生存和发展，是最基本的问题，也是有史以来人们最为关注的问题。社会保障是民生之依。自新中国成立以来，历届政府一直将改善民生视为己任，加大对社会保障事业的投入，为人民提供可靠的安全网。在老年人的保障方面，除了不断完善养老保险制度，提高资金水平，近年来不断加大对老年人服务产业的投入，体现出了政府对老年人的关心和爱护。

## 三  政府承担老年人长期照护筹资责任的理论依据

一个社会问题是否需要政府干预，以及政府干预的边界在什么位置，在不同的历史时期、不同的人看来答案各有不同。正如哈耶克所言：尽管每个人都希望政府通过某种方式采取行动，但是对于政府应该干什么的问题，几乎有多少人就有多少种看法。①

### （一）宏观角度的审视

### 1. 国家起源论

从恩格斯的《家庭、私有制和国家的起源》一书我们可以发现，古希腊这种人类最早的"国家"是在"氏族制度的废墟上"产生的"公共权利"以及"地域组织"。即国家是在人类群居、修筑围墙以及对权威的服从中产生的。而人们之所以接受国家这种形式，是为了获得基本生活的安全——即国家要为公民提供基本生活的安全保障网。当今社会，基本生活的安全内涵不断外延——包括国防安全、健康安全、经济安全、外交安全、就业安全等，都是需要政府为国民提供的安全保障。一个不能为国民提供安全的政府，其存在的合理性必然会受到人们的质疑。

### 2. 公民生存权论

顾名思义，生存权是基于人类生存本能而产生的一种自然权利。它伴随着人的一生，从出生时就产生，随死亡而消失，具有不可转让的天赋性。"天赋人权"最早产生于 17 世纪末，人们对生存权的认识，从朦胧状态开始向自觉状态转变。最具代表性的资产阶级启蒙思想家包括：法国的伏尔泰、卢梭以及英国的洛克、霍布斯等。② 在他们看来，国家应该为社会弱势群体提供照顾，将其生存作为国家的义务。1938 年，德国的厄斯特·福斯多夫在《作为服务主体的行政》一文中最早提出了"生存照顾"概念。他认为：自由人权思想、个人主义、私法自治以及契约自由

---

① ［德］弗里德里希·奥古斯特·冯·哈耶克：《通往奴役之路》，中国社会科学出版社1997 年版，第 94 页。

② ［英］霍布斯：《利维坦》，商务印书馆 1995 年版，第 97 页；［英］洛克：《政府论》（下），商务印书馆 1986 年版，第 6 页；［法］卢梭：《社会契约论》，商务印书馆 1987 年版，第16 页。

这些观念都已经过时；随着时代的发展，人们不再依赖于传统的基本人权（自由权和财产权），而是依赖于新的人权——经济上的分享权。时代已由个人照顾自己的"自力负责"，转变为由社会力量来解决的"团体负责"，进而发展为由政党和国家政治力量提供个人生存保障的"政治负责"。政府负有广泛地向民众提供生存照顾的义务，唯有如此，政府才可免于执政危机。因而，行政权力必须介入私人生活，那些认为国家干预愈少就愈好的时代已经一去不复返。[①]

3. 政府维护和调整社会公正

自 20 世纪以来，人们清晰地认识到社会贫富加剧主要源于不平等，有关平等的讨论重心也逐渐转移到经济和社会的权利上来。约翰·罗尔斯对社会公平理论的贡献最大，他发展和继承了洛克和卢梭等人的社会契约论，提出了社会正义论（Theory of Justice）。[②] 继约翰·罗尔斯之后，朗斯曼认为，"在一个正义的社会，必然不断的存在着财富的转移，财富从富有的群体向贫穷群体转移。这种财富转移不会停止，直到最贫穷以上的人按照功绩、需求和共同福利的贡献原则来证明他们也拥有较多财富的权利，否则财富将会一直转移，直到逐渐回归到中间平均数"。

从政府维护和调整社会公正的角度看，老年人退出劳动力市场，收入水平必然下降，处于相对弱势的地位。在他们年轻时，已经为国家和社会做出了贡献；当他们需要照护时，政府和社会有责任从维护和调整社会公平的原则出发，为失能、半失能老年人提供帮助，保证其基本的生存权利，并力求提高他们晚年的生活质量。

**（二）微观角度的审视**

1. 商业保险的失灵

市场失灵需要政府的干预。在市场经济中，商业保险难以避免的"道德风险"和"逆向选择"问题，导致商业保险市场失灵。"逆向选择"具体表现为：一方面，商业保险以盈利为目的，具有很强的逐利性，风险选择机制决定了其只保良性风险，不保劣质风险，越是需要保障的人

---

① 郭道晖：《社会公平与国家责任》，中华法律网，http://www.chinalegaltheory.com/homepage/Article_save.asp? ArticleID = 1729，2007 - 4 - 11。

② ［美］约翰·罗尔斯：《正义论》，中国社会科学出版社 1988 年版，第 56 页。

越被拒之门外。另一方面，从被保险人角度看，越是风险小的人，越会甘冒风险而不购买保险；而风险越高的人，越有购买保险的需求。由于商业保险公司和参保者之间信息不对称，高风险的被保险人经常隐瞒个人风险，导致保险费用提高，对于低风险的被保险人形成负面效果。商业保险的失灵，就要求政府来提供保障，以纠正市场失灵。

2. 个人对长期照护风险的短视

不论人们是否意识到风险，风险都是客观存在的。损失的发生无法准确预测，具有很强的不确定性。损失发生的不确定性越大，损失程度越严重，风险就越大；反之，则风险就越小。

作为一个理性的人，不但能够认识到风险的存在，而且在遭遇风险时总会想办法尽量将损失降到最低。然而，由于每个人所处的环境、所受的教育以及社会阅历不同，其对风险的判断和认识程度有很大的差距。伴随经济发展和社会进步，人们的生活质量日益提高，预期寿命也随之增加，伴随而来的失能和半失能问题并非每个人都能够预见到。

即使人们认识到长期照护风险的存在，也并非每个人都会愿意选择在现在就准备规避风险。当个体面对眼前利益和长远利益时，受主观和客观因素的影响，往往会做一些"短视"的决定，选择当前利益而放弃长远利益，对潜在的风险不做计划。也就是说，在面对年老时可能出现的长期照护需求与当前的消费发生冲突之时，大部分中低收入的人更倾向于选择当前消费。

个人的认识不足，要求政府必须要具备超前的意识，帮助人们尽量克服"短视"行为，为将来可能出现的长期照护问题做好应对措施。由于政府拥有比个人更多的信息、更强的抵御风险能力，决策更为有效，所以政府承受社会风险的能力远远大于个人。

# 四　建立老年人长期照护制度的文化背景

20世纪80年代，社会思想家阿尔文·托夫勒（Alvin Toffler）曾经预言：我们正在进入一个文化比任何时代都更为重要的时代。1998年联合国教科文组织在《文化政策与经济发展计划》提到：发展最终可以用文化的概念来进行定义，文化繁荣将会是发展的最高目标。中共十七大报告中也曾经明确指出："要推进社会主义文化大发展、大繁荣。"

　　文化是人类社会发展和文明进步的成果，在发展的过程中各个国家和民族都形成了自己独一无二的文化。社会保障作为各国和地区重要的文化组成部分，对其社会的发展和进步有着至关重要的作用。社会保障文化被视为对于社会保障的价值判断、社会心理、社会习俗、道德伦理、行为规范、思维方式以及组织制度的统称。各国和各地区社会保障文化已经成为影响其社会保障制度构建和发展的重要因素，各个国家和地区在不同的社会保障文化影响下形成了各具特色的社会保障制度。我们国家由于长期深受儒家文化的影响，在老年人长期照护制度的构建中，必然要对国内外社会保障文化进行辨析和扬弃，以培养适合中国社会保障文化的老年人长期照护制度。

### （一）注重家庭代际赡养的"孝亲"文化传统

　　受儒家文化影响，中国是非常注重家庭伦理道德的国家。家庭代际赡养的"孝亲"文化影响着中国社会福利制度的建立和发展。尽管中国的传统家庭文化受到个人主义、拜金主义、享乐主义等西方价值观的冲击，家庭规模与结构、家庭内部的凝聚力、家庭成员居住方式和生活方式等受到很大的影响，但是家庭代际赡养的"孝亲"文化，在中国的福利思想中的重要地位依然保持不变。

　　对传统儒家文化而言，"仁义"是构成其整个体系的基石。"天之本在固，固之本在家，家之本在身。"家庭是构成社会的基本单位，是人的生处和住所。所以修身应从家庭开始，"家和万事兴"。修身的关键之处在于个人心中能够确立反映儒家"仁义"之本的精神——即"孝、悌、忠、信"的家庭伦理信念，去践行"父义、母慈、兄友、弟恭、子孝"五种人们日常的道德行为准则。"君子之道，造端乎夫妇，及其至也，察乎天地。"在儒家家庭伦理中，将人类两性之间的关系提升为以血缘和姻缘有机结合的社会关系，并将具有"内在超越精神"的儒家家庭伦理进行了延伸，即"老吾老，以及人之老；幼吾幼，以及人之幼"。从亲情出发去推广人与人之间的仁爱之情。

　　中华民族以"尊老养老"为核心的孝文化影响很深。"孝"字属于象形文字，上面是"老"字，下面是"子"，其寓意非常淳朴，意味着"儿子"要肩负起赡养照护"老年人"的责任。儒家思想用"孝道"作为一种伦理道德。公元前 500 年前，《礼记·礼运》提道："大道之行也，天下为公，使老有所终，壮有所用，幼有所长，鳏、寡、孤、独，废疾者皆有所养。"在汉初成书的儒家十三经之一《孝经》中有云："夫孝，始于事亲，中于事君，终于立身。"将"孝"的规定更为系统化。"百善孝为先"更是被抬到至高无上的位置，成为诸德之首，深受历代统治者的高度重视。在汉代更是提出"以孝治天下"治国理念。在宋明至清末期间，中国社会更是将"对长者要言听计从、百依百顺，家长至上和子女至孝"的家庭孝文化绝对化。"孝"文化已经渗透到了每个人的生活当中，将尊老、敬老、爱老的观念内化成社会的道德标准和人们遵守的行为准则。子女赡养老年人被看作是天经地义的义务，子女侍奉年迈的父母是"孝"的表现。受传统文化的影响，子女不侍奉年迈的父母，会遭到世人的唾弃。"养儿防老"在人们养老思想中也占据主导性地位，父母希望年老的时候，尤其是生病或不能自理时，儿女能陪伴左右。这种几千年来通过血缘和孝道文化建立起来的传统的"反馈式"代际交换家庭照护模式，在中国一直占据着非常主要的地位。

2013 年，修订后的《中华人民共和国老年人权益保障法》中也明确规定：赡养人应当使患病的老年人及时得到治疗和护理，将老年人的照护问题从道德伦理的高度提升到法律高度。王慧（2012）研究发现：有41.7%的老年人最希望能够得到子女的照护，16.7%的失能老年人最希望能够得到配偶的照护。① 可见，从老年人的感情上来说，还是将家庭作为获得照护的首要来源。再加上相关法律的保证，家庭照护在中国一直发挥着重要的作用，这在一定程度上减轻了政府福利供给的压力。

### （二）互助博爱的高尚境界

中国社会保障文化，最早产生于几千年前的古文明时代。由社会成员之间的互助互济，演变成民间和宗教的慈善事业，后来又发展为政府的责任。现代国家所承载的社会保障责任，实际上是把中国历史上曾经出现的各种自我保护的形态以现代化的形式表现出来。

中国古代对于社会保障的经典描述，应该是孔子、孟子和墨子的思想。孔子的"大同世界说"里讲道："大道之行也，天下为公，选贤与

---

① 王慧：《城市失能老人长期照护服务问题研究——以长沙市为例》，湖南师范大学，硕士学位论文，2012 年。

能，讲信修睦，故人不亲独亲，不独子其子，使老有所终，壮有所用，幼有所长，矜寡孤独废弃者皆有所养。"孟子的《孟子·滕文公上》里讲道："出入相友，守望相互，疾病相扶持"，主张建立一个"八家共井""九一而助"、人人互敬互爱的田园诗般的理想社会。墨子《公输》里描述的"兼相受，交相利"以及"饥者得食，寒者得衣，劳者得息"的主张，无不体现出"四海之内皆兄弟""老吾老以及人之老，幼吾幼以及人之幼"的互助博爱的高尚境界。

中国古代还有济贫、养老和育幼等民间慈善事业。著名的有南北朝的六疾馆和孤独园，还有唐宋早期，由佛教寺院管理的"悲田养病坊"。宋朝年间，中国就已经出现了完全由民间甚至是个人出资兴办的没有任何宗教背景的慈善事业，一些宗族还置办祖产、嗣田，用于接济本宗族成员中鳏寡孤独者。史上最著名的当属刘宰的"粥局"和范仲淹的"义田"。"粥局"以当地的居民为对象，以居民组织的形式开展慈善活动。"义田"则是为了庇护和造福本宗族进行的"家庭扩大化"模式的慈善活动。这些民间组织都得到了官府的认可并给予支持。到明朝年间，社会上出现了以民间互助为主旨的"同善会"，它是最早的民间慈善社团。历史上沿袭下来的互帮互助、危难辅助和济众助人等道德品格，形成了中国道德规范的重要组成部分。直到现在，这些重要的道德规范依然广泛存在于中国社会。

所以，中国家庭内部以及邻里之间互助互济的非正式制度和政府提供的正式制度，共同构成了中国多元化的社会保障制度，并在中国的社会保障制度中发挥着重要的作用。我们要充分重视非正式制度在社会保障制度中发挥的重要作用，并且要继续挖掘其潜在的丰富的制度资源，构建中国的老年人长期照护制度。

# 五　建立长期照护筹资制度的经济基础

## （一）政府筹资能力

从已经建立长期照护制度的发达国家经验看，影响一个国家建立老年人长期照护制度两个重要的经济指标是：长期照护支出占 GDP 的比重、人均 GDP 发展水平。

1. 长期照护支出占 GDP 的比重

经济合作与发展组织国家解决老年人长期照护的方法不尽相同。除了政治文化因素的影响之外，与本国 GDP 水平也有明显相关性。部分高福利国家——瑞典长期照护开支占 GDP 的比重最高，达到 3.6%；荷兰其次，占 3.5%——一些东欧国家不低于 0.5%，其他经济合作与发展组织国家开支均在 2% 左右。本书借鉴比较的国家，日本为 1.6% 左右，德国为 1.3% 左右，美国为 1.0% 左右。

　　2007—2013 年，中国社会保障开支占 GDP 的比重相对稳定在 2% 左右，并且保持一定的增长速度（见表 5—1）。

表 5—1　　　　　　　　中国社会保障支出占 GDP 比重

| 年份 | 国内 GDP（亿元） | 社保支出（亿元） | 社保支出占 GDP 比重（%） |
|---|---|---|---|
| 2007 | 265810.31 | 5447.16 | 2.05 |
| 2008 | 314045.43 | 6804.29 | 2.17 |
| 2009 | 340902.81 | 7606.68 | 2.23 |
| 2010 | 401512.8 | 9130.62 | 2.27 |
| 2011 | 473104.05 | 11109.4 | 2.35 |
| 2012 | 519470.1 | 12585.52 | 2.42 |
| 2013 | 568845.21 | 14417.23 | 2.53 |

　　资料来源：国家统计局网站，http：//data.stats.gov.cn/。

　　注："社保支出"是指"社会保障和就业支出"。

　　在中国统计数据中，缺乏老年人长期照护开支占 GDP 的比重，贾清显（2010）以德国、日本、美国以及 2004 年中国调查标准，按照高、中、低三个档次，对中国老年人长期照护费用占 GDP 的比重进行预测（见表 5—2）。从 4 个国家预测可以发现，中国老年人长期照护最低和最高的开支，2010 年为 0.27%—0.63%，2030 年达到 0.3%—0.74%，到 2050 年达到 0.3%—0.8%。与经济合作与发展组织国家长期照护支出占 GDP 的比重为 2% 左右相比，中国的老年人长期照护支出的比例不算很高，但是如果换算成老年人长期照护支出占当前社会保障支出的比重我们就会发现问题。以 2010 年的数据为例，中国老年人长期照护支出占整个社会保障支出的比重约为 10%—20%。这个比例显然超出了当前我们国家财政的负担。

| 表5—2 | | | | 中国老年长期照护总费用占 GDP 比例预测 | | | | 单位:% |
|---|---|---|---|---|---|---|---|---|
| 年份 | 2010 | 2015 | 2020 | 2025 | 2030 | 2035 | 2040 | 2045 | 2050 |

| 美国标准 | | | | | | | | |
|---|---|---|---|---|---|---|---|---|
| 低估计 | 0.38 | 0.39 | 0.42 | 0.41 | 0.45 | 0.49 | 0.50 | 0.49 | 0.48 |
| 中估计 | 0.51 | 0.52 | 0.56 | 0.54 | 0.59 | 0.65 | 0.67 | 0.65 | 0.64 |
| 高估计 | 0.63 | 0.65 | 0.69 | 0.68 | 0.74 | 0.81 | 0.84 | 0.81 | 0.80 |

| 德国标准 | | | | | | | | |
|---|---|---|---|---|---|---|---|---|
| 低估计 | 0.21 | 0.21 | 0.23 | 0.22 | 0.24 | 0.26 | 0.27 | 0.26 | 0.26 |
| 中估计 | 0.28 | 0.28 | 0.30 | 0.30 | 0.32 | 0.35 | 0.36 | 0.35 | 0.35 |
| 高估计 | 0.34 | 0.35 | 0.38 | 0.37 | 0.40 | 0.44 | 0.45 | 0.44 | 0.43 |

| 日本标准 | | | | | | | | |
|---|---|---|---|---|---|---|---|---|
| 低估计 | 0.27 | 0.27 | 0.29 | 0.29 | 0.31 | 0.34 | 0.35 | 0.34 | 0.34 |
| 中估计 | 0.36 | 0.37 | 0.39 | 0.38 | 0.42 | 0.46 | 0.47 | 0.45 | 0.45 |
| 高估计 | 0.45 | 0.46 | 0.49 | 0.48 | 0.52 | 0.57 | 0.59 | 0.57 | 0.56 |

| 中国 2004 年调查标准 | | | | | | | | |
|---|---|---|---|---|---|---|---|---|
| 低估计 | 0.26 | 0.27 | 0.27 | 0.28 | 0.30 | 0.31 | 0.30 | 0.29 | 0.30 |
| 中估计 | 0.35 | 0.37 | 0.36 | 0.37 | 0.40 | 0.41 | 0.40 | 0.39 | 0.40 |
| 高估计 | 0.43 | 0.46 | 0.45 | 0.46 | 0.50 | 0.51 | 0.50 | 0.49 | 0.50 |

资料来源:贾清显:《中国长期护理保险制度构建研究——基于老龄化背景下护理风险深度分析》,南开大学,博士学位论文,2010 年,第 113 页。

### 2. 中国人均 GDP 发展水平

人均 GDP 是衡量一个国家经济发展水平的重要指标。自 20 世纪 70 年代改革开放以来,中国经济持续高速增长(见表 5—3),到 2010 年,中国 GDP 达到 401512.80 亿元,超过日本成为世界第二大经济体,仅次于美国。但是中国人口众多,按照世界银行的统计,中国人均 GDP 排在第 100 位。截至 2013 年,中国的人均 GDP 也仅为 6770.21 美元,排在第 93 位。可见,中国人均 GDP 水平并不高,与发达国家相比还有很大的差距。经济发展水平决定了中国当前不可能一味向发达国家看齐,应该量力而行,走适合本国国情的道路。

表 5—3　　　　　　　　　　中国国内生产总值发展状况

| 年份 | GDP 增长（%） | 国内 GDP（亿元） | 人均 GDP（元） | 人均 GDP（美元） |
|---|---|---|---|---|
| 1999 | 7.62 | 89677.05 | 7158.50 | 864.55 |
| 2000 | 8.43 | 99214.55 | 7857.68 | 949.00 |
| 2001 | 8.30 | 109655.17 | 8621.71 | 1041.27 |
| 2002 | 9.08 | 120332.69 | 9398.05 | 1135.03 |
| 2003 | 10.03 | 135822.76 | 10541.97 | 1273.18 |
| 2004 | 10.09 | 159878.34 | 12335.58 | 1489.80 |
| 2005 | 11.31 | 184937.37 | 14185.36 | 1732.03 |
| 2006 | 12.68 | 216314.43 | 16499.70 | 2070.23 |
| 2007 | 14.16 | 265810.31 | 20169.46 | 2653.88 |
| 2008 | 9.63 | 314045.43 | 23707.71 | 3411.18 |
| 2009 | 9.21 | 340902.81 | 25607.53 | 3749.27 |
| 2010 | 10.45 | 401512.80 | 30015.05 | 4433.54 |
| 2011 | 9.30 | 473104.05 | 35197.79 | 5448.57 |
| 2012 | 7.65 | 519470.10 | 38459.47 | 6095.00 |
| 2013 | 7.67 | 568845.21 | 41907.59 | 6770.21 |

资料来源：作者根据历年《统计年鉴》自行整理。

　　长期照护制度是经济发展到一定阶段的产物。1986 年，以色列建立长期照护保险时，人均 GDP 为 6909 美元；1995 年，奥地利建立长期照护制度时，人均 GDP 为 29965 美元；1995 年，德国建立长期照护保险时，人均 GDP 达到 20901 美元；2000 年，日本建立长期照护制度时，人均 GDP 为 36789 美元；即使是韩国，在 2008 年建立长期照护制度时，人均 GDP 也已经达到了 19115 美元（见表 5—4）。2013 年，中国人均 GDP 也仅仅达到 6770 美元，不足以色列 1986 年制度建立时的标准，与最低的韩国相比，也仅为 35%。比奥地利、德国和日本更低，分别为 23%、22% 和 18%。

表5—4　　　　　　　建立长期照护社会保险制度时各国的人均 GDP

| 项目 | 以色列<br>（1986 年） | 奥地利<br>（1995 年） | 德国<br>（1995 年） | 日本<br>（2000 年） | 韩国<br>（2008 年） |
|---|---|---|---|---|---|
| 人均 GDP<br>（美元） | 6909 | 29965 | 30901 | 36789 | 19115 |

资料来源：北京师范大学中国公益研究院养老研究中心数据库，http：//www.nnyxx.com/rd-nr/20140617100652.html。

李京文对中国 1996—2050 年的经济发展状况预测（见表5—5）：即使到 2050 年，中国人均 GDP 也仅为 16440 美元（假定美元对人民币汇率为6，且以 1995 年计价），不及韩国建立制度时的标准，与奥地利、德国和日本的差距更大。所以中国在人均 GDP 水平比较低的情况下，显然不能照搬发达国家的长期照护社会保险制度。

表5—5　　　　　　李京文对中国经济总量和人均 GDP 预测

| 时间 | GDP 平均<br>增长率（%） | 期末 GDP 总量<br>（亿元） | 期末人均 GDP<br>（元） | 期末人均 GDP<br>（美元） |
|---|---|---|---|---|
| 2011—2020 | 6.4 | 367007 | 24178 | 4030 |
| 2021—2030 | 5.4 | 62337 | 39657 | 6610 |
| 2031—2040 | 4.9 | 1005209 | 63406 | 10568 |
| 2041—2050 | 4.3 | 1530721 | 98638 | 16440 |

资料来源：游宪生：《经济增长研究》，立信会计出版社 2000 年版。

注：2011—2050 年，作者假定美元对人民汇率为6，数据以 1995 年计价。

从中国人均 GDP 的发展趋势看，在短时间内，中国并不具备建立老年人长期照护社会保险的经济基础。长期照护支出占 GDP 的比重也说明了中国政府在短时间内还不具备完全承担起建立老年人长期照护制度的经济能力。

### （二）企业筹资能力

自 20 世纪 80 年代以来，中国的社会保障制度不断完善，从企业包办逐渐过渡到社会化保障。从表面上看，企业保障变为社会保障，减轻了企业在社会保障方面的责任。但是，随着社会保障项目的日益完善、覆盖范围的不断扩大以及社会保障水平的不断提高，企业在社会保障方面的支出也日益增加。白重恩测算，中国当前法定社会保险的缴费比例占职工工资的40%左右，最高甚至达到50%。中国的社会保险缴费率在全球181个国家中居于首位，相当于"金砖四国"中另外3个国家平均水平的2倍，相当于G7国家的2.8倍，相当于北欧五国的3倍，相当于东亚各邻国平均水平的4.6倍。[①] 以北京为例，企业缴费比例为32.1%，雇员缴费为比例10.2%，两者合计达到42.3%（见表5-6）。马靖昊以北京为例，对社保和企业支出的关系进行了拆解。假设税前工资10000元，个人扣除的社会保险为10.2%，住房公积金为12%，合计22.2%，再加上3元的大病统筹，共计2223元。再扣除个人所得税322.7元，个人实际收入为7454.3元。企业的缴费要远高于雇员，企业所需要缴纳的社会保险约占32.1%，住房公积金约为12%，共计44.1%。企业为"五险一金"共支付4410元。综合来看，10000元的工资，企业缴纳"五险一金"4410元，个人支付2223元，雇主和雇员为"五险一金"支出合计6633元。雇员实际收入为7454.3元，企业实际支出为14410元。企业所要负担的金额，几乎是个人实际收入的两倍。如此高的社会保险缴费率，造成企业人力资本增加，严重影响企业的市场竞争能力，有的企业甚至因此破产。在这种情况下，让企业再为老年人长期照护制度缴费，有些不切实际。中华人民共和国人力资源与社会保障部表示，社会保险费率将适时适当下调。然后再根据调整情况，论证企业为老年人长期照护缴费的可行性。

表5—6　　　　　　　北京市城镇职工"五险一金"的缴费比例

| 社会保险项目 | 合计缴费 | 雇主缴费 | 雇员缴费 |
| --- | --- | --- | --- |
| 养老保险 | 28% | 20% | 8% |
| 医疗保险 | 12% | 10% | 2% +3 元 |
| 失业保险 | 1% | 1% | 0.2% |
| 工伤保险 | 0.3% | 0.3% | 0 |
| 生育保险 | 1% | 0.8% | 0 |
| 住房公积金 | 24% | 12% | 12% |
| 合计费率 | 66.3% | 44.1% | 22.2% |

---

① 新华网，http://news.xinhuanet.com/gongyi/yanglao/2015 - 01/09/c_ 127369831. htm，2015 - 1 - 9。

### （三）个人筹资能力

伴随着改革开放，中国经济进入快速发展阶段，人们的收入水平不断提高，生活质量也得到了改善。1978—2013 年，城镇居民人均每月可支配收入从 28.62 元提高到 2246.26 元（见表 5—7）。以当前平均每月 2000多元的收入水平，在住房、教育和医疗三座大山的压力下，强制收取长期照护缴费也是行不通的。城市尚且如此，农村的收入水平普遍低于城镇，有些人本来收入水平就很低，生病没钱就医，更不用提长期照护缴费了。陈璐、范红丽（2014）经过调查发现，如果政府要构建老年人长期照护保障制度，50 岁以上的低收入群体希望政府负担全部缴费。所以个人另外缴费参加长期照护制度，在中国既缺乏经济基础，也缺乏群众基础。

表 5—7　　　　　　　　中国城镇居民人均可支配收入状况

| 年份 | 国内 GDP（亿元） | 人均 GDP（元） | 城镇居民人均可支配收入（元） | 城镇居民人均可每月支配收入（元） |
|---|---|---|---|---|
| 1978 | 3650.20 | 382.00 | 343.40 | 28.62 |
| 1980 | 4551.60 | 464.00 | 477.60 | 39.80 |
| 1985 | 9039.90 | 860.00 | 739.10 | 61.59 |
| 1990 | 18774.30 | 1654.00 | 1510.20 | 125.85 |
| 1995 | 61129.80 | 5074.00 | 4283.00 | 356.92 |
| 2000 | 99214.55 | 7857.68 | 6280.00 | 523.33 |
| 2005 | 184937.37 | 14185.36 | 10493.00 | 874.42 |
| 2010 | 401512.80 | 30015.05 | 19109.40 | 1592.45 |
| 2011 | 473104.05 | 35197.79 | 21809.80 | 1817.48 |
| 2012 | 519470.10 | 38459.47 | 24564.70 | 2047.06 |
| 2013 | 568845.21 | ·41907.59 | 26955.10 | 2246.26 |

资料来源：作者根据中华人民共和国国家统计局网站自行整理。

通过对中国老年人长期照护制度建立的理论基础、法律基础、政治背景、文化背景以及经济基础的分析发现，中国政府为国民提供保持生存水平的长期照护制度是无可推卸的责任，这在任何一个国家都是共识。中国政府历来重视民生问题，一直致力于不断提高人民的生活水平。从法律上，对国民年老时享有从国家和社会获得物质帮助的权利给予保障。但是中国不可能超越"未富先老"的国情，为老年人建立一个超过经济发展水平的制度。中国当前应该充分发挥家庭养老的优势，整合现有的制度，通过社会救助制度承担起弱势失能老年人群体的保障责任，同时在现有的医疗保险中寻找机会，走中国特色的老年人长期照护制度发展道路。

# 第六章　中国老年人长期照护筹资制度的构想

德国和日本在建立独立的长期照护保险之前，依靠社会救助制度为老年人提供救助补贴。随着人口老龄化的不断加深，社会救助制度开支也不断增加。高昂的长期照护费用占据了越来越多的社会福利支出，给政府造成了沉重的负担。由于没有建立独立的制度，对其他福利制度的不当使用更造成了资源浪费。由此，德国和日本建立了独立的长期照护社会保险制度。对中国而言，即使中国有着良好的家庭养老的文化传统，但是随着工业化的发展，受中国人口老龄化日益严重、家庭结构核心化变化和女性就业率不断提高等因素的影响，原来的家庭照护模式既缺乏经济基础，又缺少服务基础。老年人的照护风险从原来的个人风险、家庭风险被转移到了社会上，形成了长期照护社会风险。老年人的长期照护的压力最终还是需要依靠政府和社会的力量解决。这也就意味着老年人的长期照护制度也终需提上议事日程。

建立老年人长期照护制度，筹资问题是关键问题，这也是制度得以建立的基础和前提。如果筹资渠道不稳定，资金数量不足，必然会导致整个制度的发展不可持续。中国与德国、日本和美国的经济、政治、社会和文化背景各有不同，这也就注定了中国在老年人长期照护制度的选择上不能照搬他国经验，但可以吸取他国的经验教训，少走弯路。

## 一　完善中国老年人长期照护筹资制度立法

各国老年人长期照护制度运行的经验告诉我们，老年人长期照护制度必须要有完善的法律法规给予保障。德国不仅有《社会法典》这一法律制度，而且为了保障长期照护保险制度的顺利实施，还专门制订了《长期照护保险法》《负担平衡法》和《联邦照料法》等。日本为了保障40岁及以上的公民能够顺利享受长期照护制度，专门制订了《介护保险法》。由于日本有专门的照护保险法律，长期照护资金的来源、筹资水平、待遇标准及其发放等，都得以在法律上规范，从而保证了制度的顺利实施。

自进入21世纪以来，中国针对老年人长期照护也曾陆续出台了一些法律法规。《中华人民共和国老年权益保护法》《中国老龄事业发展"十五"计划纲要》《中国老龄事业发展"十一五"规划》《中国老龄事业发展"十二五"规划》《民政事业发展第十一个五年规划》《民政事业发展第十二个五年规划》、中华人民共和国国务院下发的《关于加快养老服务业发展的若干意见》以及中华人民共和国财政部、中华人民共和国民政部和全国老龄工作委员会三部门联合下发的《关于建立健全经济困难的高龄、失能等老年人补贴制度的通知》等，都涉及老年人长期照护相关内容，并对老年人长期照护制度的发展起到了一定的保障作用。但是大部分文件内容笼统含糊，缺乏可执行性，对老年人长期照护筹资制度的发展规范作用不强。另外相关规定分散在不同的法律法规中，缺乏系统性和针对性，严重阻碍了中国老年人长期照护筹资制度的发展。

此外，从国家的层面上看，相关的法律法规都只涉及老年人的养老服务补贴，并没有涉及老年人的长期医疗护理。当前，国内的长期医疗护理保险制度还处于探索阶段，只有青岛市迈出了实质性的一步，其他地区则还处于讨论阶段。我们需要总结青岛经验，借鉴发达国家的经验和教训，将长期医疗照护整合到老年人的长期照护制度当中来。

总之，当前中国还没有独立的、有针对性的老年人长期照护筹资法律制度。老年人长期照护筹资制度缺乏有效法律保障，且无法可依。

健全的法律制度能够保证中国老年人长期照护制度的正规化和标准化，既能够优化相关主体的竞争环境，还能够提高服务的效率和质量。在立法的过程中，由于政府的推动作用比较强，必须要依靠政府的力量，推动中国老年人长期照护筹资制度法律法规的发展。为了保障中国老年人长期照护筹资制度的顺利发展，必须要有计划、有重点、分步骤地出台有关法律，系统地为中国老年人长期照护筹资制度的发展提供法律保障。中国老年人长期照护筹资制度法律要明确制度的保障对象、受益资格、资金来源、资金筹集、待遇的给付、服务的提供和递送、服务质量的保证以及监督管理等内容。通过健全的法律，明确相关主体的责任，从费用的筹集到待遇的给付和服务质量的监督等，整个过程都要处于法律的监督和规范范围内，以保证老年人长期照护筹资制度的持续健康发展。除此之外，还要建立与老年人长期照护制度相配套的单项法规，例如：构建完善的老年人长期照护服务体系，将居家照护、机构照护和社区卫生服务等有效整合，为老年人提供连续的照护；为社区照护提供更多的资源，帮助老年人实现居家照护；提供更多的照护方案供失能老年人选择，使不同收入的老年人都能各得其所；提供多种形式的缓解服务，为家庭照护者减轻照护压力，鼓励亲属为老年人提供照护等。

## 二　构建资金来源多元化的老年人长期照护筹资制度

### （一）资金来源多元化

纵览世界各国和地区的社会福利筹资机制，几乎没有观点认为单一供给主体能解决所有问题，单纯依靠政府或市场都无法在公平和效率之间获得平衡，市场失灵或政府失灵都会造成福利供给障碍。在构建政府、市场、家庭和社会组织等多元主体有效参与和责任共担机制，保证老年人长期照护制度的可持续发展上，各国已经达成共识。具体筹资机制的设计，则需要根据各国的经济、政治和文化传统等因素决定。

从国际经验来看，发达国家社会福利制度的资金来源均多元化，政府、企业、个人和社会都承担一定的责任。在 1994 年之前，德国依靠州政府的财政，为低收入老年人提供长期照护。虽然德国政府实行了严格的家计审查制度，但是随着人口老龄化的不断加深，地方政府在老年人长期照护支出方面的资金不断增加。从 20 世纪 70 年代中期到 90 年代初期，德国社会救助体系中用于老年人长期照护的支出费用增长了近 3 倍，其中地方政府的社会救助系统支出由 1970 年的 2% 上升到 1990 年的 5%。[1] 1991 年，用于支付长期照护的费用，占社会救助总支出的 1/3。[2] 单一的资金来源使地方财政不堪重负，改革的要求非常强烈，在强大的压力下，

---

[1] Alber, J., "The Debate about Long - term Care Reform in Germany", in Hennssy (Ed), *Caring for Frail Elderly People: Policies in Evolution*, Paris: Organization for Economic Cooperation Development 1996: 261 - 278.

[2] HannesHeine, MangelanKraeften, *DerTagesspiegel*, 2007 - 11 - 07.

德国不得不建立资金来源多元化的社会保险制度。由雇主和雇员各自按照50%的比例缴纳保险费,资金不足部分由政府补充。这种三方共担的资金筹集方式大大减轻了德国政府的负担,保证了资金来源的稳定性和可持续性。

从20世纪60年代开始,日本对低收入老年人提供了一系列公共照护服务。随着经济的快速发展,日本为了建立与"经济大国"形象相适应的社会福利制度,对老年人的公共照护开支也不断膨胀,政府的财政压力不断增加。包括老年人长期照护开支的社会保障开支,从1970年的占GDP的5.8%,提高至1997年的17.8%。日本政府独自承担老年人公共照护资金负担,使政府的财政赤字不断加大。迫于资金压力,日本政府不得不转向社会保险筹资模式。当政府对社会福利的筹资责任被锁定在原有的路径上时,依然由政府承担了主要的筹资责任。日本中央政府、都道府县和市町村按照2:1:1的比例承担长期照护筹资责任的50%,65岁及以上的"第一种被保险人",由市町村按照收支平衡的原则由老年人独自缴费,40—65岁的"第二种被保险人",则由企业和个人各自缴纳员工工资的0.4%。为了避免受益人滥用资金,强化其费用节约意识,受益人还需要个人承担长期照护费用的10%。从政府财政独自承担筹资压力,到政府、企业、个人共同承担筹资责任,日本的长期照护筹资制度取得了一定进步,也得到了国民的支持。

美国的长期照护制度公共开支部分主要由联邦政府承担。联邦政府通过医疗保险和医疗救助,为低收入的老年人和残障者提供长期医疗救助。1998年,在美国"护理之家"和家庭照护费用中,政府的医疗保险和医疗救助支出占总支出的59%,个人承担了1/3。[1] 1999年,美国的相关机构称:"我们已经把联邦税收中的每一美元中的44美分用在了'三大补贴'——社会保障、老年医疗辅助计划以及低收入家庭医疗补助计划上。"[2] 政府虽然没有直接建立长期照护制度,但是在长期照护方面的开支负担已经非常沉重。所以,1996年,美国政府出台相关法案,采取税收优惠措施,鼓励企业和个人购买商业长期照护保险,以减轻政府的长期

---

① Mellor, Jennifer. , Private Long – term Care Insurance and the Asset Protection Motive, *The Gerontologist*, Jun, 53, 6, Academic Research Library, 2000: 596.

② National Academy on an Aging Society, *The Public Policy and Aging Report*, Summer 1999: 11.

照护开支压力。综上所述，德、日、美三个国家由政府独自筹资的长期照护筹资制度都难以持久，最终都转向了资金来源多元化的筹资模式（见表6—1）。

表6—1　　　　　**德国、日本和美国老年人长期照护制度资金来源**

| 资金来源<br>国家 | 政府 | 企业 | 个人 | 社会组织 |
|---|---|---|---|---|
| 德国 | 承担最终资金收支平衡责任 | 按照职工工资的0.975%缴费，相当于筹资的50% | 按照个人工资的0.975%缴费，相当于筹资的50% | 以提供义务服务储蓄长期照护服务 |
| 日本 | 中央政府、都道府县、市町村按照2∶1∶1的比例提供筹资金额的50% | 为40—64岁职工，按照职工工资的0.4%跟随医疗保险缴费 | 40—64岁在职职工按照个人工资的0.4%跟随医疗保险缴费；65岁及以上老年人，由各市町村按照收支平衡的原则筹资；受益人自付10%的照护费用 | 提供义务服务 |
| 美国 | 政府利用财政资金通过医疗保险和医疗救助为低收入老年人、残障人提供长期照护救助 | 为员工购买商业长期照护保险 | 购买商业长期照护保险 | 提供义务服务 |

中国老年人长期照护筹资制度同样不能脱离中国国情。"未富先老"是中国当前的基本国情，中国政府要为规模如此巨大的老年人长期照护提供资金，显然力不从心。而且欧洲福利国家经济衰退，导致福利待遇削减所引发的社会动荡，已有前车之鉴。完全靠个人筹资，解决老年人长期照护需求也不现实，毕竟中国目前人均收入水平还比较低，尤其是农村的广大居民，收入水平更低。因此，中国应该借鉴发达国家经验，构建资金来源多元化的筹资制度。政府、企业、个人甚至社会组织都可以成为筹资来源。

从中国老年人长期照护的实践来看，根据老年人长期照护需求内容可分为两个部分：一部分是由政府提供的养老服务津贴，另一部分是由医疗保险提供的长期医疗护理。这种资金来源多元化的方式，能够保证资金的来源稳定，且已经实行的地区也取得了良好的社会效果，具有较好的制度基础，便于制度的推行。所以，建议中国的老年人长期照护筹资制度根据老年人的服务内容分为养老服务筹资制度和长期医疗护理服务筹资制度两个部分。

### （二）养老服务资金来源

从国际经验来看，包括美国在内的许多发达国家，都开始对老年人实行选择性救助的模式——即"目标定位"，对那些严重失能及低收入的老年人实行救助。即使是瑞典、奥地利等以税收作为长期照护资金来源的普享式的国家，其政策也实行"目标定位"的方式。[①] 这种发展趋势也是遏制长期照护费用快速增长，提高长期照护资金配置效率的主要手段，与中国当前的国情比较适合。

所谓的"目标定位"，就是把公共资源，通过制度分配给人群中特定的目标群体的过程。目标群体一般是被认定为最贫困的弱势群体。这个过程涉及两个因素：一是选择符合条件的对象，即如何定位政策中的"最需要的群体"；二是资源的定向使用，即如何将有限的资源分配给"最需要的人"，这是"选择性政策"的延续与发展。"目标定位"源起于福利资源的稀缺性和福利国家的财政压力，其目标是通过缩小受益者范围来减少政府的支出，进而实现福利国家的转型。[②]

对失能、半失能老年人而言，打扫卫生、助浴、助餐、助厕等养老服务是保持正常生活的必需品。相比医疗护理服务，养老服务的技术含量不高，所需要支付的成本也不高。大部分失能和半失能的老年人通过养老金或者家庭成员的资助，基本能够得到满足。但是对低收入老年人而言，养老服务费用支出对其生活质量的影响却很大。受经济发展水平限制，中国对低收入老年人提供养老服务补贴制度。现行的低收入老年人的养老救助服务，随着制度不断完善和救助水平的不断提高，对缓解老年人养老服务的压力起到了很好的作用。所以，受限于当前经济发展

---

① 施巍巍：《发达国家老年人长期照护制度研究》，知识产权出版社 2012 年版，第 228 页。
② ［美］尼尔·吉尔伯特：《社会福利的目标定位——全球发展趋势与展望》，中国劳动社会保障出版社 2004 年版，第 1—3 页。

水平，中国目前采取社会救助模式作为中国老年人养老服务的筹资模式
比较具有可行性。但是从长期来看，根据德国、日本和美国的经验，我
们会发现如下特点：德国和日本在建立长期照护保险之前就是采取的社
会救助模式，人口老龄化和福利刚性的压力对这两国政府的财政造成了
巨大压力，导致必须要进行改革；而美国现行的医疗救助开支也在逐年
上升，对财政的压力也不容小觑，改革的压力一直存在。所以，中国在
选择老年人长期照护筹资制度的时候，要预见到可能发生的风险，待时
机成熟时，还要尽量拓宽资金来源，用多元化的保险筹资方式来降低筹
资制度的风险。

### （三）长期医疗护理服务资金来源

由于老年人的长期医疗护理需求与医疗之间的关系比较密切，才使得
"社会性住院"有机可乘。"社会性住院"给医疗保险基金和医疗资源造
成了很大的浪费，老年人长期住在医院既不经济也不方便，所以从医疗保
险中划拨一部分资金为老年人提供医疗护理服务，老年人、医院和医疗保
险机构三方都乐于接受，这是一种福利效用增加的选择。由于当前中国政
府、企业和个人的筹资能力有限，从现有的社会保障制度寻找资金来源是
一个不错的办法。

对于医疗护理资金的来源，有学者（韩振燕、梁誉，2012；郑雄飞，
2012；肖云、王冰燕，2013）认为，老年人长期照护与养老、医疗都有
关系，建议从养老保险和医疗保险中划拨一部分资金来解决长期问题。有
学者（戴卫东，2012；阙小冬，2013）建议从医疗保险个人账户结余资
金划拨。笔者认为，养老保险积累的问题已经颇多，数额巨大的转制成
本、个人账户的空账、再加上连续十几年的养老金上涨等因素的影响，养
老保险已经没有划拨资金的空间。但是医疗保险却不同，城镇职工医疗保
险中有大量的个人账户资金沉淀，人们对医疗保险个人账户的责难由来已
久，对于个人账户资金的重新利用也有很多建议。有学者（李珍，2013；
王超群，2013）建议将个人账户转为家庭联保。① 有学者（罗哲、魏兴

---

① 李珍：《重构医疗保险体系提高医保覆盖率及保障水平》，《卫生经济研究》2013 年第 6
期；王超群：《城镇职工基本医疗保险个人账户制度的起源、效能与变迁》，《中州学刊》2013 年
第 8 期。

莓，2010）建议用个人账户的余额购买补充医疗保险和商业医疗保险。[1]
还有学者（薛惠元、张翼，2010）建议逐步取消个人账户，在过渡期内，
将个人账户的余额为其家属购买住院保险或者大病保险。[2] 笔者认为，将
个人账户的一部分资金作为老年人长期医疗照护保险也是一个不错的出
路。政府对城乡居民医疗保险的资金投入不断增加，从 2003 年的 20 元钱
提高到 2015 年的 380 元钱，提高了 19 倍。中华人民共和国财政部公布的
《2014 年全国社会保险基金预算情况》显示，到 2014 年底，城乡居民医
疗保险滚存结余 2133 亿元。政府可以从居民医疗保险补助中拿出一部分
资金用于老年人医疗护理，而不会对城乡居民的医疗保险造成明显的
影响。

中国社团的力量最近几年虽然得到了很大的发展，但是力量还比较薄
弱。可以借鉴德国的"储存时间"的制度，采取建立"义工银行"等形
式，鼓励社会力量为老年人提供长期照护服务。这样不仅可以缓解资金方
面的压力，还能够弘扬社会美德，促进社会和谐发展。

### （四）发挥非正式照护的作用以减少正式照护的开支

1. 倡导居家和社区照护服务

老年人长期照护包括正式照护和非正式照护。正式照护主要以机构照
护为主，非正式照护则主要包括家庭照护和社区照护。

从经济的角度看，非正式照护对经济有两个好处：一是与正式照护相
比，非正式照护更加经济；二是非正式照护的存在和作用的发挥，可以减
少正式照护的供给，从而减少正式照护供给的成本。[3]

从文化的角度看，儒家文化对中国的影响源远流长、根深蒂固。中国
有着良好的家庭养老传统，即便是家庭结构和社会结构发生重大变化的当
下，在新的历史时期，"孝道"也依然被发扬光大。绝大部分老年人的长
期照护责任由家庭承担，除了能够降低照护成本，还能更容易满足老年人
的精神需求，提高老年人的生活质量。所以，家庭在力所能及的范围内提

---

① 罗哲、魏兴莓：《论中国现阶段医疗保险个人账户存在的必要性》，《中国药房》2007 年
第 7 期。

② 薛惠元、张翼：《医疗保险个人账户何去何从——一个研究述评》，《广西经济管理干部
学院学报》2010 年第 3 期。

③ 李珍：《论城市家庭在老年经济支持制度中的作用》，《经济评论》1998 年第 6 期。

供可能的照护服务，为老年人提供帮助，不论是从经济的角度还是文化的角度来看，都应该得到倡导。

　　事实上，家庭在老年人的长期照护中一直发挥着不可替代的作用。由于当前中国没有完整的长期照护制度，所以有 53% 的受访者把家庭作为照护费用的主要来源。[①] 即使是强调个人主义的美国，大部分需要长期照护的老年人不是在养老机构接受服务，而是在家庭或社区得到满足。大部分老年人依赖家人和朋友提供长期照护资金和服务。居住在家中或者社区的老年人中，只有不足 10% 的人依赖正规的或者付费的长期照护服务。德国的长期照护待遇，在既定的护理级别下，支付给家庭非正式照护人的现金受益远远低于护理机构的受益金额，不足一半。即便如此，绝大部分受益人仍然优先选择家庭护理。1998 年，在 171.6 万名长期照护受益人中，有 74% 选择居家照护。即使是需要 24 小时不定时看护的受益人，也有高达 55% 的人选择居家照护。统计显示，80% 的接受居家照护的受益人和家庭非正式照护人对现状表示满意。日本受中国儒家文化的影响，家庭养老观念根深蒂固，对于老年人的长期照护主要在家庭完成。

　　得益于中国良好的家庭赡养传统，居家照护和社区照护在中国具有深厚的文化基础，所以中国倡导居家和社区照护，更符合中国的国情，同时还能够降低照护成本，满足老年人居家养老的偏好。为了缓解家庭成员因提供长期照护而产生的精神压力，中国政府应当积极建立临时性替换照护服务（ Respite Care ）。当家庭长期照护人暂不能提供照护服务时，应由政府提供临时替换照护，将需要照护的老年人临时送到专门机构进行服务。这种方式能够加强家庭成员的责任感，更好地为老年人提供照护服务[②]。

　　2. 机构照护服务定位于完全失能老年人

　　大部分西方发达国家，能够入住养老机构的老年人必须要符合长期照护和特别护理的条件。目前，在经济合作与发展组织国家中，65 岁以上老年人入住养老机构的比例大约为 5% ，高龄老年人的比例更高一些，大

---

　　[①]　陈璐、范红丽：《中国失能老人长期护理保障融资制度研究——基于个人态度的视角》，《保险研究》2014 年第 4 期。

　　[②]　刘乃睿、于新循：《论中国孝道传统下老年人长期照护制度的构建》，《西南大学学报》（社会科学版）2008 年第 5 期。

约为 20% 左右。① 以美国为例，各州老年人入住养老机构的标准虽然差异比较大，但是共同点是，只有那些日常生活无法自理、患有各种疾病或者残障的老年人才能入住，日常生活需要很少帮助的老年人不允许入住养老机构。入住养老机构的老年人如果自理能力提高，可以回到家中。如果病情加重，或者没有好转，则可能到医院去接受专业治疗。所以，即使在发达国家，也只有很少的一部分老年人入住长期照护机构，绝大多数老年人是在家庭或者社区接受长期照护。

与西方国家入住养老机构的老年人状况不同，中国入住养老机构的老年人绝大部分是生活能够自理的老年人，并不需要任何照护。② 据民政部 2010 年调查显示，中国失能、半失能老年人只有 1.47% 进入养老机构，养老机构中能自理老年人的数量是失能、半失能老年人的 4 倍。机构照护在提供全天候地及时、专业的服务方面比居家和社区照护有着明显的优势。同时其照护成本也要高于居家和社区照护，所以从节约成本和保证老年人照护质量的角度来看，机构照护应为那些完全失能、家庭没有能力提供照顾支持的老年人提供照护，而不应该成为一种常态的长期照护模式。

## 三　老年人长期照护制度筹资模式的选择

中国老年人长期照护筹资制度模式是整个筹资制度的核心之一。目前社会福利制度的资金筹集模式主要有两种：一种是现收现付制，另一种是完全积累制。从国内的研究来看，刘金涛③（2011），韩振燕、梁誉④（2012），彭荣、凌莉（2012）等，均建议中国的老年人长期照护筹资采取部分积累制的模式。企业缴费划入社会统筹，个人缴费划入个人账户，实行统账结合。但是老年人长期照护筹资制度是一个新的制度，在建立新制度之前有必要先了解一下现收现付制和完全积累制的特点，以及人们对

---

① Norgard T. M., Rodgers W. L., *Patterns of in - Home Care among Elderly Black and White A-mericans*, J. Gerontol, 1997（52）：93 - 101.

② 顾大男、柳玉芝：《中国机构养老老人与居家养老老人健康状况和死亡风险比较研究》，《人口研究》2006 年第 5 期。

③ 刘金涛、陈树文：《中国老年长期护理保险筹资机制探析》，《大连理工大学学报》（社会科学版）2011 年第 3 期。

④ 韩振燕、梁誉：《关于构建中国老年长期照护保险制度的研究——必要性、经验、效应、设想》，《东南大学学报》（哲学社会科学版）2012 年第 3 期。

这两种筹资制度认识的变化。

**（一）现收现付制与基金制的分析比较**

对现收现付制和基金制的争论，源于 20 世纪 70 年代对现收现付制的批判和对基金制的推崇。直到现在，越来越多的人已经能够理性看待两种筹资制度各自的优点和缺点。

从社会保障筹资制度的发展历史来看，最早建立社会保险的德国，其1889 年首创的养老社会保险的筹资制度就是采取代际转移的模式，即现收现付制（Pay – As – You – Go）。这种筹资模式被其他国家广泛接受和效仿。直到 20 世纪 90 年代初期，全球现收现付的筹资模式覆盖了 40% 的劳动者，有 30% 的退休人员从中领取养老金。100 多年的经验证明，当人口结构年轻化，且经济保持高速增长的情况下，现收现付制是有效的。即人口增长率 + 实际工资增长率 > 利率时，能够实现代际之间的帕累托最优配置。[①]

20 世纪 70 年代，石油危机引发"滞胀"，经济增长缓慢。在人口老龄化的压力下，人们开始对政府的失灵进行反思，新自由主义思想逐渐占了上风。在这种情况下，开始出现批评现收现付制度、鼓励私有化的思潮，基金制（个人账户）也因此产生。1979 年，英国政府鼓励人们从社会保险制度中"合同退出"——或者进入企业年金，或者建立个人账户。智利则是在这一思潮影响下改革最彻底的国家，彻底放弃了现收现付制转向了完全私有化、完全积累制的个人账户。考虑到巨大的转制成本，中国则选择了部分积累制，养老保险和医疗保险实行统筹账户和个人账户相结合的筹资制度。筹资制度中既有现收现付制，又有完全积累制。这也是为什么有的学者对中国老年人长期照护筹资制度也选择部分积累制的主要原因之一。当然，这也能够用路径依赖理论予以解释。

对于现收现付制的批评，主要是因为其在人口老龄化压力下资金的不可持续等因素。其代表人物马丁·费尔德斯坦（1974）认为，美国实施的现收现付制的公共养老金制度有两个后果。第一，使公共养老基金配置效率低下，公共养老基金的资金回报率远低于私人养老金。并且为了应对不断增加的养老金支出，社会保障税率被迫不断提高，严重扭曲了劳动供给市场。第二，

---

① 李珍：《社会养老保险私有化反思》，《中国社会保障》2010 年第 1 期。

减少了国民的储蓄，对储蓄形成了"挤出效应"。如果不改革，就会像别的国债一样挤出越来越多的私人资本。费尔德斯坦认为，应该将现收现付制转向完全积累制——即建立个人账户。

对基金制（个人账户）的倡导者主要认为：第一，基金制是个人生命周期不同阶段的收入再分配制度。与社会人口年龄结构无关，在人口老龄化社会里，基金制比现收现付制更有优势；第二，基金制权益是以收定支的，老年人领取退休金的多少只取决于个人账户积累的资金数量，政府不必承担风险；第三，基金制使养老金水平与年轻时的积累有关，可以增加个人的责任感，制度运行也更加有效；第四，基金制是强制储蓄制度，对经济促进有一定的作用。

巴尔（2003）认为，现收现付制和基金制在应对人口老龄化的问题上并不存在本质上的差别，它们只不过是两种不同的分配方式而已。在现收现付制下，如果出现人口老龄化，在职人员减少，总产出下降，养老金数量也随之减少，而领取养老金的人员增加，则出现支付危机；在基金制下，人口老龄化看似不会减少名义养老金数量，但是由于社会总产出随着在职人员数量减少而减少，社会剩余产品价值实际上低于养老金名义价值，老年人获得的产品数量事实上仍然减少了，导致需求拉动的通货膨胀。程永宏（2005）采用中国的相关数据证明，人口老龄化并不一定会导致现收现付制的不可持续，关键是经济增长速度与人口老龄化速度之间的差距。[1] 李珍（2012）认为，从长期来看，现收现付制并不存在明显的"挤出效应"，它与储蓄之间的关系是中性的。世界银行对各国的考察也证明两者之间的关系并不明显。以美国为例，美国的公共年金一直是采取现收现付制，但是从1935年以来，其保障水平稳定保持在40%左右，而其储蓄水平却具有很明显的时代差异。所以，这并不能证明现收现付制与储蓄之间具有明显的相关性。

对现收现付制的支持者认为，现收现付制相比基金制的优越性表现在：第一，现收现付制具有很强的收入再分配功能；第二，现收现付制的基金基本不受通货膨胀影响；第三，现收现付制可以在很短的时间内建立起全额的保险权益领取权。

近年来，越来越多的学者对于现收现付制和基金制的评价越来越客观。

---

① 程永宏：《现收现付制与人口老龄化关系定量分析》，《经济研究》2005年第3期。

李绍光（1998）认为，20 世纪 80 年代中后期以后，从现收现付制向基金制改革的浪潮不应该是对现收现付制的全盘否定，不论是从收入再分配还是经济适度增长的角度来看，现收现付制和基金制都是互为补充的。[①] 孙永勇、李珍（2005）认为现收现付制和基金制并不是非此即彼的关系，两者各自的优点和缺点都被夸大了，各国需要根据自己的国情来进行选择。

### （二）选择现收现付制的老年人长期照护筹资模式

老年人长期照护制度作为一个针对失能老年人的社会保障制度，首先应该是一种社会制度，其次才是经济制度。建立现收现付制的老年人长期照护筹资模式，可以发挥制度的互助互济功能，通过收入再分配使失能的老年人能够在短时间内获得保障权益。另外，中国当前的资本市场发展尚不完善，不适合积累大量的社会保障资金投入资本市场。从国外已经建立了长期照护制度的国家的经验来看，大部分国家采取现收现付的模式。所以，建议中国老年人长期照护筹资采取现收现付的模式。养老补贴来源于财政的一般税收，不需要也没有必要进行资金的积累。从长期医疗护理保险筹资模式看，主要是跟从医疗保险，其资金的来源也主要是来源于医疗保险个人账户。虽然医疗保险个人账户是完全积累制，但是根据国内对医疗保险个人账户的诟病以及学者们对与现收现付制和积累制的研究和反思，再加上路径依赖所产生的惯性，中国取消个人账户的改革成本很高，目前还处于继续运行并寻找改革机会的阶段。所以，将医疗保险个人的部分资金划转之后，实行现收现付的模式，既不用重蹈医疗保险个人账户的覆辙，又可以为医疗保险个人账户的改革寻找出路，并减小改革压力。笔者认为，中国当前与医疗相关的老年人长期照护筹资制度，应该选择现收现付的筹资模式。

## 四　确定与中国经济发展相适应的老年人长期照护筹资水平

中国日益严峻的老龄化形势，为商业长期照护保险培育着丰富的客户群体。美国商业长期照护保险的发展也为中国这种保险的发展描绘了宏伟

---

① 李绍光：《养老金：现收现付制和基金制的比较》，《经济研究》1998 年第 1 期。

蓝图。长期照护保险本将成为中国商业保险市场上的翘楚，但是现实情况却是中国商业长期照护保险面临供给不足、需求不旺的尴尬境地。商业保险公司遵循市场竞争和自由交易的原则，追求利润的最大化，导致无力支付高额保费的人被排斥在外，而老年人长期照护筹资制度需要公平性和稳定性。这两者内在逻辑存在着根本性的冲突。这种利益最大化与公平性、公益性之间的悖论，决定了商业长期照护保险无法承担老年人长期照护筹资的主要责任。

事实上，在商业长期照护保险供需双方中，保险公司和投保人都在追求自身利益最大化。保险公司往往倾向把长期照护保险卖给风险小的投保人，这就产生了"风险选择"问题，导致越是需要长期照护保险的人，越无法购买商业长期照护保险。越是健康状况不佳的人，更希望购买商业长期照护保险，越是健康状况好的人，越不会购买商业保险，这就形成"逆向选择"。为了应对"逆向选择"风险，保险公司只能不断提高保费，往往超越普通人的承受能力。

因此，不论是从近期还是从远期来看，商业长期照护保险只能为少数高收入群体提供保障，在中国，将其作为满足老年人长期照护需求的主要方式并不可行，但是作为补充型保险尚有一定的发展空间。

建立与经济发展水平相适应的筹资制度，不仅是对老年人长期照护筹资制度的要求，也是对所有社会保障制度的要求。过高的筹资水平，使各筹资主体压力太大，对经济社会的发展都会产生负面的影响。过低的筹资水平，则不能起到有效的保障作用。由于正式的制度最终的责任主体都是政府，所以当收不抵支时，资金的压力最终落到政府的身上。政府的资金来源只能是税收，所以过低的筹资水平，其缺口最终是由全体纳税人买单，这也就意味着受损的是全体纳税人——比如前面提到的日本。所以，中国在构建老年长期照护筹资制度时，一定要制定与经济发展水平相适应的筹资标准。

任何福利制度都逃脱不了福利刚性带来的支出增加的结果——不论是精打细算的德国还是承担有限责任的美国，更不用说慷慨的北欧福利国家。一个福利制度一旦实施，大部分国家都守不住政策的底线，福利支出往往会超出预期。所以，我们国家在制订老年人长期照护筹资制度时，也要考虑福利刚性带来的支出增加，理性制订筹资标准。

德国和日本，在长期照护筹资制度方面都经历了从社会救助制度向社会保险制度转变的过程。首先，对长期照护风险的认识需要一个过程。在人口老龄化程度不是很高、需要照护的老年人数量不多的时候，通过社会救助制度可以解决这个问题。随着人口老龄化程度不断提高，原来的社会救助制度就会无法承担老年人长期照护负担。建立社会保险制度，通过多方筹资，可以分担各方资金压力，为老年人提供足额及时的照护服务。其次，即使认识到长期照护风险，由于建立一项社会制度是一个系统的社会工程，对于制度的选择也需要综合考虑多方面因素，并非一朝一夕能够完成。德国从社会充分认识到长期照护风险到长期照护保险的正式实施共经历了20几年的时间。日本从20世纪80年代开始认识到"社会性住院"对医疗保险的冲击，到2000年长期照护保险的实施也经历了近20年的时间。对中国来说，虽然目前已经认识到老年人长期照护所带来的社会风险，但是由于中国国情复杂，经济基础薄弱，虽然目标很明确，但是很难一步到位，要想尽可能地减少社会震荡，需要分步实施。

另外，德国在建立长期照护保险时，其人均GDP达到30901美元。日本在建立长期照护保险时，人均GDP达到36789美元。中国自改革开放以后，虽然经济一直保持快速增长，但到2013年时，人均GDP仅为6770美元，与德国和日本的差距非常大。所以，中国还是要从基本国情出发，脚踏实地的从低水平、低覆盖出发，逐渐发展为覆盖全面的、高水平的长期照护社会保险制度，将建立老年人长期照护制度分为两步走来完成。

第一步，根据中国当前经济发展水平较低的情况，为老年人提供低水平、低覆盖的、区分养老服务和医疗护理服务的长期照护制度。针对失能老年人的养老服务需求，在充分发挥家庭服务的优势和潜力的基础上，对低收入困难老年人，由政府通过社会救助的方式对弱势群体提供补助；而对失能老年人的医疗护理需求，则在不增加企业和个人负担的情况下，城镇职工从医疗保险个人账号中划拨部分资金，城乡居民从政府补贴中划拨一部分资金，为有长期照护需求的失能老年人提供医疗护理服务。

第二步，随着中国综合国力不断增强，逐步建立覆盖全民的老年人长期照护社会保险制度，保证失能老年人晚年生活质量。在实施过程中可以采取先试点、后推广，循序渐进的方式。在北京、上海等经济发达且人口老龄化严重的城市先行试点，待时机成熟，再逐步推广到其他城市及农村，最终在全国建立起覆盖城乡的老年人长期照护社会保险制度。

政府作为老年人长期照护制度的责任主体之一，必然要承担起相应的责任。但是，从日本的经验我们可以看到，政府的负担如果超出其承受能力，必然会给经济发展造成负面影响。在中国"未富先老"的基本国情下，盲目冒进，受损的还是全体国民。所以，当前中国公共资金的使用应该定位于为确实急需长期照护的低收入老年人提供底线保障。为了保证资金的使用效率，必须辅之以严格的家庭财产审核制度，以保证最需要帮助的老年人能够获得帮助。对于经济状况比较好的老年人，则可以通过优惠政策鼓励其购买商业长期照护保险。

由于医疗保险和长期照护制度都与疾病有着很强的相关性，如果不将两者分开，产生的"道德风险""福利依赖"和政府"无限责任与有限能力"等一系列问题会给社会带来巨大的浪费，整个社会福利也将遭受损失。德国和日本的"社会性住院"问题就是很好的例证。所以，中国在建立老年人长期照护制度时，也要抓住医改契机，从医疗保险中将长期照护费用分离出来。

### （一）老年人长期照护养老服务补贴筹资水平

随着年龄的增长，老年人的身体机能逐渐下降，吃饭、上下床、洗澡、上厕所、穿衣和室内走动等逐步出现障碍，需要借助外力来实现。这些服务不需要具有很强的专业知识，一般的人员都能提供。在传统社会里，老年人的养老服务大多在家庭内部完成，可以看作是个人风险。但是，随着传统农业社会瓦解，工业社会不断发展，原来被看作个人风险的老年人长期照护风险被逐渐集中到社会上，形成社会风险，且形势越来越严峻，需要政府和社会的介入。

为公民提供最低生活保障是每个政府义不容辞的责任。即使是强调个人主义的美国，面对低收入老年人的长期照护需求，政府也通过医疗救助的形式为其提供保障。社会救助是一种投入资金少，但是可以将资金配置给最需要人群的一种社会效益最好的社会福利制度，符合帕累托效率中"一部分的福利有所改进，而其他人的福利并没有因此而受损"的原则。中国当前的经济发展水平决定了国家没有能力为所有老年人提供高水平的养老服务补贴。但是为困难老年人提供社会救助是我们国家义不容辞的责任。迄今为止，中国政府在低收入老年人养老服务补贴方面已有过多年的探索和实践，取得了宝贵的经验。2014年9月，中华人民共和国财政部联合中华人民共和国民政部和全国老龄工作委员会下发《关于建立健全经济困难的高龄、失能等老年人补贴制度的通知》，更是为低收入老年人的养老服务补贴指明了方向。该文件明确了要进一步加大公共财政支持力度，落实发放高龄津贴、养老服务补贴和护理补贴政策，有效缓解部分老年人的实际困难。要充分发挥财政资金的引导和示范效应，进一步推进基本养老服务均等化。由于养老服务补贴资金主要来源于财政预算，个人不需要缴费，所以在资金使用时，除了要审查其照护需求之外，还必须要进行个人资产及收入状况调查，要只对生活水平低于一定界限的老年群体进行补助，以确保资金的使用效率。

从前面的表3—15对于中国老年人长期照护资金需求预测数据以及贾清显（2010）对中国国内生产总值的预测可以发现，中国老年人长期照护需求资金总量占GDP比例高达2.63%—5.26%（见表6—2）。这不仅超出了中国社会保障支出占GDP的比重，也远远超过经济合作与发展国家老年长期照护公共开支占GDP平均1.2%的比重。所以当前中国政府不可能承担全部的资金需求。

表6—2　　　　**中国老年人长期照护资金需求占GDP的比重测算**

| 年份 | 老年人长期照护资金需求总量（亿元） | 国内生产总值（亿元） | 照护资金占GDP的比重（%） |
|---|---|---|---|
| 2015 | 12878 | 489600 | 2.63 |
| 2020 | 18533 | 670800 | 2.76 |
| 2025 | 27228 | 897600 | 3.03 |
| 2030 | 40263 | 1173200 | 3.43 |
| 2035 | 58630 | 1497400 | 3.92 |
| 2040 | 79676 | 1866000 | 4.27 |
| 2045 | 106464 | 2270200 | 4.69 |
| 2050 | 141697 | 2696400 | 5.26 |

笔者参照2008年日本长期照护公共支出占GDP的比重为1.4%、德国公共支出占GDP比重为0.9%以及美国公共开支占GDP的比重为0.6%，分别计算了一下中国老年人长期照护政府的开支（见表6—3）。由于中国经济发展水平有限，近期应定位于通过财政转移支付，为高龄、

失能、低收入老年人提供养老服务补贴，随着经济水平的提高，可以适当
扩大对失能老年人的救助范围和提高保障水平。其实，美国的长期照护制
度也是定位于对弱势群体的救助。所以，本书建议中国当前可以采取美国
的长期照护标准，设计中国的高龄、低收入老年人养老服务补贴标准。由
中央政府和地方政府共同出资，参照当地 GDP0.6% 的标准来为高龄、失
能和低收入的老年人提供养老服务补贴。

表6—3　　　　　　　　　中国老年长期照护支出水平预测　　　　　　　　单位：亿元

| 年份 | 国内生产总值 | 日本标准 | 德国标准 | 美国标准 |
|---|---|---|---|---|
| 2015 | 489600 | 6854.4 | 4406.4 | 2937.6 |
| 2020 | 670800 | 9391.2 | 6037.2 | 4024.8 |
| 2025 | 897600 | 12566.4 | 8078.4 | 5385.6 |
| 2030 | 1173200 | 16424.8 | 10558.8 | 7039.2 |
| 2035 | 1497400 | 20963.6 | 13476.6 | 8984.4 |
| 2040 | 1866000 | 26124.0 | 16794.0 | 11196.0 |
| 2045 | 2270200 | 31782.8 | 20431.8 | 13621.2 |
| 2050 | 2696400 | 37749.6 | 24267.6 | 16178.4 |

### （二）老年人长期医疗护理保险筹资水平

老年人长期医疗护理需求与疾病治疗界限模糊，根据国际上已经实施
的长期照护制度经验和中国青岛市试行的长期医疗护理保险的经验，长期
医疗照护保险跟从医疗保险是最有效的方式。首先，医疗保险重在治疗，
照护保险重在预防和护理，将照护保险跟从医疗保险，可以将治疗和预防
互相补充，节约成本，提高制度的运行效率。其次，中国医疗保险基本实
现了全覆盖，长期照护跟从医疗保险，也可以将绝大部分人纳入，保证制
度的最大覆盖范围。最后，利用医疗保险的资金筹集、支付和管理平台，
不仅可以节约管理成本，而且可以提高资金的使用效率。

发达国家建立的长期照护筹资制度，资金的来源无非是政府、企业、
个人、家庭。由于各个国家的实践以及国内各学者在测算的过程当中对于
保障对象的年龄和保障的内容的看法并不一致，所以只能说它们对中国具
有一定的借鉴意义，不可能完全照搬哪一种标准。依据中国现行的医疗保
险筹资制度，可将长期医疗护理保险制度根据医疗保险对象不同分为两个

部分：城镇职工的长期医疗护理和城乡居民的长期医疗护理。由于全国当前的统计数据中均未对老年人的"社会性住院"的开支进行统计，所以数据获取存在很大的难度。当前国内只有青岛市试行了老年人的长期医疗保险制度，并且有相关的数据可以利用。所以，本书在测算长期医疗护理保险的缴费水平时，以青岛市作为个案进行分析。

（1）城镇职工长期医疗护理保险筹资水平

中国城镇职工基本医疗保险经过近二十年的发展，覆盖范围不断扩大。截至 2013 年，全国参加城镇职工医疗保险的人数达到 27443 万人，占全体城镇就业人数的 71.8%，并且每年都有不同程度的增加。城镇职工的长期医疗护理保险跟从城镇职工基本医疗保险，从保障对象上实现了最大范围的覆盖。

医疗保险的筹资，包括统筹部分和个人账户部分。这种统账结合的医疗保险筹资制度自建立之日起，对于个人账户存在的必要性争论就没有停止过，主张取消个人账户的学者不在少数。大部分学者就个人账户的不公平性、使用的低效率性等提出质疑。首先，医疗保险所依据的基本原则是社会互济，个人账户归个人所有，不具备再分配性质，显然不具备社会互济功能。其次，与养老保险个人账户收入的确定性相比，个人的医疗卫生服务的需求是随机的，不需要先积累后消费；再次，年轻人的账户里积累的资金长时间无法流转，资金有没有增值渠道，造成巨大浪费。最后，年轻人的个人账户里积累了大量资金，由于管理不善，医保卡变购物卡的现象时有发生，造成医疗资金使用性质发生变化。《深化医药卫生体制改革2012 年主要工作安排》（国办发〔2012〕20 号）中提出：要采取有效办法将职工基本医疗保险结余逐步降到合理水平。据中华人民共和国人力资源与社会保障部统计，截至 2013 年末，城镇职工基本医疗保险基金累计结余 4807 亿元，其中个人账户积累 3323 亿元，占总结余的 69%。可见，降低医疗保险结余资金，主要应该降低个人账户基金的结余。这为建立城镇职工长期医疗护理保险创造了机会，可以将个人账户中的资金，按照一定的比例划入长期医疗护理保险基金中。

2012 年，青岛市试行的长期医疗护理保险，从城镇职工基本医疗保险的个人账户中，按照 0.4% 的标准划入长期医疗护理保险。2012 年，从城镇职工医疗保险共划拨 14025 万元，共支出 10800 万元。2013 年共划拨 37028 万元，共支出 17593 万元。制度运行期间，资金的收入大于支出，实现了收支平衡（见表6—4）。

表6—4            青岛市城镇职工长期医疗护理保险资金收支状况

| 年份 | 资金筹集（万元） | 支出（万元） |
| --- | --- | --- |
| 2012 | 14025 | 10800 |
| 2013 | 37028 | 17593 |
| 2014 年（上半年） | 19810 | — |

注：2012 年的资金收支数据是 7—12 月，2014 年的支出数据无法获得。

　　为了评估制度的实施效果，青岛市于 2014 年对制度的实施进行了调查。对受益老年人的调查显示，"非常满意"的占 18.68%，"满意"的占 59.78%，"一般"的占为 16.48%，"不满意""非常不满意"的仅占 1.54%。调查结果显示，青岛市长期医疗护理保险制度的满意度高达 78.46%（见图6—1）。

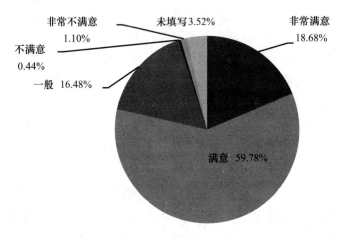

图 6—1    青岛市受益老年人对长期医疗护理制度的满意度
资料来源：2014 年青岛市的运行效果评估调查。

　　对医疗机构的调查显示，当前青岛市的失能、半失能老年人住院率稳定在 8% 左右，大大缓解了医院的压力。由于青岛市建立了老年人的长期医疗护理保险制度，实现了不分居家、社区还是养护机构护理，只要符合条件者均可以获得长期医疗护理保险待遇，所以，使"社会性住院"问题得以有效缓解。受访的医疗机构中，认为长期医疗护理对缓解"社会性住院""非常重要"的占 39.17%，"重要"的占 45.86%。两者合计高达 85.03%（见图 6—2）。

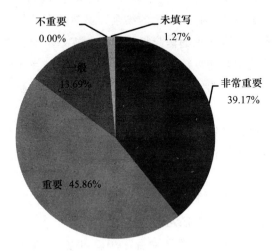

**图 6—2 青岛市长期医疗护理保险对缓解"社会性住院"的作用**

资料来源：2014 年青岛市运行效果评估调查。

对长期医疗护理资金的收支状况、受益人的满意度以及缓解"社会性住院"压力三个方面进行调查的结果显示，青岛市长期医疗护理保险制度具有一定的可行性。所以，建议从城镇职工医疗保险个人账户，按照 0.4 个百分点进行资金的划拨，建立独立的长期医疗护理保险账户。在试点成熟的基础上，在全国范围内推广。

（2）调整政府财政投入结构为城乡居民建立长期医疗护理保险

城乡居民医疗保险筹资，采取个人缴费和政府补贴相结合的形式。2003 年开始建立"新农合"时[①]，中央财政补贴 10 元，地方财政补贴 10 元，个人适量缴费。2007 年建立城镇居民医疗保险时，参照"新农合"的补贴标准，对城镇居民医疗保险由中央财政补贴 20 元，地方财政 20 元，个人缴费 10 元，基本保持与"新农合"同步。此后，城乡居民医疗保险政府补贴连续提高，到 2015 年，各级财政对城乡居民医疗保险人均

① "新农合"是"新型农村合作医疗"的简称。

补助标准为 380 元，个人缴纳 120 元左右。财政补贴部分，从 2003 年的 20 元提高到 2014 年的 380 元，增长了 19 倍。中华人民共和国财政部公布的《2014 年全国社会保险基金预算情况》显示，到 2014 年底，城乡居民医疗保险滚存结余 2133 亿元。由于城乡居民医疗保险的资金主要来源于财政补贴，且资金每年都存在一定的结余，虽然结余的数量人均水平并不高，但是可以看出城乡居民的医疗保险资金收支基本保持平衡。如果将中央财政补贴部分的增长速度放缓，从中央的财政对城乡居民增长预算中划拨出一部分资金，用于为城乡老年人建立长期照护保险制度，具有一定的可行性。

以青岛市为例，城镇居民医疗护理保险的资金筹集主要来源于两个部分：一部分是按照青岛市上一年度城镇居民人均可支配收入的 0.2% 从居民医疗保险划拨，另外一部分源自政府从福利彩票公益金中按照每年 2000 万元的标准划入城镇居民长期医疗护理保险。除此之外，青岛市还从福利彩票公益金中划拨 1 亿元的启动资金。

从城镇居民长期医疗护理保险看，2012 年资金的收入为 1265 万元，支出 1126 万元。2013 年资金收入 2700 万元，支出 2425 万元。资金收支达到了平衡。需要说明的是，青岛市于 2014 年开始进行城乡医疗保险并轨，将"新农合"的参保人群全部纳入制度。从目前的测算来看，全市长期医疗护理保险的资金仍然能够保持收支平衡（见表 6—5）。

表 6—5　　　青岛市城镇居民长期医疗护理保险资金收支状况

| 年份 | 资金筹集（万元） | 支出（万元） |
| --- | --- | --- |
| 2012 年 | 1265 | 1126 |
| 2013 年 | 2700 | 2425 |

注：2012 年的资金收支数据是 7—12 月。

由于青岛市对长期医疗护理制度的调查对象并未区分城镇职工和城镇居民，所以享受长期医疗护理保险的满意度以及缓解"社会性住院"的评估效果相同。可见，青岛市长期医疗护理保险中城镇居民部分也具有一定的可行性。所以，建议先参照青岛市长期医疗护理保险的标准，按照城乡居民人均可支配收入的 0.2 个百分点进行资金的划拨，政府适当给予财政补贴，建立独立的长期医疗护理保险账户，在试点成熟的基础上在全国范围内进行推广。

同样，为了避免个人在享用长期医疗护理待遇时浪费资金，借鉴日本和我国青岛市的经验，建议受益者在享受制度时，按照照护机构自付10%，居家和社区自付6%的筹资标准付费。除此之外，各级政府一直不断加大对老年人的照顾力量，有的地方给高龄老年人每月发放10—30元的高龄津贴，有的组织80岁以上老年人体检，由于组织工作量大，难以落实，后来改为发放每人150元体检补贴等。这些投入采取的是"撒芝麻"的方式，对于大部分老年人无足轻重，对于失能、低收入老年人又是杯水车薪，不能从根本上解决问题。如果将这部分财政资金集中起来，用于为老年人建立长期医疗护理保险制度则可以起到事半功倍的作用。

## 五　充分发挥商业保险的补充作用

美国作为商业保险最发达的国家，在老年人长期照护方面，政府采取了税收优惠、营销计划和长期照护合作计划等一系列的措施。在产品设计上，美国的长期照护产品也包含了夫妻投保的保费优惠、通货膨胀保护、保单可续保以及保单的可移转等特殊的规定，以增加商业保险对人们的吸引力。即便如此，美国商业长期照护保险的持有率也不超过10%。可见，以商业保险作为老年人长期照护的主体有些不切实际。在中国商业保险的发展受限主要表现在以下几个方面。

1. 产品定价过高与人们支付能力有限的矛盾

价格因素无疑是消费者最敏感的问题之一，质优价廉才能吸引更多的消费者。中国商业长期护理保险起步较晚，缺乏定价的经验数据。再加上影响长期护理保险定价的因素很多，对精算技术要求很高，加大了保险公司的定价难度。所以在实际定价中，很多保险公司只能借鉴国外相关的数据，定价假设较为保守，最终导致保险产品价格大大超出其他商业寿险或者健康险产品的价格。[①] 产品的定位只能面向高收入群体，跟大部分老年人的实际收入水平相去甚远，使商业长期护理保险成为金字塔尖的产品，可望而不可即。

---

① 周海珍：《长期护理保险产品设计浅析——对美日德长期护理保险产品的借鉴》，《兰州学刊》2012年第10期。

《2013 年国民经济和社会发展统计公报》数据显示，中国城镇居民人均可支配收入 26955 元，农村居民人均纯收入 8896 元，老年人退休后的实际收入要低于人均可支配收入。面对市场上销售的高价长期护理保险，一般民众和老年人高不可攀。所以，高额的产品价格和消费者的低消费能力已成为制约商业长期护理保险发展的一大瓶颈。

2. "逆向选择"和道德风险难以防范

作为商业保险，"逆向选择"和道德风险是不可避免的。针对高风险的老年人和身体健康状况不佳的人群，保险公司为了谋求高利润，在承保时会将其排除在外。由于各方利益不同，越是有需求或者有潜在需求的参保人，为了实现参保的愿望，往往会故意隐瞒病情，一旦投保成功则又会故意夸大丧失自理能力的程度，过度消耗医疗服务。由于双方信息不对称，并且相关风险有时比较隐秘，难以防范。因此，对道德风险和"逆向选择"的风险防范成为商业长期照护保险发展的难题。

3. 产品单一且理赔标准严格

到目前为止，中国市场上推出的长期护理保险仅有十种左右，产品品种比较单一，不论是保障范围、保障内容还是支付条件和待遇方面都存在很强的同质化问题。对于消费者来讲，可以选择的余地不大。保险理赔的标准也非常严格，且给付形式比较单一。以美国的商业长期护理保险为例，只要被保险人步行、进食、更衣、洗澡、如厕和移动六项中的两项不能完成就可以得到保险金。而中国的标准比美国的标准还要严格，通常六项中至少要有三项失能才可以得到理赔。

为了鼓励商业长期照护保险的发展，中国政府应该给予一定的税收优惠政策。而保险公司也应该针对中国的国情，开发适合消费者需求的产品，如通过家庭共同参保，来降低保费；增加通胀保护条款等，以吸引更多的消费者购买。总之，不论是从近期还是从远期来看，在中国，商业长期照护保险只能为少数高收入群体提供保障，成为满足老年人长期照护需求的主要方式并不可行，但是作为补充型保险尚有一定的发展空间。

# 第七章　结论

## 一　基本结论

21 世纪的中国，人口老龄化趋势不可逆转。人口预期寿命的不断提高和生育率的不断降低，将使中国人口老龄化的速度不断加快，并且呈现出"人口基数大、增长速度快、高龄化趋势明显、未富先老"等特点。作为人口老龄化大国，中国由此引发的问题也更加突出。传统的以家庭照护为主的方式，受人口老龄化、家庭结构小型化和女性就业人数比例提高等因素的影响难以为继，老年人尤其是低收入老年人一旦失能，由于资金的缺失，晚年的生活质量难以保证。老年人的长期照护筹资问题，越来越受到社会的关注。

现行的有关老年人长期照护的筹资制度尚处于探索阶段，由于缺乏顶层的制度设计，阻碍了制度的运行和发展。本书针对中国现行的制度中存在的问题，选取比较有代表性的德国、日本和美国三个国家，利用福利多元主义和路径依赖理论对这三个国家长期照护筹资制度进行研究，并从多个方面进行比较分析，得出中国建立老年人长期照护筹资制度的启示。在中国当前的政治、文化和经济背景下，中国老年人长期照护筹资制度的构思如下。

第一，根据失能、半失能老年人对长期照护的需求项目，将老年人长期照护分为养老服务和医疗护理两个项目。养老服务主要满足老年人的生活照料，包括打扫卫生、协助吃饭、协助洗澡、协助活动等内容。医疗护理主要满足老年人临床照护、愈后的医疗照护以及康复照护和训练等。

第二，要建立资金来源多元化的老年人长期照护筹资制度。资金来源多元化，表现在养老服务补贴采取政府出资，辅之以严格的收入状况调查制度，确保资金只用于高龄、失能、低收入老年人；医疗护理保险限于当前的经济发展水平以及较高的社会保险缴费率等因素的影响，当前筹资主要跟从医疗保险，企业和个人暂时不需要缴费，资金从医疗保险个人账户中划拨。中国有着良好的孝亲文化和互助文化，所以，要充分发挥非正式照护的作用，从筹资方面减轻正式制度的筹资压力，为老年人编织一个幸福的安全网。

第三，要建立与中国经济发展水平相适应的老年人长期照护制度。日本沉重的社会保障负担以及对经济产生的负面影响，为中国构建老年人长期照护制度敲响了警钟。本书将老年人长期照护制度按照老年人长期照护需求内容分为养老服务补贴和医疗护理保险。养老服务补贴主要由政府的一般税收予以资金支持。中国当前"未富先老"的国情，决定了目前不可能在老年人长期照护制度上投入太多的资金，为了提高资金的"目标定位"，将资源分配给"最需要的人"，养老服务补贴要瞄准高龄、失能、低收入老年人，为其提供基本的生活保障。医疗护理保险则采取跟从医疗保险的方式，由于当前中国的大部分地区医疗保险根据保障对象分为城镇职工医疗保险和城乡居民医疗保险，所以长期医疗护理保险的筹资也分为两个部分，并且采取先试点后推广的步骤在全国逐步推广。

第四，充分发挥商业长期照护保险的补充作用。商业保险逐利性与老年人长期照护所需要的公益性存在根本的冲突，再加上保险费用非大众所能消费，使商业保险只能发挥补充作用。笔者建议除了政府给予一定的税收优惠政策之外，还可以家庭为单位投保，来减轻商业保险公司和投保人的风险。

## 二　创新之处

对于老年人长期照护制度的研究，国内虽然起步较晚，但是已有的文献也已经具有一定的规模。这些研究的内容多侧重于对国外长期照护制度的政策介绍，最多的是对德国和日本的长期照护社会保险制度的介绍。研究的深度也停留在对国外制度进行描述、然后得出对中国的启示，没有深入研究国外制度建立的背景以及对制度的运行效果进行评价。这种知其然而不知其所以然的研究方法，对于创建一个新的老年人长期照护制度，具有很大的风险，如果不对国外制度进行评估而盲目照搬，最后造成的损失需要全体人民来买单，这个代价太高。

　　第一，本书用路径依赖理论来提醒中国对于老年人长期照护筹资制度的选择。一个社会制度一旦实施，会在惯性作用下对这种路径产生依赖，不断自我强化，不会轻易改变，并将最终"锁定"在这一特定路径上。例如日本的社会保障制度债台高筑，由于改革的经济成本和政治成本较高，日本政府无法轻易对制度进行改革，只能在原有的制度框架内调整。目前只能以不断提高消费税的形式解燃眉之急，但是对经济产生的负面影响已经显现。我们国家一定要引以为鉴，在筹资制度构建时要量力而行，理性预期将来可能出现的支出增加对经济的影响。

　　第二，创造性地提出按照失能老年人长期照护需求内容，构建养老服务补贴与医疗护理保险相结合的老年人长期照护筹资制度。养老服务补贴资金来源于政府，资金的使用瞄准高龄、失能、低收入老年人；医疗护理保险的筹资则跟从医疗保险，资金来源于城镇职工医疗保险的个人账户以及城乡居民的统筹基金。由于当前企业和个人社会保险缴费比例过高，另行缴费压力过大，所以暂时是城镇职工的长期医疗护理保险资金从医疗保险个人账户划拨，城乡居民的则从城乡居民医疗保险统筹资金中划拨。待将来成熟再实行政府、企业和个人共同承担缴费责任的长期照护社会保险筹资制度。

## 三　研究不足之处

　　本书对中国老年人长期照护制度研究中还存在不足之处，主要表现在：

　　一是缺乏实证研究，在研究过程中使用的数据大部分为二手数据，会对某些研究结论的准确性造成一定的影响。

　　二是目前中国国内对于老年人长期医疗护理保险展开了很多探索，但是由于其资料均未公开发表，无法获得准确的信息，对中国的实践分析之处会有所不足。

　　三是由于笔者个人研究能力有限及所能收集到的资料也很有限，所以对于筹资制度构建的很多细节问题并未进行深入研究——如筹资制度的缴费水平精算等都需要在今后的研究中从宏观走向微观、从粗放走向精细地进行。

# 四  有待进一步研究的问题

老年人长期照护制度对中国而言属于新鲜事物，对其筹资制度的研究更是刚刚起步。也正是由于研究者少，所以需要研究的问题还有很多。

第一，老年人长期照护筹资制度的相关立法。

第二，老年人长期照护筹资制度的缴费水平精算。

第三，老年人长期照护筹资制度的管理与监督等。

本书的研究中还存在很多不足，希望能够起到"抛砖引玉"的作用，盼望更多的有识之士能够对这一领域做更深一步的研究，为中国老年人长期照护事业的发展添砖加瓦。

# 参考文献

［1］北京师范大学中国公益研究院养老研究中心数据库。

［2］陈杰：《日本的护理保险及其启示》，《市场与人口分析》2002 年第
2 期。

［3］曹艳春、王建云：《老年长期照护研究综述》，《社会保障研究》
2013 年第 3 期。

［4］陈璐、范红丽：《中国失能老人长期护理保障融资制度研究——基于
个人态度的视角》，《保险研究》2014 年第 4 期。

［5］陈璐：《中国长期护理成本的财政支持和公平保障》，《财经研究》
2013 年第 5 期。

［6］曹艳春：《中国适度普惠型社会福利制度发展研究》，上海人民出版
社 2013 年版。

［7］陈慧：《德国照护保险研究——制度建立的背景及特色》，中国人民
大学，硕士论文，2007 年。

［8］［日］出和晓子：《日本护理保险制度研究——创立背景、改革过程
与经验借鉴》，中国人民大学，博士学位论文，2009 年。

［9］《德日两国长期照护保险制度比较——陈传书常务副主任率团访问德
国、丹麦考察报告》，全国老龄工作委员会国际部，2012 年 6 月
8 日。

［10］戴卫东：《国外长期护理保险制度：分析、评价及启示》，《人口与
发展》2011 年第 5 期。

［11］戴卫东：《中国长期护理保险制度构建研究》，人民出版社 2012
年版。

［12］戴卫东：《台湾地区人口老龄化下的长期护理政策及走向》，《人口
学刊》2011 年第 4 期。

[13] 戴卫东：《改革开放以来老年福利制度建设的经验与教训》，《武汉科技大学学报》（社会科学版）2012 年第 4 期。

[14] 戴卫东：《德国护理保险介绍》，《中华护理杂志》2007 年第 1 期。

[15] 杜鹏、武超：《中国老年人的主要经济来源分析》，《人口研究》1998 年第 7 期。

[16] 董红亚：《中国养老服务补贴制度的源起和发展路径》，《中州学刊》2014 年第 8 期。

[17] 董红亚：《非营利组织视角下养老机构管理研究》，《海南大学学报》（人文社会科学版）2011 年第 1 期。

[18] 丁纯、瞿黔超：《德国护理保险体制综述：历史成因、运作特点以及改革方案》，《德国研究》2008 年第 3 期。

[19] ［英］弗里德里希·奥古斯特·冯·哈耶克：《通往奴役之路》，中国社会科学出版社 1997 年版。

[20] Gilbert N. 、Terrell P. ：《社会福利政策导论》，黄晨熹、周烨、刘红译，华东理工大学出版社 2003 年版。

[21] 高德步：《经济学中的历史学派和历史方法》，《中国人民大学学报》1998 年第 5 期。

[22] 顾大男、曾毅：《1992 年至 2002 年中国老年人生活自理能力变化研究》，《人口与经济》2006 年第 4 期。

[23] 顾大男、柳玉芝：《中国机构养老老人与居家养老老人健康状况和死亡风险比较研究》，《人口研究》2006 年第 5 期。

[24] 顾大男、柳玉芝：《老年人照料需要与照料费用最新研究述评》，《西北人口》2008 年第 1 期。

[25] ［英］霍布斯：《利维坦》，商务印书馆 1995 年版。

[26] 郝君富、李心愉：《德国长期护理保险：制度设计、经济影响与启示》，《人口学刊》2014 年第 2 期。

[27] 侯淑肖、尚少梅：《国内外长期照护发展历程及启示》，《中国照护管理》2010 年第 2 期。

[28] 胡卫：《论技术创新的市场失灵及其政策含义》，《自然辩证法研究》2006 年第 10 期。

[29] 海龙：《中国高龄老人长期护理需求测度及保障模式选择》，《西北人口》2014 年第 2 期。

［30］郝晓宁、胡鞍钢：《中国人口老龄化：健康不安全及应对政策·中国人口》，《资源与环境》2010 年第 3 期。

［31］侯雪竹：《养老院不接收 3300 万失能老人　护理费用高昂难承受》，《京华时报》2012 年 7 月 30 日。

［32］韩振燕、梁誉：《关于构建中国老年长期照护保险制度的研究——必要性、经验、效应、设想》，《东南大学学报》（哲学社会科学版）2012 年第 3 期。

［34］何林广：《德国强制性长期照护保险概述及启示》，《软科学》2006 年第 5 期。

［35］日本厚生劳动省：《关于高龄者互利保险制度创设》，日本行政出版社 2000 年版。

［36］荆涛：《长期护理保险——中国未来极富竞争力的险种》，对外经贸大学出版社 2006 年版。

［37］荆涛：《对中国发展老年长期照护保险的探讨》，《中国老年学杂志》2007 年第 2 期。

［38］荆涛：《长期护理保险研究》，对外经济贸易大学，博士学位论文，2005 年。

［39］姜日进、林君丽、马青：《中国建立社会长期照护保险的可行性分析》，《中国医疗保险》2013 年第 7 期。

［40］景跃军、李元：《中国失能老年人构成及长期护理需求分析》，《人口学刊》2014 年第 2 期。

［41］蒋承、顾大男等：《中国老年人照料成本研究——多状态生命表方法》，《人口研究》2009 年第 3 期。

［42］贾清显：《中国长期护理保险制度构建研究——基于老龄化背景下护理风险深度分析》，南开大学，博士学位论文，2010 年。

［43］蒋永康：《德国护理保险法及给我们的启示》，《社会》1997 年第 6 期。

［44］［莫］洛克：《政府论》（下），商务印书馆 1986 年版。

［45］［法］卢梭：《社会契约论》，商务印书馆 1987 年版。

［46］李培林等：《2014 年中国社会形式分析与预测》，中国社会科学文献出版社 2013 年版。

［47］李珍：《社会保障理论》（第三版），中国劳动社会保障出版社 2013

年版。

[48] 李珍:《重构医疗保险体系　提高医保覆盖率及保障水平》,《卫生经济研究》2013 年第 6 期。

[49] 李珍:《论城市家庭在老年经济支持制度中的作用》,《经济评论》1998 年第 6 期。

[50] 刘乃睿、于新循:《论中国孝道传统下老年人长期照护制度的构建》,《西南大学学报》(社会科学版) 2008 年第 5 期。

[51] 罗哲、魏兴莓:《论中国现阶段医疗保险个人账户存在的必要性》,《中国药房》2007 年第 7 期。

[52] 李明、李士雪:《福利多元主义视角下老年长期照护服务体系的构建》,《东岳论丛》2013 年第 10 期。

[53] 吕学静、丁一:《国外老年人长期照护制度研究述评》,《山西师大学报》(社会科学版) 2014 年第 1 期。

[54] 林万忆:《福利国家——历史比较分析》,巨流图书公司 1994 年版。

[55] 林艳、党俊武、裴晓梅、宋岳涛:《为什么要在中国构建长期照护服务体系》,《人口与发展》2009 年第 4 期。

[56] 李斌:《中国人口平均预期寿命 73.5 岁,达到中等发达国家水平》,中国网,2011 年 7 月 11 日。

[57] 刘燕斌、赵永生:《德日美以四国长期护理保险制度构架比较》,《中国医疗保险》2011 年第 5 期。

[58] 刘晋:《基于供需视角的中国老年长期照护保障模式研究》,中国人民大学出版社 2013 年版。

[59] 梁军:《2000 年以来日本经济走势与原因分析》,《日本学刊》2005 年第 3 期。

[60] 陆军:《当代德国人口困境与调控政策的修治导向》,《欧洲研究》2009 年第 6 期。

[61] 民政部:《2010 年社会服务发展统计报告》,中国统计出版社 2011 年版。

[62] 中华人民共和国民政部规划财务司:《2009 年民政事业发展统计报告》。

[63] [美] 尼尔·吉尔伯特:《社会福利的目标定位——全球发展趋势与展望》,中国劳动社会保障出版社 2004 年版。

［64］［俄］N. A. 拉得舍夫：《日本家庭中成年子女与老年父母的关系》，《国外社会学参考资料》1984 年第 4 期。

［65］彭荣、凌莉：《国外老年人口长期护理筹资模式潜在的问题与启示》，《中国老年学杂志》2012 年第 11 期。

［66］裴晓梅：《老年长期照护导论》，社会科学文献出版社 2010 年版。

［67］世界卫生组织：《积极老龄化政策框架》，华龄出版社 2003 年版。

［68］施巍巍：《发达国家老年人长期照护制度研究》，知识产权出版社 2012 年版。

［69］施巍巍：《发达国家长期照护制度比较与路径选择》，《新远见》2012 年第 4 期。

［70］施巍巍：《日本长期照护保险制度研究》，《经济研究导刊》2010 年第 35 期。

［71］［日］山崎泰彦等编：《〈社会保障论〉改订〈精神保健福祉士培训讲座〉》（第 10 卷），健康出版社 2001 年版。

［72］孙正成：《台湾地区长期护理体系概述及启示》，《台湾研究集刊》2013 年第 1 期。

［73］苏永莉：《长期护理保险发展的需求分析》，《保险职业学院学报》2007 年第 5 期。

［74］田杨：《日韩老年长期照护保险政策对中国的启示》，《老龄科学研究》2014 年第 1 期。

［75］邬沧萍：《长期照料照护是老龄产业重中之重》，《人口研究》2001 年第 2 期。

［76］魏华林、何玉东：《中国长期护理保险市场潜力研究》，《保险研究》2012 年第 7 期。

［77］吴金晶：《预防性福利日本长期照护保险制度的改革》，《中国社会报》2014 年 5 月 12 日。

［78］王慧：《城市失能老人长期照护服务问题研究——以长沙市为例》，湖南师范大学，硕士学位论文，2012 年。

［79］王超群：《城镇职工基本医疗保险个人账户制度的起源、效能与变迁》，《中州学刊》2013 年第 8 期。

［80］辛怡、王学志：《美国、日本长期护理救助制度及其对中国的借鉴》，《南方论刊》2011 年第 2 期。

[81] 薛惠元、张翼：《医疗保险个人账户何去何从——一个研究述评》，《广西经济管理干部学院学报》2010 年第 3 期。

[82] 杨晓奇：《对中国长期护理保险的思考》，《经济研究导刊》2014 年第 21 期。

[83] 于学军：《中国人口老化的经济学研究》，中国人口出版社 1995 年版。

[84] [美] 约翰·罗尔斯：《正义论》，中国社会科学出版社 1988 年版。

[85] 郑杭生：《社会三大部门协调与和谐社会建设：一种社会学分析》，《中国特色社会主义研究》2006 年第 1 期。

[86] 郑雄飞：《一种伙伴关系的建构：中国老年人长期照护问题研究》，《华东师范大学学报》（哲学社会科学版）2012 年第 3 期。

[87] 张恺悌、郭平：《美国养老》，中国社会出版社 2010 年版。

[88] 张盈华：《老年长期照护制度的筹资模式与政府责任边界》，《老龄科学研究》2013 年第 2 期。

[89] 赵秀斋：《日本长期照护保险制度及其启示》，《广西经济干部管理学院学报》2014 年第 2 期。

[90] 曾毅等：《老年人口家庭、健康与照料成本研究》，科学出版社 2000 年版。

[91] 朱铭来、贾清显：《中国老年长期护理需求测算及保障模式选择》，《中国卫生政策研究》2009 年第 7 期。

[92] 周海珍：《长期护理保险产品设计浅析——对美日德长期护理保险产品的借鉴》，《兰州学刊》2012 年第 10 期。

[93] 智敏：《精神赡养，道德义务还是法律责任——全国首例法院判决支持精神赡养引出的争议》，《工人日报》2007 年 12 月 10 日。

[94] 周延：《中国长期护理保险瓶颈分析及险种的改进探究》，《江西财经大学学报》2014 年第 2 期。

[95] 张旭升、牟来娣：《中国老年服务政策的演进历史与完善路径》，《江汉论坛》2011 年第 8 期。

[96] 张雨露：《家庭——个人与社会的博弈——关于德国家庭现状及目前家庭政策的分析》，《德国研究》2007 年第 1 期。

[97] 张盈华：《老年长期照护的风险属性与政府职能定位：国际的经验》，《社会保障制度》2013 年第 1 期。

［98］ 张龙治、王星琪:《风险与安全 按市场经济要求完善社会保障体系》，辽宁人民出版社 1993 年版。

［99］ 张小娟、朱坤:《日本长期照护政策及对中国的启示》，《中国卫生政策研究》2014 年第 4 期。

［100］ 中国老龄科学研究中心课题组:《全国城乡失能老年人状况研究》，《残疾人研究》2011 年第 2 期。

［101］ 中国社会科学院:《简明日本百科全书》，中国社会科学出版社 1994 年版。

［102］《中国老龄事业发展报告（2013）》。

［103］ 2010 年全国老龄工作委员会和中国老龄科学研究中心开展的全国失能老年人状况专题研究调查数据。

# 英文文献

［1］ Alexander, Neil. , "Long – term Care Insurance", *Journal of Accountancy*, 2002 (5): 112.

［2］ "American Health Care Association Reimbursement and Re-search Department", *Trends in Nursing Facility Characteristics*, 2011 (6): 5.

［3］ Alber, J. , "The Debate about Long – term Care Reform in Germany", in Hennssy ( Ed), *Caring for Frail Elderly People: Policies in Evolution*, Paris: Organization for Economic Cooperation Development, 1996: 261 – 278.

［4］ Adamy, J. , *Health Care Costs and Medical Technology*, http: // www. Wsj. com. 2009 – 08 – 02.

［5］ Bundesministerium für Gesundheit ( Federal Ministry of Health), *Zahlen und Fakten zur Pflegeversicherung*, Bonn: Bundesministerium für Gesundheit, 2000.

［6］ BMG, *Vierter Bericht über die Entwicklung der Pflege2 versicherung*, Berlin, 2008: 26.

［7］ BMAS, *Bbersicht über das Sozialrecht*, *BW Bildung und Wissen Verlag*, Nürnberg, 2008: 547.

［8］ Cuellar, A. E. , Wiener, J. M. , "Can Social Insurance for Long – term Care Work? The Experience of Germany", *Health Affairs*, 2000 (3):

8 – 25.

[9] "Centers for Medicare & Medicaid Services (CMS)", *Nursing Home Da-ta Compendium*, 2010: 28 – 30.

[10] Campbell, J. C. , Lkegami N. , Gibson M. J. , "Lessons From Public Long – term Care Insurance in Germany and Japan", *Health Affairs*, 2010, 29 (1): 87 – 95.

[11] Colombo, F. et al. , "Help Wanted? Providing and Paying for Long – term Care", *OECD Health Policy*.

[12] "Department of Health and Human Services, Centers for Disease Control and Prevention", *National Nursing Home Survey*: 1999 *Summary*, 2002 (6) .

[13] David, P. A. , "Clio and the Economics of QWERTY", *American Eco-nomic Review*, 1985, 75 (2): 332 – 337.

[14] David, P. A. , "Path Dependence, its Critics and the Quest for "His-torical Economics", in Garrouste, P. , and Ioannides, S. (Eds. )", *Evolution and Path Dependence in Economic Ideas: Past and Present*, Cheltenham: Edward Elgar, 2001.

[15] Doris Schffer, Adelheid Kuhlmey, "Demographischer Wandelund Pfleg-erisiko", *Gesundheits und Sozialpolitik*, 2007 (9 – 10): 13.

[16] Eier, Vovker, *Why the Young Do Not Buy Long – term Care Insurance Journal of Risk and Uncertainty*, Kluwer Academic Publishers: Manu-factured in the Netherlands, 1999: 83 – 89.

[17] "Fedral Ministry of Labor and Social Affairs, Modeling for Population Development by the Federal Ministry of the Interior Model 1", *In Infor-mation of Social Legislation*, 74th, Bonn, 1998b.

[18] Feder J. , Harriet L. K. , Friedl and R. B. , *Long – term Care Financing: Policy Options for the Future*, http: //ltc. georgetown. edu/forum/ltcfi – nalpaper061107. pdf, 2009 – 06 – 10.

[19] Gleckman H. , *Long – term Care Financing Reform: Lessons from the US and Abroad*, http: //www. commonwealthfund. org/ ~ /media/Files/ Publications/Fund% 20 Report/2010/Feb/1368 Gleckman long – term care financing reform lessons US abroad. pdf, 2010 – 12 – 30.

[20] Giustra F. C. , Crowley A. , Gorin S. H. , "Crisis in Care – giving: a Call to Action", *Health and Social Work*, 2002 (27): 307 – 311.

[21] Geraedts, M. , Heller, G. V. , Harrington, C. A. , *Germany's Long – term – Care Insurance: Putting A Social Insurance Model into Practice*, The Milbank Quarterly, 2000, 78 (3): 375 – 401.

[22] Gleckman H. , *Financing Long – term Care: Lessons from Abroad*, Center for Retirement Research at Boston College, 2007.

[23] Hausner, J. , Jesso, B. , and Nielsen, K. , *Strategic Choiceand Path Dependency in Post Socialism: Institutional Dynamics in the Transformation Process*, Aldershot: Edward Elgar, 1995.

[24] J. Lynn, C. Hogan, J. Lunney, J. Gabel, "Medicare Beneficiaries' Costs of Care in the Last Year of Life End – of – life Costs are only Slightly Higher for Persons who Died than for Survivors with Similar Characteristics", *Health Affairs*, 2001 (2): 188 – 195.

[25] Hannes Heine, Mangelan Kraeften. , *Der Tagesspiegel*, 2007 – 11 – 07.

[26] Harrington, C. A. , Geraedts, M. , Heller, G. V. , "Germany's Long Term Care Insurance Model: Lessons for the United States", *Journal of Public Health Policy*, 2002, 23 (1): 44 – 65.

[27] Ikegami N. , Rationale, "Design and Sustainability of Long – term Care Insurance in Japan—in Retrospect", *Social Policy & Society*, 2007 (3): 423 – 34.

[28] Kenney J. M. , *Home Care San Diego: Academic Press Encyclopedia of Gerontology*, 1996 (1): 667 – 678.

[29] Liu, Z. , *The Emergence of Clusters in Societal Transition*, Frankfurt University, 2009.

[30] Liebowitz, S. J. and Margolis, S. E. , *Winners, Losers& Microsoft: Competition and Antitrust in High Technology*, Oak and, CA: Independent Institute, 1999.

[31] Lubitz J. D. , Riley G. F. , *Trends in Medicare Payments in the Last Year of Life*, Engl J. Med, 1993, 328: 1092 – 1096.

[32] Liu K. , Manton K. G. , Aragon C. , Changes in Home Care Use by Disabled Elderly Persons: 1982 – 1994, J. Gerontol, *Social Sciences*, 2000

(55): S245 - S253.

[33] Howard Glickman, "Long - term Care Financing Reform: Lessons from the U. S. and Abroad", The Urban Institute, February 2010.

[34] La Plante M. P., Harrington C., Kang T., "Estimating Paid and Unpaid Hours of Personal Assistance Services in Activities of Daily Living Provided to Adults Living at Home", *Health Services Res*, 2002 (2): 397 - 415.

[35] Mellor, Jennifer, "Private Long - term Care Insurance and the Asset Protection Motive", *The Gerontologist*; Jun; 53, 6, *Academic Research Library*, 2000: 596.

[36] Ministry of Health, Labor and Welfare, *Long - term Care Insurance in Japan*, http://www. mhlw. go. jp/english/topics/elderly/care/.

[37] Maeda, D. and Shimizu, Y. ,*Family Support for Elderly People in Japan*, In H. Kendig et al. (eds.), *Family Support for the Elderly: The International Experience*,Oxford Medical Publications, 1992: 235 - 249.

[38] Mahoney, J., "Path Dependence in Historical Sociology", *Theory and Society*, 2000 , 29 (4): 507 - 548.

[39] "Market Survey of Long - term Care Costs", *MetLife Mature Market Institute*, 2011 (2): 34 - 43.

[40] North, D., *Institutions, Change and Economic Performance*, Cambridge: Cambridge University Press, 1990.

[41] Norgard T. M., Rodgers W. L., "Patterns of in - home Care Among Elderly Black and White Americans", *Journals of Gerontology*, 1997 (52): 93 - 101.

[42] Olsson, S. E., Och, H. H. & Eriksson, I., *Social Security in Sweden and other European Countries*, Stockholm: ESO, 1993.

[43] Ogawa, N. and Retherford, R. D., "Shifting Costs of Caring for the Elderly Back to Families in Japan: Will it Work?", *Population and Development Review*, 1997, 23 (1): 59 - 94.

[44] Rose, R., *Common Goals but Different Roles: The State's Contribution to the Welfare Mix*, Oxford University Press, 1986.

[45] Rie Fujisawa, Francesca Colombo, "The Long - term Care Work -

force: Overview and Strategies to Adapt Supply to a Growing Demand", *OECD Health Working Papers*, 2009: 44.

[46] Roe, M. J., "Chaos and Evolution in Law and Economics", *Harvard Law Review*, 1996, 109 (3): 641 – 668.

[47] Shawn Tully, "The Crazy Math of Health – care Reform", *Fortune chi-na*, 2009 – 9 – 7, http: //www. fortunechina. com/first/c/2009 – 09/07/content_ 23817. htm.

[48] "The Public Policy and Aging Report", *National Academy on an Aging Society*, Summer, 1999: 11.

[49] Ohwa M. , Chen L. M. , "Balancing Long – term Care in Japan", *Journal of Gerontological Social Work*, 2012 (7): 659 – 672.

[50] Wolfenden, *The Future of Voluntary Organizations: Report of the Wolfenden Committee*, London: Croom – Helm, 1978.

[51] WHO, *Home – Based and Long – term Care, Report of a WHO Study Group*, WHO Technical Report Series 898, Geneva: World Health Organization, 2000.